北東アジア、ニーチェと出会う

19世紀末〜20世紀初頭の精神史的地平

金正鉉 編著
文俊一／趙晟桓／岩脇リーベル豊美／柳芝娥／金賢珠／高建惠 著
柳生真 訳

法政大学出版局

出版にあたって

1

ニーチェとは何者なのか。なぜ私たちは二十一世紀の今もニーチェに関心をもつのか。今日の韓国でニーチェを読むということに、どんな意味があるのか。ニーチェと韓国、または北東アジアの歴史や精神史にはどんな関連性があるのか。北東アジアでニーチェはどう受容され、読まれたのか。ロシアや日本、中国にニーチェが紹介されたことは、北東アジアの歴史的状況や社会・政治的脈絡とどんな関係性があるのか。大韓帝国と植民地朝鮮において、ニーチェはなぜ、そしていかにして受け入れられ、議論されたのか。北東アジアでニーチェが受容される過程についての議論は、今まで韓国内では非常に断片的、かつ一貫しない形で行われてきた。ロシアや日本、中国のニーチェ受容史が早くから体系的に整理され、単行本の形で世界の各界に紹介されてきた反面、[*1]韓国ではいまだそれについての体系的な議論はたいへん貧弱な状況である。[*2]韓国国内でも一部の研究者がロシア、日本、中国で行われたニーチェ受容史に注目して断片的な文章を発表したが、主に文学の領域で、個別の文学者の影響関係に注目して研究されてきただけであり、各地域の国家の初期から現在までの受容史全体の流れや議論を考慮した、北東アジア精神史全体の地平からの研究はできずにいたし、また、北東アジアの精神世界のなかでトランスナショナルかつ統合的な視点から研究されたものでもなかった。

これまで韓国国内で行われた研究は、主にニーチェの思想やテクスト分析に焦点を当てた複数の解釈を集めたものだった。これに対して本書は、北東アジアでニーチェが受容される過程、なかでも各地域国家の初期受容過程に注目する。ロシアで始まり、日本を経て中国に渡る過程、そして、日本を通して大韓帝国と植民地朝鮮にニーチェが伝わるなど、各地域国家の歴史的状況に応じて変異し、再形成される過程を追跡した。また本書は、単に北東アジアの各地域国家でニーチェに関心をもった個々の研究者の研究成果を集めただけのものではなく、ニーチェの受容過程全般の背景にある当時の北東アジア情勢を反映して研究した結果である。つまり、個々の研究者が地域国家や歴史的・年代的な流れに沿って書いた研究物の寄せ集めではなくて、最初からその研究史的流れを考慮して企画し、共に集まって研究し、学術発表を行った後、その成果をまとめたものである。

本書は、ニーチェを中心に一九世紀後半と二〇世紀初頭の北東アジア精神史のダイナミクスを理解するために企画された。そのダイナミクスのなかには、伝統の解体と新しい道徳的秩序の模索、社会進化論と平和主義、個人主義と共同体主義の葛藤、新たな主体的自己の発見と国家主義との衝突、個人および自由の自覚に基づいた、新しい文化と平等の社会的価値を模索する社会主義など、さまざまな北東アジアの論点が含まれている。これらは二〇世紀前後の一つの年代的な地平でのみ動いていた歴史的な論点ではなく、現在も議論されるべき重要な多くの哲学的問題を含んでいる。自己実現の価値と健康な個人の生活、平等と共存の価値と共同体の生活、力の論理と平和の問題、生命の価値、覇権主義的自国中心主義と共生的地球文明の連帯など、現在のわたしたちが直面している地球村《グローバル・ヴィレッジ》の問題も、二〇世紀初頭の北東アジアの歴史的地平の上で動いた精神史的な問題からそれほど遠くないからである。これらのテーマにはもちろん、二十世紀と二十一世紀の政治的地形の変化によって変形し、新たに形成されたものもあるが、多くのテーマが以前の論点を変形したり、時には転覆し変革したりする変異的な性格を帯びている。

ニーチェが各地域国家でどのように受容され、議論されたかを検討することは、十九世紀後半と二十世紀初頭の激動する北東アジアの情勢および歴史、精神世界を洞察する問題とも直結する。この時期、北東アジアは歴史的・文明的激変を経験し、ニーチェの受容過程にもこうした北東アジアの歴史と政治・社会的変化がそのまま反映されたのである。西洋列強が侵入するや、西洋的近代化のモデルに従って日本では明治維新（一八六八年）、日清戦争（一八九四～九五年）、日露戦争（一九〇四～〇五年）などが起こり、中国では阿片戦争（一八四〇～四二年）以降、戊戌変法（一八九八年）、辛亥革命（一九一一年）など何回も革命が起こった。朝鮮でも甲申政変（一八八四年）や甲午改革（一八九四年）、東学農民運動（一八九四年）、外交権を剥奪された乙巳条約（一九〇五年〔第二次日韓協約〕）、日韓併合（一九一〇年）など多くの事件があった。北東アジア全体が激変の歴史的渦中にあったのである。北東アジアにおけるニーチェ受容はこうした歴史的激変と密接に関連しており、各地域国家の時代的問題を提起し、解決するにあたっての社会哲学的性格を有していた。

本書は、十九世紀末と二十世紀初頭の北東アジアの情勢と文明史的激変のなかで、北東アジアの精神世界に大きな影響を与えたニーチェを中心に、その精神的地形の変化を追跡した。研究者たちが最初の受容史の地点に共に足を踏み入れて、各地域国家で受容された最初の内容とその精神史的意味を解明する作業を行った成果である。これは、北東アジアがニーチェと出会い、精神史的地平で起こる思想的ダイナミクスを探る第一歩に相当する。ロシア、日本、中国、韓国のニーチェ受容史を中心に置いて各地域国家の哲学、文化、文学、歴史、宗教などの精神世界全体を扱うにはいまだ力量が不足しており、事前にすべき研究も山積している。このテーマに関心をもつ数多くの研究者たちが、これまで明らかにされてこなかった、北東アジア精神の地平の岬から押し寄せる数多くの研究課題を共に明らかにする作業を進めていってほしいと願っている。

2

以下では、ロシアでニーチェが初めて言及され、後にその内容が日本に伝わり、日本の政治的・歴史的・精神史的な流れと関連して変容し、日本の時事的問題と結合して再構成される過程、そして当時日本に滞在していた梁啓超、王国維、魯迅などによって中国に転移され、中国の時代問題と結合しながら中国化される過程や、新文化運動へと貢献した事実、さらには日本の留学生グループが活動した舞台である『学之光』で韓国人が初めてニーチェを議論し、植民地朝鮮の時代的問題に言及した事実などを扱う。韓国にニーチェが初めて紹介されたのは、大韓帝国の『西北学会月報』に、一九〇九年に筆者不詳で掲載された「倫理叢話」という文章においてであり、トルストイと共に言及された。この論文は早稲田大学教授だった浮田和民の著書『倫理叢話』の全十六章のうち第四章までの翻訳であるが、その内容はすでに学界で報告されているため、本書では取り上げなかった。[*3] ここでは、各地域国家で議論され、他の地域国家にもたらされ、移植され、変形され、またその地域国家の時代的問題意識と結合して再構成される過程や、国家を超えた過程、すなわち、北東アジア次元のトランスナショナルな問題意識とその影響関係、社会哲学的意味などを扱った。まずは、各地域国家でニーチェが受容されていった初期の知識人たちの問題意識と、彼らが扱うニーチェ思想の内容および転移過程を中心に、精神史的影響関係も考慮した。その内容を簡単に紹介すると、以下の通りである。

第一章「十九世紀末ロシアの思想地形図とニコライ・グロットのニーチェおよびトルストイ解釈」で文俊一《ムンジュンイル》は、ロシアにおけるニーチェ受容の最初の足跡を整理した。一八九〇年代にロシアにニーチェが受容される過程、特に一八九三年にトルストイの思想を肯定的に評価したニコライ・グロット（Nikolai Grot）のニーチェ解釈を中心に、トルストイのキリスト教的利他主義とニーチェの反キリスト教的個人主義を対比させながら内容を分析したものである。この論文では、ニーチェのテクストに対する検閲、禁止、批判、翻訳とともに始まった初期のニーチェ受容史から始まり、二〇世紀後半までのロシアにおけるニーチェ受容史の全体的な流れを検討する。ロシアの政治的・社会的状況と精神史的論点を分析して、ロシアの政治的・社会的混乱期にニーチェがロシアに流入し、大衆文化の俗物性と伝統的価値の再評価、ならびに新しい秩序に対する要求が起こる過程を扱った。また、一八九二年に行われた最初のロシアのニーチェ受容過程、すなわちプレオブラジェンスキー（V. Preovrazhensky）によるニーチェの利他主義道徳批判の内容と、その翌年にグロットが「われわれの時代の道徳的理想」というタイトルでニーチェとトルストイを一つの概念でまとめて議論した内容を紹介する。道徳の問題、善悪の問題、人間観、世界観の問題を中心に、グロットは「ニーチェは西ヨーロッパ的な破壊の代表者であり、トルストイは東ヨーロッパ的な率直性の理想の所有者」という二つの世界観の対立を設定する。つまり、ニーチェとトルストイの対立はヨーロッパの（異教的・物質的）世界観とロシアの（キリスト教的・精神的）世界観の対立に帰結し、グロットはトルストイをキリスト教信仰の担い手として捉え、ここからさらに二つの世界観の和解を通して新しい実践的世界観を模索する必要があると見た。本章は、ニーチェ主義とトルストイ主義、個人主義（愛己）と利他主義（愛他）という北東アジアにおけるニーチェ議論の最初の地点を考察している。

　ロシアで議論されたニーチェとトルストイの言説は、グロットに学んだ小西増太郎によって日本に伝えられ、一八九三年一二月に初めてニーチェの名前が日本に紹介されるきっかけとなった。第二章「小西増太郎のニーチェおよびトルストイ受容と日本精神史的意味」で趙晟桓《チョソンファン》は、当時筆者不詳として紹介された小西増太郎の二つの文章「ヨーロッパの代表的な二人の道徳思想家フリードリヒ・ニーチェ氏とレオ・トルストイ伯爵の見解の比較」と「ニーチェ氏とトルストイ伯爵の道徳思想を評する」を中心にして、ニーチェが日本に紹介される時代的背景と、小西増太郎がグロットやトルストイと結んだ個人的な縁を紹介する。また、ニーチェとトルストイを「道徳改革論者」としながらも、同時に両者は人間観と道徳観に違いがあることを明らかにして、両者の思想の調和の可能性を模索する主張に言及する。この論文では、小西増太郎によるニーチェとトルストイの解釈の意味だけでなく、その後の日本でニーチェ思想が本格的に受容される過程とその精神的地平の意味を整理する。

　第三章「高山樗牛「美的生活を論ず」とニーチェ思想」において岩脇リーベル豊美は、小西以降の日本における初期のニーチェ受容が分裂していく様相を取り上げ、ニーチェが論争的言説として発展する過程で、その中心にいた高山樗牛の思想を論じる。小西増太郎のニーチェ－トルストイ言説は、一九〇一～一九〇三年の間に日本で「美的生活論」論争へと変容・拡大されていわゆる「ニーチェ症候群（Nietzsche-Fieber）」を引き起こした。この「美的生活論」論争は、高山樗牛、姉崎正治（筆名は嘲風）ら個人主義を主張する陣営と、井上哲次郎、ケーベル（Raphael von Koeber）、森鷗外ら、極端な個人主義を拒否する陣営に分かれる。本章では、樗牛の問題意識が形成される背景と評論活動、本能主義に基づく個人主義などを紹介して、ニーチェを文明批評家として捉える樗牛の思想がテオバルト・ツィーグラー（Theobald Ziegler）から影響を受けていたことを論じる。そこから日本主義という国家至上主義から個人主義へと転換する過程、樗牛の自我主義とニーチェの個人主義とのつながりと相違点を示す。

第四章「浮田和民の愛己・愛他解釈と倫理的帝国主義論」で柳芝娥《ユジア》は、明治以降の初期日本ニーチェ受容史の中心に位置する浮田和民の愛己／愛他解釈と倫理的帝国主義論の関連性を歴史学的に追跡する。本章は、明治後期から大正初期までの「国民国家」形成期に日本に入ってきたドイツ思想、そのなかでも「個人主義」が近代日本の知識人に与えた影響を検討して、愛己と愛他という言葉で利己と利他および個人と社会の問題を論じる。浮田和民によれば、ニーチェ主義は自愛すなわち個人主義を主張するのに対し、トルストイ主義は他愛的なもの、すなわち社会的なものを強調する。しかし彼は、この両極端は野蛮や無政府主義に陥るしかないと批判し、社会的でありながら個人的な道徳、中庸の観点から愛己・愛他の調和を強調する。この文章は、こうした浮田和民の道徳の強調が後に「帝国主義は倫理的でなければならない」という倫理的帝国主義論に変容する点を示している。本章では、倫理と帝国主義、社会主義の排他的結合を試みる浮田和民の論理展開が、後に民衆の権利と同時に日本のアジア覇権主義的論理を主張するのに一役買うことになるととらえた。

第五章「梁啓超の社会進化論とニーチェ思想」では、金賢珠《キムヒョンジュ》は中国にニーチェという名前を初めて紹介した梁啓超の議論を社会進化論と関連づけて解釈する。日本でいわゆる「ニーチェ・シンドローム」が起きたとき、日本には中国の戊戌新政（一八九八年）改革に失敗した後に日本へ亡命した梁啓超をはじめ、王国維、魯迅などの若い知識人が活動していた。この章は一九〇二年当時、梁啓超が書いた文章を社会進化論の観点から分析し、個体と群体、個人と社会、奴隷からの解放と英雄の誕生などに言及する。ニーチェと梁啓超が共有していた文明の変革思想、奴隷ではなく主権的自覚によって政治の主体となる、中国における「新民」の政治的可能性を議論する。

第六章「魯迅と孫文のニーチェ解釈──一九二〇年代の文学経典化とニーチェの中国化を中心に」において高建恵《カオチアンフイ》は、中国近代文学の先駆者であり「中国のニーチェ」として知られる魯迅が一九二〇年代文学の中心で「ニーチェを中国化」する過程、一九一八～一九二五年の間に中国でニーチェ熱病が生じた過程を扱う。魯迅は、一九世紀中国の「閉塞」の是正は、個人の主体性と個人の意志の確立、すなわち精神的人間の立ち上げ（立人）を通じてなされなければならないと考えた。本章は、ニーチェの英雄主義的個人主義と超人像が、魯迅の立人思想、すなわち中国における主体的人間の形成可能性の問題と関連していることを明らかにする。この論文は、ニーチェ思想が中国の新文化運動とつながる点も注視し、これを魯迅の小説『狂人日記』や散文詩集『野草』などと関連づけて分析し、さらに中国の「新文化」空間がどのように拡大していったかを示す。そしてさらに一九二〇年代後半、沈従文によって文学においてニーチェがより深く中国化される過程を探る。この文章は、沈従文による都市的「末人」、生命力のある超人、芸術と審美などさまざまなテーマを取り上げて、中国のニーチェ解釈がどのように深化したかを示している。この論文では、一九二〇年代に魯迅から孫文に至るまで、ニーチェの思想が中国現代文学に導入され、解釈され、現地化され、伝播され、また絶えず深化していったダイナミックな中国化の過程を提示する。

第七章の金正鉉《キムジョンヒョン》論文「一九一〇年代の植民地朝鮮におけるニーチェ思想の受容――『学之光』を中心に」は、一九一〇年代植民地朝鮮の幾人かの若い知識人がニーチェに言及して、韓国人として初めてニーチェを議論した内容を追跡した。崔承九《チェスング》、朱鍾健《チュジョンゴン》、玄相允《ヒョンサンユン》、李光洙《イグァンス》、田栄沢《チョンヨンテク》などがそうした人々である。一九一四年四月、崔承九は最初にニーチェに言及して、自己革命と個人主義を強調しながら、生活改善と社会改善の問題を扱った。朱鍾健は朝鮮の滅亡の原因を扱いつつ、我々には世界文明を認識できる力がなければならないとして滅亡した朝鮮にニーチェの超人を呼び出そうとした。玄相允も、朝鮮が世界文明の流れのなかで革新されなければならないとして、ニーチェを通して個人が自分の能力を発揮できる（自己実現の）強い力（「強力主義」）を求める。李光洙は、植民地朝鮮の問題を解決するためには青年が新しく生まれ変わらなければならず、青年の精神的な元気の回復が必要だと強調する。田栄沢は、伝統と旧習慣を破壊して新しい道徳を建設しなければならず、労働と愛と宗教が一体となる全的生活論を主張する。韓国における初期のニーチェ受容は主に日本を通じて行われた。ニーチェ思想が日本から植民地朝鮮に転移する最初の足跡には、一九一〇年代の「大正生命主義」という日本の言説が背景にあるが、同時にそれを変容させながら植民地朝鮮の問題を解決しようとする朝鮮の青年たちの苦悩と問題意識が共に含まれている。

北東アジアにおいてニーチェに言及するこれらの議論には、ニーチェ主義とトルストイ主義、愛己（利己主義）と愛他（利他主義）、個人と社会、個人主義と国家主義、社会進化論と主体的文明形成、旧習慣の破壊と新しい道徳秩序の建設、自己実現の強権主義と青年の再生、新民と立人像、新文化形成と生命文化の建設など、さまざまなキーワードが含まれていた。北東アジアの初期ニーチェ受容史で提起されたこれらの問題意識はその後、日本では大正生命主義、中国では新文化運動、韓国では天道教の開闢運動とつながり、さまざまな文化的分岐と精神史的地形図を形成する。国家を越えて北東アジアの精神地平で起こるさまざまな系統が衝突し、脱走し、影響を与え合いながら、各地域国家で新しい精神動力を形成する過程についての議論は、今後さらに深く研究されるべき課題に属する。

3

本書の出版は、圓光大学校韓中関係研究院HK＋北東アジア人文社会研究所（HK＋北東アジア・ディメンション研究団）の研究企画として準備された。このため、研究所では、まず筆者をはじめとして、文俊一、柳芝娥、金賢珠、趙晟桓、趙廷元《チョジョンウォン》、朴一浚《パクイルジュン》教授、そして、博士課程生で研究助手の鄭準赫《チョンジュンヒョク》先生らが二〇二一年三月から一年以上毎週セミナーを行った。文俊一教授はロシアのモスクワ大学でロシア文学を専攻し、柳芝娥教授は日本の立教大学で日本現代史を研究し、金賢珠教授は中国の清華大学で梁啓超の政治思想を専攻し、趙晟桓教授は日本の早稲田大学で学んで、西江《ソガン》大学校で韓国思想を研究し、趙廷元教授は中国の人民大学で中国とロシアの経済史を専攻し、朴一浚教授はアメリカのボストン神学校とドリュー大学で神学と哲学を勉強した。セミナー参加者が学んだ国はロシア、日本、中国、アメリカ、ドイツなど多様で、専攻も哲学、文学、歴史、政治思想、韓国思想、神学、経済学などさまざまな分野に属していたため、たいへん豊かな議論の交わされた、相互に知的刺激を与えあう啓発的な会合であった。

研究の流れ、テーマの内容、人物の選定などは、北東アジアのニーチェ受容史とニーチェを中心に長いあいだ韓国の精神史を整理する作業をしている金正鉉が担当・企画した。ロシア資料は文俊一教授、日本資料は柳芝娥教授・趙晟桓教授、中国資料は金賢珠教授が担当し、それらの資料を翻訳して、セミナーで内容を共に議論しながら検討した。一九〇九年の『西北学会月報』に掲載された、大韓帝国期最初のニーチェに関する議論が紹介された文章（「倫理叢話」「倫理叢話（続）」）は筆者が現代語に翻訳する作業を行った。

ロシア語、日本語、中国語、英語、ドイツ語の資料と研究書を検討する作業は、HK＋研究事業を行う研究所の力量がなかったならば、実現は容易ではなかっただろう。本書の出版は、多様な専攻領域で多様な言語を駆使する専攻者が集まり、共通の学問的関心をもって集団研究を行ったからこその成果ではないだろうか。ニーチェ受容史は哲学思想、歴史、文学、文化、政治などさまざまな領域と直接関係しており、さまざまな研究分野の研究所のメンバーが、心を一つにして真剣に研究を行ったことに深く感謝したい。北東アジアの初期のニーチェ受容は一八九〇年代と一九〇〇年代にわたっており、資料を入手する過程は容易ではなかったが、セミナーに参加した教授たちがそれぞれ現地の知人に頼んだり、インターネットを通して関連文献を入手し共有した現地の大学図書館や国会図書館で資料を探したり、りしながら研究を進めた。ロシア、日本、中国、大韓帝国など、北東アジア各国の初期ニーチェ受容史の重要テクストの翻訳はセミナーを進める過程ですでに完了しており、まとまり次第ただちに別の単行本として出版する予定である。北東アジア各国で行われた最初のニーチェ受容に関する原典テクストは、一般人が接近しにくい非常に貴重な資料であるために、これが翻訳されて出版されれば、北東アジアの知的地形の転移過程と再形成過程、すなわち、各地域国家の精神世界に与えた影響などを比較できるトランスナショナルな知性史的地平の研究が可能になることが期待される。

研究所の研究企画とセミナー研究をもとにして、二〇二二年一月二五日に圓光大学校韓中関係研究院HK＋北東アジア人文社会研究所と韓国ニーチェ学会の共催によって、「北東亜、ニーチェと出会う――二〇世紀初頭の北東アジア思想の転移と再形成」というテーマの学術大会を開催した。金善姫《キムソンヒ》（韓国ニーチェ学会会長、江原大）、李住香《イジュヒャン》（水原大）、丁洛林《チョンナクリム》（慶北大）、楊大鍾《ヤンデジョン》（建国大）、姜龍洙《ヤンヨンス》（高麗大）、林建兌《イムゴンテ》（郵船大）、チョン・ウンギョン（中央大）教授をはじめ、本研究所の趙廷元《チョジョンウォン》、李鎔範《イヨンボム》、韓昇勲《ハンスンフン》、尹賢明《ユンヒョンミョン》、韓潭《ハンダム》教授が共に討論と司会を務め、ニーチェに関心のある多くの方が参加し、濃密で豊かな議論が行われた。発表領域も哲学だけでなく文学、歴史、政治思想などさまざまな領域を網羅した。ロシア文学を研究する文俊一教授、韓国と日本思想を研究する趙晟桓教授、高山樗牛の個人主義的ニーチェ解釈とは異なる、日本のニーチェ受容のもう一つの地平を提供した浮田和民の愛己／愛他解釈を扱った柳芝娥教授、梁啓超の社会進化論とニーチェ思想を扱った金賢珠教授が発表を担当した。特に中国の魯迅のニーチェ解釈は高建惠教授が、日本の国家主義に対する抵抗言説を提供した高山樗牛のニーチェ論はドイツで活躍しているニーチェ研究者である岩脇リーベル博士が担当した。

本書は、研究所教授陣の積極的な参加と、韓国ニーチェ学会会員の参加、ニーチェに関心のある多くの方々の関心のおかげで実現した、「共創（sympoiesis）」の産物である。本書はささやかな学術的試みではあるが、ニーチェと北東アジア精神史の新たな出会いを試みる研究者たちの努力と真心が結集した成果であることに大きな意義がある。今後、北東アジア精神世界の影響史的地平を開いて、いまだ解明されていない無数の精神的地層の意味を研究しようとする人々に、本書が二〇世紀北東アジアの精神世界を開くささやかなナビゲーションの役割を果たしてくれることを期待している。

二〇二二年一一月

筆者たちを代表して金正鉉記す

北東アジア、ニーチェと出会う◉目次

第一章　十九世紀末ロシアの思想地形図とニコライ・グロットのニーチェおよびトルストイ解釈

文俊一《ムンジュンイル》

1　ロシア、北東アジアのニーチェ言説の始原

十九世紀末から二十世紀初め、フリードリヒ・ニーチェ（Friedrich Nietzsche, 1844~1900）の思想がヨーロッパに及ぼした影響力とその領域は非常に大きかった。しかし、ニーチェの思想が最も大きな反響を呼んだのはロシアであった。ニーチェが世紀転換期のロシア文化と文学、そして思想に多大な影響を及ぼしたことは周知の事実である。当時、ロシアでニーチェはマルクス（Karl Marx）、ソロヴィヨフ（Vladimir Solov'yov）とともに知識人に大きな影響を及ぼした思想家の一人に数えられる。*1 ロシアにニーチェの哲学が流入した時期は一八九〇年代初頭であった。この頃からロシア思想に対するニーチェの影響力は次第に増大し、第一次世界大戦が勃発した一九一四年頃に絶頂に達する。流入初期からニーチ

ェ思想は、専制政治と教会の理念を守るための厳しい検閲制度によって削除や欠落、歪曲の受難を経験しながらも、ロシア知識人たちの多大な注目を集めた。[*2]

本章は、このようなロシアにおけるニーチェ受容、そのなかでも初期受容段階である一八九三年に発表されたロシア哲学者ニコライ・グロット（Nikolai Grot, 1852~1899）のニーチェ解釈を検討することを目的とする。このために、まずロシアがニーチェを受容した当時の思想地盤がニーチェ受容と解釈にどう作用したかを考察し、この脈絡でのニコライ・グロットのニーチェ解釈の概要と意義を導き出そうと思う。

多くのロシア哲学者、思想家、文学者によるニーチェ分析と研究があるなかで、グロットのニーチェ解釈に注目する理由は次の通りである。まず、グロットの研究がロシアにおいてニーチェと他のロシア思想家との比較を進めた最初の研究だからである。グロットは彼の論文でトルストイ（Lev Tolstoi, 1828~1910）のキリスト教的利他主義をニーチェの反キリスト教的個人主義と対比させた。ニーチェ哲学に対する完全な理解がなされていない状態で図式的に叙述された感はあるが、最初の比較研究だという点で意味があると言える。

第二に、このトルストイとの比較によるグロットのニーチェ解釈が、以後北東アジアにおけるニーチェ思想受容の一つの典型になったからである。グロットによるニーチェとトルストイの比較は、トルストイの知人小西増太郎（1862~1940）によって日本に伝わり、日本のニーチェ受容に影響を及ぼした。小西増太郎は日本にこの言説を初めて紹介することで、十九世紀末から二十世紀初めにかけて国家主義と帝国主義で疾走した日本に、ヒューマニズムや道徳的な理由からだけでなく、個体性の自覚、個人主義、利他主義、社会主義、無政府主義、反戦平和主義など多様な議論が起こる地盤を提供した。この言説は、一八九八年に戊戌変法に失敗して日本に亡命していた梁啓超（1873~1929）や王国維（1877~1927）にも影響を与えた。近代化と帝国主義に列した日本でのニーチェとトルストイについての議論が国家主義、個人主義、社会主義、無政府主義に関するものだったとすれば、日清戦争に敗れて西洋の科学技術と思想を受け入れた中国におけるニーチェは、旧習の廃止、新文化創造、人間解放、民族主義といった、中国の富強と人類の未来に関するものだった。そして韓国では一九〇九年、『西北学会月報』に筆者未詳の「倫理叢話」と「倫理叢話（続）」という二編の文章が掲載されるが、ここでもトルストイとニーチェが同時に議論され、愛己と愛他、社会の意味、社会的動物としての人間の生という比較がなされる。この記事は、ニーチェ主義は自愛を強調して社会的関係を無視する個人主義に傾倒しており、トルストイ主義は過激な利他主義と無政府主義に陥る危険性があると批判する。[*3] このように二つの対蹠的な思想として韓国に受け入れられたトルストイ主義とニーチェ主義は、一九二〇年代初めの議論においてもこの構図がそのまま維持されて、世界思想の二大潮流として受け入れられた。極端な利己主義と利他主義、権力万能主義者と同情／博愛／平和主義者、超人説と無我説、代表的個人主義者と社会主義者という対比構造は、現代の思想的潮流から類推された近代認識の一つの枠組みとして理解され、金惟邦《キムユバン》、李敦化《イドンファ》に至るまで「トルストイ主義かニーチェ主義か」という理解の枠組みは幅広く共有されていた。[*4]

　先述のように、ニーチェとトルストイという二人の思想家の相違点を対比して共通点を求めつつ彼らの思想の本質を鮮明に表そうとしたグロットの試みは、その後ニーチェ主義とトルストイ主義という思想的言説にして一つの概念的対比が形成されることで、北東アジアでのニーチェ思想受容において一つの典型として反映されていく。こうしてニーチェ主義とトルストイ主義は、グロットを経て、十九世紀末から二十世紀初めにかけて日本と中国、大韓帝国など北東アジアに瞬く間に広がり、社会進化論と自強論、国家主義と美的自我実現、個人主義と共同体主義、自愛主義（自我中心主義）と愛他主義などの言説の形成に寄与することになる。[*5] したがって、北東アジアのニーチェ受容の出発点であり典型となったグロットのニーチェとトルストイの比較解釈が、ロシアのどのような歴史的・文化的脈絡のなかで胎動したかを明らかにすることには意味があるといえよう。このために当時のロシアの政治、社会的状況、思想地盤を検討して、ロシアのニーチェ受容の初期段階でニーチェがトルストイとともに認識された言説の発生理由を究明したい。その次に、グロットのニーチェとトルストイ解釈の内容構造を分析し、以後の北東アジアに伝えられたニーチェ言説の思想的パターンの始原を明らかにしようと思う。

2　ロシアのニーチェ受容史

ロシアのニーチェ受容を時期に応じて段階別に区分することは、マルコフ（B. Markov）、シネオカヤ（Yu. Sineokaya）、ローゼンタール（B. Rosenthal）など、さまざまなニーチェ研究者によってなされた。研究者ごとに時期区分は少しずつ違うが、受容の最初期を一八九〇年代とみる点は共通している。これは、この時期に受容された内容が異論の余地なく単一で、以後の二段階と正確に区分されるためである。本章では、ニーチェ受容史を最も広範囲かつ詳細に記述したシネオカヤの区分に沿って記述する。

ロシアのニーチェ受容の最初の時期は、前述のように一八九〇年代である。革命前のロシアでは西欧思想の受容が一〇年から一五年ほど遅れた。ロシアで人気を博したニーチェの著作である『悲劇の誕生』（一八七二）、『ツァラトゥストラかく語りき』（一八八三〜八五）がロシア語に翻訳された年はそれぞれ一八九九年と一八九八年である。このようにニーチェ受容が遅れた原因の一つとして、苛酷だった教会の検閲が挙げられる。ニーチェのドイツ語テクストは検閲のために入手困難で、『人間的な、あまりにも人間的な』、『アンチクリスト』といった著作は、反宗教的な内容だという理由でロシアでは完全に禁止された。[*6]

検閲はロシアへのニーチェ紹介を遅延させた決定的な原因であり、ロシアの読者がニーチェの思想に近づく上で大きな障壁となっていた。一八九〇年までニーチェはロシアの読者にはほとんど知られていなかった。ニーチェの著作は検閲により出版を禁じられた。当時はアレクサンドル三世の治下にあったが、彼の父アレクサンドル二世が自由主義的政策を展開しつつも一八八一年に革命主義者のテロで死亡して以後、検閲はずっと厳しく強化されて、ポベドノスチェフ（Konstantin Pobedonostsev, 1827〜1907）[*7]がロシアの三つの根幹として規定した専制政治・正教・民族性に挑戦するあらゆる書籍がブラックリストに載せられたのである。ニーチェの著作には、ロシアの官吏が恐れたすべてが含まれていた。ニーチェは既存の政治、社会イデオロギーに対して挑発的に疑問を提起し、キリスト教の利他主義道徳と自己否定を激しく批判した。このような理由から、ニーチェの著作は一八九八年の公式解禁までロシアで許可されず、西欧で彼の名声が次第に増大するのに反して、ほぼ四半世紀以上、ロシア大衆から意図的に隔離されていた。そのため一八八五年と一八八七年のロシア版『ブロックハウス・エフロン百科事典（Brockhaus and Efron Encyclopedic Dictionary）』には彼の名前を見つけることができない。[*8] そして一八九七年版本には「Ф. Ниче（F. Niche）」「Ф. Нитче（F. Nitche）」と、まるでまったく別人であるかのように記載されていた。[*9]

しかし教育を受けたロシア人たちはニーチェをドイツ語の原文やフランス語の翻訳で読むことができたため、ロシア政府の検閲にもかかわらず、一八九〇年代初めにはニーチェの哲学が知られ始めていたし、それ以前から知られていた可能性も排除できない。こうした理由で、一八九八年のニーチェの著作解禁以前にも、ニーチェの思想と作品がロシア知識界に漸進的に浸透することをロシアの検閲官が完全に防ぐことはできなかった。[*10] 一八九八年から出版され始めたロシア語訳本は、一九一一年に至って彼のすべての主要作品がロシア語で読めるまでに増えたが、一部の翻訳には深刻な欠陥があったり、検閲によって削除された部分があったりした。[*11]

このような状況にもかかわらず、一八九〇年代はニーチェ思想が培養される時期だった。ニーチェの見解を批判する内容を載せた出版物やニーチェの著作の翻訳が急激に増加したのである。一八九〇年代末になるとニーチェに関する論文や単行本が百編余りを超えて、詩と散文テクスト、書簡文など彼の著作翻訳も一五〇編余りに達する。[*12]

また、この時期にはニーチェ哲学の研究書がロシア語に初めて翻訳される。ルー・ザロメ（Lou Andreas-Salome）は一八九六年、ルートヴィヒ・シュタイン（Ludwig Stein）は一八八八年、ゲオルク・ジンメル（Georg Simmel）は一八九九年、アンドレ・リヒテンベルガー（André Lichtenberger）の関連書籍は一八九四年に出版された。当時有名だった本は一八九四年に翻訳されたマックス・ノルダウ（Max Nordau）の『頽廃論（Entartung）』だった。また一八九三年に出版されたボボルイキン（P. Boborykin）

の小説『峠道（Перевал, Pereval）』は、芸術作品にニーチェの思想が投影された最初の例だった。[*13]

ロシアでニーチェ哲学の理解が深まったのには、デンマーク出身の批評家であり文学史家にしてニーチェの友人でもあるブランデス（Georg Brandes, 1842〜1927）の役割が大きかった。一八八九年にデンマーク語で出版された彼の論文「フリードリヒ・ニーチェ、貴族的急進主義」が一九〇〇年にロシア語に翻訳されて紹介され、当時の知識人に広く読まれた。そのため、その後のミハイロフスキー（N. Mikhailovsky）やシェストフ（Lev Shestov）といった思想家たちは、ニーチェに関する自身の著作でブランデスの見解に注意を傾け、時には彼の見解を論駁もした。[*14]

ニーチェ受容の初期には、ロシアの知識人たちはニーチェに対して非常に否定的な態度をとった。彼らは、ニーチェの哲学が西欧文化の置かれた危機的状況を反映しているとみて、ヨーロッパ文化に潜んでいる危機の兆候と表出を考察したニーチェ理論がもつ肯定的役割を辛辣に否定した。この時期のニーチェ受容の特徴としては、ニーチェ思想の道徳的本質に関する尖鋭な論争が起きたことが挙げられる。前述した通りニーチェの原典が初めて翻訳されたのが一八九八年であり、一八九〇年代のニーチェ受容は、学術ジャーナルに批評家や哲学者が彼の概念を批判的に紹介する形でなされた。一八九〇年代にはプレオブラジェンスキー、ミハイロフスキー、ソロヴィヨフ、フョードロフ（N. Fedorov）、ロパーチン（L. Lopatin）、グロット（N. Grot）、チュイコ（V. Chuiko）、ボリンスキー（A. Volynsky）などの哲学者・思想家たちがニーチェに対する批評や論文を学術ジャーナルに掲載して、彼らの解釈を通してニーチェ読解の方法が形成された。

そのなかでプレオブラジェンスキーの論文とそれに対する激しい対応が、この時期の受容の特徴である道徳の問題についての議論を、ニーチェ思想から引き出していく。一八九二年の『哲学と心理学の諸問題（Voprosy filosofi I psikhologii）』に掲載されたプレオブラジェンスキーの論文『フリードリヒ・ニーチェ――利他主義道徳批判（Friedrich Nietzsche: Kritikamorali al'truizma）』は、ロシアで出されたニーチェに関する最初の論文であり、ニーチェの哲学的概念に関する最初の真摯な分析である。

この論文は、一八九〇年代ロシアにおけるニーチェに対する否定的な態度とは異なり、ニーチェの利他主義道徳批判に対するプレオブラジェンスキーの詳細な説明と分析、そして共感で満たされている。ニーチェが語る相対的価値としての道徳、利他主義の内面に隠されている虚偽にプレオブラジェンスキーは共感しながら、ニーチェの論理を忠実に分析して読者に伝えている。ロシアの現実に対する新しい理想の道をプレオブラジェンスキーはニーチェに見てとったのである。そして彼の論文はその後、ロシアでニーチェの道徳思想に関する激しい議論が行われる出発点となる。ニーチェの道徳思想に対する彼の肯定的な解釈に反論する論文がただちに出版された。ニーチェは反キリスト教的個人主義者であって、彼の考えは「これまでの人類にとってのあらゆる聖なるものに無慈悲なもの」だとされた。

この時期のニーチェについての論文や論評で目につく一つの事実は、ニーチェの思想に敵対的であれ好意的であれ、もっぱらニーチェ主義の否定的な側面について述べていることである。こうした脈絡から、当時のニーチェには退廃主義者、非道徳主義者、伝統破壊者、奴隷制と農奴制の擁護者、無神論者、悪の伝道師というイメージが固まっていった。[*15] クライン（George Kline）が述べたように、一八九〇年代ロシア知識人たちはニーチェの鮮烈な書籍と出会って一目惚れしたが、それは完全な愛や純粋な愛ではなかった。なぜなら、その魅惑には衝撃と嫌悪が強烈に入り混じっていたからである。[*16]

ロシアにおけるニーチェ受容の第二の時期は、二十世紀初頭の四半世紀に相当する。つまり一九〇〇年から一九二五年頃までである。十九世紀から二十世紀へと移りゆく時期に、ロシアではニーチェ哲学が大変な人気を博した。当時のロシア文化界の人々の言葉がこれを証明している。「その年の冬、私たちはみんな『ツァラトゥストラかく語りき』を読んだ」（メンデレーヴァ・ブローク L. Mendeleeva-Block）、「偶像破壊者フリードリヒ・ニーチェは新たな世紀の入口に立っていた。すこし前までの哀愁に満ちていた退廃主義者たちがニーチェ主義者、アナキスト、魂の革命家に変わった」（モチュルスキー K. Mochul'sky）、「ニーチェはその十年間、若者たちの真実の神だった」（ベヌア A. Benua）[*17]。

一九〇〇年に八巻本のニーチェ選集が初めてロシア語に翻訳された。改訂版は一九〇二年と〇三年に九巻本で出版された。一九〇九年にはニーチェ全集の翻訳が始まったが、一九一二年に出版された四巻を最後に、もはや進むことはなかった。ニーチェの教えは、ソロヴィヨフの哲学とともにロシアの精神的ルネサンス期に活動した人々にとっての触媒の役割を果たした。

またこの時期はロシアにおいて、ニーチェ哲学についての多様な分析を含んだロシアの学者たちによる専門研究書が出版され始める時期でもある。そして、ニーチェの概念と有名なロシア思想家たち、主にドストエフスキー（Fyodor Dostoevski）、トルストイ（Lev Tolstoi）と比較する研究も現れる。また、主人公がニーチェ主義者である芸術作品も数多く出版される。

ニーチェ研究者たちが評するように、ニーチェの哲学は二十世紀初頭から第一次世界大戦までの一五年間、ロシア文化の向上に本質的な刺激を与えた。前述した通り、一八九〇年代にニーチェの思想に対するロシアの知識人の肯定的な反応が非常に少なかったとすれば、十九世紀から二十世紀に移行するこの時期には、すでにニーチェに対する高い評価と、彼の著作を評価する立場が圧倒的になった。ニーチェの哲学は、ロシアの観念論者たちが文化の宗教的基礎に向から上で重要な役割を果たした。ニーチェの教えは人間に自分自身を認識することを助け、その人が何者であるのか、世の中でどのような位置をもっているのかを決定することを助ける個人解放の手段となった。[*18]

しかし一九〇五年革命の失敗以後、明確にロシアの知識人の精神状態に変化が現れる。知識人たちはスラヴ主義から発生した伝統的な観念論に方向を変えるか、ソロヴィヨフとトルベツコイ（Trubetskoy）兄弟の思想に接近するか、そうでなければ「真の革命的世界観」へと向かった。ロシアの人文学者の間では、ロシアの文化的伝統のなかで自らを規定し、定義しようとする欲求が強くなる。教会の懐に戻ろうとする指向もあらわれ、ロシア教会と宗教の実生活との遊離を克服しようとする努力もあらわれた。このような変化は、ニーチェへの態度にも直ちに影響を及ぼした。一九〇八年頃になるとニーチェ哲学の人気が下がり始め、一九一二年からはロシアの批評家たちは自分の文章でニーチェの名前に公然と言及するのを避けるようになった。[*19]

相当数のロシア知識人の間で人智学と精神分析学に対する興味が増大したことも、ニーチェに対する関心を冷却させるうえで一定の役割を果たした。一九一〇年代初めから二〇年代半ばまで、精神分析学と人智学はロシアにおける知的生活を構成する重要な要素だった。この時期のフロイト（Sigmund Freud）とシュタイナー（Rudolf Steiner）の人気は、ニーチェ思想の影響と張り合うほどだった。

ニーチェ思想に対する興味をますます薄れさせた重要な原因がもう一つある。ニーチェの哲学が大変な人気を博するようになると、彼の思想は、流行を追う二流作家たちによって時に歪曲されたり、ニーチェ自身のそれとまったく一致しない方法で用いられたりした。こうなったのは、しばしばニーチェの原典の意味を歪曲した低質な翻訳のせいでもあった。

一九一〇年代初めには、第一次世界大戦の影響で醸成された反ニーチェ的雰囲気、すなわちドイツ文化を拒否する新スラヴ主義的傾向にもかかわらず、単行本やジャーナルでは引き続き人々はニーチェに言及した。エルン（Vladimir Ern）が書いた有名なパンフレットのタイトル「時代はスラヴ派の見解を信奉する（Vremya slavyanofil'stvuet, 1915）」が、モスクワ宗教哲学協会（Moskovskoe leigiozno-filosofskoe obshestvo）の反ドイツ基調を克明にあらわすスローガンとなる。エルンはさまざまな論文でドイツ帝国主義とドイツ文化を同一視して、ロシアがドイツ文化を掌握した悪との最後の精神的闘争を自ら担うべきことを訴える。もちろん、戦争をスラヴ的概念としてのみ受け入れた者ばかりだったわけではない。フランク（Semyon Frank）はドイツ文化を一面的に批判する見解に反対したが、すでに当時のニーチェの名前はドイツの軍国主義と結びつきつつあった。

一九一六〜一七年になると、高まる革命の兆候と終末論的期待からニーチェ哲学に対する関心が一定部分蘇り始める。ベリー（Andrey Bely）やブローク（Aleksandr Block）といった作家たちは、革命を未来の精神的更新の第一段階、アポロン的原則とディオニュソス的原則の新しい文化的統合の誕生として受け入れた。当時の革命的出版物においてニーチェは民主主義者、民衆の革命家という新しいイメージを与えられる。[*20]

また、教育を受けた階層が人民に対してもつ社会的義務という理念の脈絡から政治的に受け入れられたニーチェの概念は、間接的ながらロシア・マルクス主義に強力な影響を及ぼした。そして「ニーチェ主義的マルクス主義（Nietzschean Marxism）」という独特の思潮が、一九〇三年から一二年の間に形成される。ゴーリキー（Maksim Gorky）、ルナチャルスキー（Anatoly Lunacharsky）、ボグダーノフ（Aleksandr Bogdanov）、ヴォルスキー（S. Vol'sky）などがこの思潮を代表する。マルクス主義とニーチェ主義の統合は、ソビエト・ロシアの主要な活動家の多くが社会的正義という理想と個人的完成という理想を調停する道を見出す手助けをした。[*21]

マルクスに傾倒したインテリゲンツィヤたちは、ブルジョア文化の価値の見直しや新しい社会秩序へのニーチェの要請を身近に感じた。彼らは、それが完全な平等が実現した未来の社会主義国家において実現すると考えて、ニーチェの超人思想を人民大衆に献身的に奉仕する強力な指導者、英雄的人物のイメージで受け入れた。[*22]

ロシアにおけるニーチェ受容の第三の時期は一九二〇年代から七〇年代にあたり、ニーチェの遺産に対する関心が弱まるのが特徴である。これはソビエト・ロシアで行われた「文化政策」の結果とみることができる。この政策の一環としてニーチェの著作は禁止された。一九二三年から二四年にかけてニーチェの本は実質的に図書館から撤去されて、探すことができなくなった。ニーチェ哲学のなかで、一九二〇年代ソビエト・ロシアにおいて反響を得た唯一の分野は文化哲学、特に古代ギリシア・ローマ文化の解釈だった。

第二次世界大戦中、ソビエト・ロシアにおけるニーチェの哲学的遺産への態度は非常に否定的になった。ニーチェの名はファシズムと同義語になった。それ以来ほぼ一九八〇年代までニーチェの名は日常的な哲学論争から実質的に除外されていた。ボリシェヴィズム・イデオロギーによってニーチェ著作が禁止された。理念的に規定された枠組みを外れたニーチェに対する自由な研究や解釈は、致命的に危険でありうるからである。一九二〇年代から八〇年代末まで、ニーチェの作品はロシアで再版されなかった。この時期はロシアのニーチェ研究において実質的に失われた時期といえる。[*23]

ニーチェ受容の第四の時期は一九八〇年代と九〇年代である。長い暗黒期を経た後、ニーチェ哲学が再び復帰していく時期とみることができる。一九八〇〜九〇年代に理念的圧迫が弱まるにつれて、状況は少しずつ改善し始めた。新世代のニーチェ研究者が育成され、彼らの研究範囲も広がった。八〇年代と九〇年代の境界時期にニーチェのテクストが再び出版されたが、これはロシアの哲学史家たちの研究作業に新たな刺激となった。

二十世紀から二十一世紀への転換期に、ニーチェの哲学は百年前と同様の人気の高揚を経験するに至り、半世紀の禁止の後、ニーチェは再び人文学者および大衆の関心の対象となった。

3　ロシアの社会状況とニーチェ受容の特徴

ニーチェが初期の受容段階でロシアに熱狂的に受け入れられたのには、いくつかの理由がある。まずニーチェ思想がロシアに入ってくる時期の社会状況が挙げられる。ニーチェの思想は一八九〇年代初めから次第にロシアの文化と知性界に浸透した。これは彼の理念がロシアの政治的・社会的・文化的・理念的流動の時期に入ってきたことを意味する。一八九〇年からロシアでは産業化ブームが起こったが、これは農業国家の急進的変化に連動していた。急速に成長する産業地帯に農民が大規模に移住して、まもなく労働者が新しい社会階級として浮上した。一八九四年、反動的なニコライ二世が皇帝に即位したが、歴史が示しているように、彼は当時のロシアの政治的・社会的改革の必要性に応えることができなかった。[*24]

そして当時のロシアの精神史的状況をみると、十九世紀のロシアに広がっていた支配的な思想、すなわち一八六〇年代の反ヘーゲル主義的実証主義や唯物論、一八七〇年代の人民主義（Narodneichestvo）が知的な魅力を失い、マルクス主義はまさに登場したばかりで追従者を集めようとしていた時期だった。こうしてロシアは主導的・理念的傾向がなくなったイデオロギー的真空状態に置かれていた。そして「進歩的で批判的な思考」に唯一適合すると思われていた実証主義者や理性主義者が確立した狭い道徳的枠組みを壊そうとする、新しい哲学的思考も明らかに発生しつつあった。このような状況で、明確で強力な理念と哲学に対する要求が発生した。[*25] ニーチェは、このように既存の制度と価値がもはや社会的混乱に応えることができず、新しいパラダイムが渇望されていた歴史の転換期にロシアに流入した。

また別の理由として挙げられるのは、ニーチェが用いるアフォリズム的表現様式に関連したものである。それ以前も同様だったが、十九世紀の最後の四半世紀は、ロシアで抽象的な思想と芸術文学の結合が強まる時期だった。ブロークやベリーといった詩人たちやトルストイやドストエフスキーといった小説家たちの作品は哲学的思考で貫かれており、形而上学的傾向の思想家たちのうちチュルコフ（Georgy Chulkov）やアンドレーエフ（Leonid Andreev）といった人々は短編小説を書き、ソロヴィヨフやメレシュコフスキー（Dmitry Merezhkovsky）は詩を書き、ロザノフ（Vasily Rozanov）やシェストフはアフォリズム的テクストを書いた。このような背景から、ニーチェの文学的才能はロシアで彼が人気を博する原因となった。言い換えれば、ロシアでは文学がある程度理念を表現するための道具として機能しており、このような脈絡から、ニーチェのアフォリズム的思想表現がロシアの読者には生硬に映らなかったのかもしれない。そして、当時多くのロシアの人文学者がショーペンハウアー（Arthur Schopenhauer）とハルトマン（Eduard Hartmann）の倫理学と形而上学にどっぷり漬かっていたことも、相当部分ニーチェの思想を受け入れる事前作業として作用した。[*26]

当時のロシアの知識人たちが何よりも共感したのは、ニーチェの怒りの対象の大半が、これまで数多くのロシア思想家によって論駁されてきた批評の対象と似ているということである。臆病さや平凡さ、従順さや自己満足などといった浅薄な大衆文化に対するニーチェの激しい攻撃は、十九世紀ロシア思想からも類似した響きを発見することができる。ロシアにおいて功利主義と実証主義の社会文化的等価物に相当する単語は「俗物性」を意味する「メシャンストヴォ（мещáнство）」や「低俗さ」を意味する「ポシュロスチ（пóшлость）」として、「合理的利己主義（rational egoism）」や科学主義と並行する実用倫理はゴーゴリ（Nikolai Gogol）やドストエフスキー、トルストイといった幾人ものロシアの作家からすでに持続的な攻撃をうけていたものである。[*27] またニーチェの哲学は、さまざまな理由から伝統的なロシア文化に不満をもっていた反逆者たちには非常に魅力的に感じられた。「一切価値の価値転換（Umwertung aller Werte）」という彼の要請は、新しい秩序に対する展望を鼓吹した。この文句は当時の文化的慣習（cultural baggage）に吸収され、多くの作家によって引用符なしに用いられたが、彼らの多くは、自分がニーチェを引用しているという事実さえ知らなかった。[*28]

そして、もう一つの興味深い原因は、ロシア知性史を貫く「道徳的反乱（moral revolt）」という文学的・哲学的伝統がニーチェと出会って発生した化学的融合である。ロシアのニーチェ受容において興味深く、注目される事実は、多くの批評家が彼の哲学のなかの道徳的部分に関心を示したという点である。ロシアにおいては、道徳的視点のプリズムとしてニーチェの思想を受け入れる伝統があることは明らかであるようにみえる。[*29] ロシアのニーチェ研究の権威者であるシネオカヤも、ニーチェの哲学が多大な関心を引いた最も重要な要素として、倫理の分野に見られるニーチェの天才性を挙げている。[*30]

このように道徳に集中したニーチェ受容のロシア的特徴を、ロシアの伝統である「道徳的反乱」という概念で説明したクロース（Edith Clowes）の見解は非常に興味深い。彼女によると、ニーチェを受け入れるか拒否するかにかかわらず、ロシアの読者はニーチェを特別な種類の道徳思想家とみなしており、彼の思想は従来のドイツ観念論の伝統より、道徳的反乱というロシアの社会的・文学的伝統とはるかに合致していると考えた。そのため、プレオブラジェンスキーはニーチェをゲルツェン（Aleksandr Gertsen）と比較し、ミハイロフスキーはニーチェをドストエフスキーの『地下室の手記（Zapiskiiz podpol'ya）』の主人公と比較した。そうして自然とロシアの読者たちはニーチェを、道徳的反乱というロシアの豊かな文学的・哲学的伝統に移入させた。既存体系の慣習的道徳に対するニーチェの批判は、ロシアではすでにツルゲーネフ（Ivan Turgenev）やドストエフスキーの小説で接していた馴染みのあるものだったのである。[*31]

ロシアの読者たちは、ニーチェの哲学的な声と十九世紀半ばのロシア理念小説中の文学的主人公たちの声が似ていることにすぐ気づいた。実際、慣習的価値に対するニーチェの批判は、道徳的反乱というロシアの伝統と繰り返し比較される。また、既存の道徳に対する批判、価値転換を要求するニーチェは、ロシア人が愛する道徳的反乱者という文学的原型（fictional archetype）と一致する。ロシア文学において既存の道徳に反旗を翻すこの反乱者の原型は、社会的・政治的転換点において敗北する文化的階層に発生する。一八二五年のデカブリストの乱（Decembrist revolt）[*32]は完全な失敗に終わったが、政治改革や社会的正義、主人公たちの高貴で自由な魂という伝説を残した。これ以後、一八四〇年代に大学で発生した哲学サークルは、一八五〇年代に至って、よりいっそう急進的な思想を抱くようになる。この思想的醸成にはフランスの急進思想とイギリスの科学的実証主義が重要な役割を果たした。

ツルゲーネフの作品にみられるような、「余計者（lishny chelovek, superfluous man）[*33]」の姿においても道徳的反乱の問題は引き続き扱われている。この用語は、社会的生活で理想を実現する可能性を失った人物を指す。しかし、ロシアでの改革の精神は死なず、より急進的な方向に発展する。

数多くの傑出したロシア小説が一八六〇年代のこうした戦闘的雰囲気のなかで発生したが、彼らの社会的方向は道徳的不満によって条件づけられていた。こうした小説に登場するニヒリストの姿に、道徳的反乱というロシアの伝統の深い響きを見てとることができる。このように、ニーチェの反乱の個性とロシアのニヒリストの原型の間には、論争の余地のない多くの類似点が存在する。こうして、ニーチェの思想はロシア伝統の道徳的問題と結合して受容された[*34]。

最後に、ロシアの知識人にとってニーチェは、ロシアの伝統的な思想と非常に近いものとして映った。そのためグロイス（Boris Grois）はニーチェを「西欧の哲学者のなかで最もロシア的な哲学者」と呼び、フョードロフはニーチェを「西欧人のなかのロシア人（Russian among the West Europeans）」と呼んだ。さらにカガリツキー（Boris Kagarlitsky）は「ロシアでニーチェが積極的に受容されたのは、単純な影響関係ではなく運命だ」とまで言った。[*35] また、精神的側面におけるニーチェとロシアの親縁性の強調も見られる。ニーチェ逝去を記念して一九〇〇年に出版された『芸術世界（Miriskusstva）』特別号には、次のような追悼の辞が掲載された。「我々ロシア人にとってニーチェはとても身近な人である。彼の魂においては二柱の神、あるいは二匹の悪魔、アポロとディオニュソスの闘争が繰り広げられている。同じ闘争がプーシキン（A. Pushkin）からトルストイやドストエフスキーに至るまで、ロシア文学の心臓で永遠に起きている[*36]」。

4　プレオブラジェンスキー、ニーチェに対する最初の回答

前述したように、ロシアで発刊されたニーチェについての最初の論文は、一八九二年に『哲学と心理学の諸問題』に掲載されたプレオブラジェンスキーの『フリードリヒ・ニーチェ――利他主義道徳批判』である。『哲学と心理学の諸問題』はモスクワ心理学会（Moskovskoe psikhologicheskoe obshchestvo）の公式雑誌であった。モスクワ心理学会は一八八五年に設立され、すぐさまロシア思想史の道しるべとなった。この会は実証主義と唯物論に対する反対を標榜し、形而上学的問題に対する新たな関心を呼び起こした。『哲学と心理学の諸問題』は最初のロシア哲学ジャーナルで、銀の世紀（Silver Age）に宗教哲学を広める重要な通路であった。[*37]

当時、若き哲学者だったプレオブラジェンスキーはニーチェに連帯感をおぼえた。彼の唯一の海外旅行が、ドイツ・イタリア・スイスに所在する、ニーチェが居住したり作業したりしたすべての所に行っ

てみようという考えにもとづいて計画されたほどだった。プレオブラジェンスキーがこれほどまでにニーチェに傾倒したわけは、彼の個人的な性格に起因する。彼はその慎重な態度のために、ロシアの現実に対する楽観的な希望よりは、容赦ない批判の道へと導かれた。彼のロシア社会に対する綿密な考察は、進歩の不可避性に対する信頼を失わせたが、規格化の可能性をもっている社会主義も彼には代案にならなかった。[*38] 彼は結局、小市民的慣習と社会主義的生活の均一化を克服できる実質的な方法をニーチェから発見した。[*39]

これがニーチェ哲学に対するロシアの最初の反応、すなわちロシアでのニーチェに対する最初の論文が出た背景である。しかし、プレオブラジェンスキーの論文を載せる『哲学と心理学の諸問題』編集者たちは、ニーチェの衝撃的な思想とそれに共感するプレオブラジェンスキーの論文の基調に少なからず当惑したようだ。政府の検閲にも神経を尖らせざるをえない状況であっただろう。そこでジャーナル編集局は、プレオブラジェンスキー論文の最初のページに次のような編集者注を挿入する。

編集局は、今いかに奇異で病的な現象が西ヨーロッパ文化を損傷しているかをロシアの読者に示すために、極めて不快な結論を下しているフリードリヒ・ニーチェの道徳理論を印刷することに決定した。輝きと明敏さを有する才能ある作家であり、思想家でもあるフリードリヒ・ニーチェは、宗教とキリスト教、そして神そのものに対する憎悪に目がくらんで、人間種の個別的代表者の完成という理想のために犯罪や危険な堕落、道徳の衰退に対する完全な寛大さを冷笑的に伝播する。しかも、大多数の大衆はあたかもニーチェのようにくびきが外され、いかなる法や道徳の限界にも抑制されない「天才たち」の高みのための台座として蔑視的に扱われている。自分が世の中の創造者であるという固着観念（idée fixe）によって精神病院に閉じ込められたこの不幸で傲慢な人の運命は、とてつもなく大きな教訓を示している。自らが神であると想像したこの不幸な無神論者が受けた大きくも当然の懲罰は、真の恐怖を呼び起こす。わが『哲学ジャーナル』は、現代哲学が犯した逸脱の歴史において、このように重大で教訓的な事実に沈黙していることはできない。次号ではジャーナルの数人の同僚（ロパーチン、アスタフィエフ、グロット）がニーチェ理論の哲学的側面について記した、より詳細な分析を印刷する予定である。

――編集局[*40]

このような編集者注にもかかわらず、ニーチェ思想に対する合理的な交感の基調にもとづいて書かれたプレオブラジェンスキーのこの論文は、広範囲な読者層にアプローチして、ロシアにニーチェ哲学の種が蒔かれるうえで重要な役割を果たした。[*41]

プレオブラジェンスキー論文は、ロシアにおけるニーチェ論争の幕開けとなった。彼の論文は『哲学と心理学の諸問題』後続号で熱い議論を触発させ、この議論はすぐさま他の雑誌にも飛び火した。[*42] それでは、プレオブラジェンスキー論文のどんな内容がこのような反応を呼び起こしたのかを見てみよう。

プレオブラジェンスキーはニーチェ思想のなかの道徳の問題を考察している。これはロシアのニーチェ受容において非常に重要な部分である。ロシアのニーチェ受容の第一段階はニーチェ思想の道徳的問題に集中しているが、その出発点がプレオブラジェンスキーの論文だからである。また、一八九〇年代のニーチェに対するロシア批評家の態度はほとんどが否定的だったのに対して、プレオブラジェンスキーはニーチェの道徳思想に対する肯定的な解釈を示しており、当時の時代的雰囲気においては非常に異彩を放つ現象だった。

「異端主義道徳批判」という論文の題からも分かるように、プレオブラジェンスキーは、利他主義という既存の確立された道徳に対するニーチェの論証にもっぱら集中している。[*43] 彼はニーチェのことを、日常的で狭い意味での哲学者に分類するのは難しそうだと述べながら、パスカル（Blaise Pascal）、ラ・ロシュフーコー（François de la Rochefoucauld）、レオパルディ（Giacomo Leopardi）、そしてショーペンハウアーなどのような道徳主義者として位置づける。[*44] そして道徳に関する彼の論旨を次のように展開する。これまで道徳哲学者たちは、道徳の体系的論証を伝達する方法についての問いにばかり関心を傾けてきたが、ニーチェは逆に道徳そのものに疑問を提起して、道徳体系の必要性と概念に問題があることを発見した最初の人である。ニーチェは「善と悪を越えて」一般倫理基準に違反することにより道徳性に挑戦することができた。普遍的で単一の道徳体系を構築しようとする試みは無駄である。なぜなら、文化と歴史時期の多様性を考慮しなかったからである。[*45]

こうしてプレオブラジェンスキーは、ニーチェは西欧退廃主義の兆候だという当時の主導的な見解から脱して、ニーチェが道徳を新しい視点から見たということ、すなわち相対的価値と見たことを強調する。プレオブラジェンスキーは、既存の道徳体系の真実性と普遍性を公布した人たちが他の文化や他の歴史時期の信念をまったく考慮しなかったために、道徳が相対主義的側面をもっている点を見ることができなかったというニーチェの主張を紹介する。互いに異なる道徳システムは互いに衝突する可能性があって、誰も特定の道徳システムの優越性を主張することはできない。プレオブラジェンスキーは、これがニーチェのいう「善悪の彼岸」の意味であり、ニーチェがこの概念を使用したのは、一般的に受容されている利他主義を分析するためだったと考えた。

ニーチェは、利他主義が社会にとって有用だから道徳的価値が与えられたということを示している。そして、このように社会的に強制された道徳は、個人が集団に奉仕する限りにおいて個人を価値あるものとみなす「奴隷道徳」である。そのなかで個人は、集団に奉仕する限りで価値がある。個人は彼らの社会的美徳、特に権威に対する服従や尊敬などによって価値をもつ。利他主義社会は個性を恐れ、社会の個人に対する恐れがその「道徳」の起源である。ニーチェは平等と利他主義を軽蔑する。彼は、それが恐怖によって作られた美徳であって、人間を家畜にすると考える。プレオブラジェンスキーは、利他主義は人間と社会を安全で平穏にするが、人生を無気力に殺菌し、人生の危険と苦痛に対する力と意志を破壊して、平凡を人間の理想に仕立て上げたと主張する。[*46]

プレオブラジェンスキーによると、ほとんどの道徳哲学者は「隣人愛」というキリスト教の教理を承認して、憐れみ、他人に対する同情、利己心を捨てること、自己否定といった美徳を賛美する。しかしニーチェは、このような利他的道徳が偽りであり偽善的なものであることを暴露する。彼は、憐れみと自己犠牲には自己愛に陥る以外の目的はないことを明らかにする。他人のために自己を空しくすることは、純粋に自己愛的な動機に基づいている。ニーチェは、一般的に受け入れられている憐れみの美徳を単なる心理現象に変える。このような自己中心的動機にもかかわらず、利他主義は道徳的地位を与えられ、社会への利益ゆえに制度化された道徳になった。しかし、この種の「集団道徳」は社会と人類をより高い水準に引き上げるには十分ではない。利他主義の道徳は人間を社会的鎖の一つの輪へと縮小させ、人間の強力で創造的な本能を剝奪した。[*47] 一八八〇年代の人民主義運動の失敗に直面して、ロシア社会において個人の地位を再建する革新的なイデオロギーを求める過程で、プレオブラジェンスキーは利他主義・功利主義道徳体系に対するニーチェの批判的な分析と、彼の創造的で独創的で自己決定的な個人に対する強調に感動したのである。プレオブラジェンスキーは、ニーチェからロシア文化を再生させる豊かなインスピレーションを得て、ニーチェを「新たな戒律」の説教者として歓呼の声で迎える。

プレオブラジェンスキーは、理路整然とした公正な論調の論文によってニーチェの思想をロシア知識人層に伝えた最初のロシア批評家といえる。しかし彼の論文の語調は『哲学と心理学の諸問題』の編集者を不快がらせて、三人の主要編集者がただちに次号に「ニーチェ理論の哲学的側面に対するより詳細な分析」という題の、ニーチェを批判する内容で一貫した論文を発表したことから論争が触発される。この三本の論文は、ニーチェが新しい思想の創造者ではなくて、現社会と道徳を変えようとする熱望の失敗と虚偽を示していると結論づける。[*48]

5　ニコライ・グロットのニーチェおよびトルストイ解釈

プレオブラジェンスキーの論文は、ロシア哲学界でニーチェの道徳思想に対する熱い討論と議論を触発した。彼の論文は一八九二年の『哲学と心理学の諸問題』の最終号である一五号に掲載されたが、一八九三年の次号である一六号に、先述した三人の編集者ロパーチン（L. Lopatin）、アスタフィエフ（P. Astafiev）、グロット（N. Grot）が書いた論文が掲載される。[*49]

この論文のうち、ニコライ・グロットの「我らの時代の道徳的理想——フリードリヒ・ニーチェとレフ・トルストイ」は、当時の二人の思想家ニーチェとトルストイを対概念にして比較した最初の試みであった。グロットがニーチェの思想を紹介する、正確に言えば批判する論文でニーチェの比較対象としてトルストイを選んだのには理由があるように見えるが、グロットとトルストイの間の個人的な親交がその出発点にある。グロットとトルストイは、一八八五年に初めて出会って、それ以後彼らの交流は友情と協力へと発展する。[*50] この論文が出版された当時、グロットはモスクワ心理学会の会長で『哲学と心理学の諸問題』の編集長を務めていた。トルストイは一八八五年からモスクワ心理学会の会員であり、一八八七年には学会の会議場で「生の理解に関して」という発表を行った。

当時のトルストイは、彼の「回心」以後、人生の意味を求める努力として、既存宗教の教理から脱して、彼だけの独特な宗教的追求を行った。ロシア正教の教理だけでなく、東洋の思想や仏教、儒教、道教の思想を渉猟した。そしてキリスト教から超越的な性格を排除して倫理的・実践的な面だけを採る彼の信仰体系は、官製教会の体系内では受け入れ難いものだった。ロシア正教会とトルストイの対立はますます激しくなった。グロットがこの論文を書いている時期、ニーチェには、禁欲主義、利他主義、非暴力、愛というキリスト教的価値を転覆させる不道徳の使徒、悪魔、反《アンチ》キリストのイメージがかぶせられていた。こんなニーチェの否定的なイメージはグロットの論文にも明瞭に現れており、ロシアとドイツの二人の思想家は霊的な敵対者として登場する。そのためグロットの同時代人たちは、トルストイが西欧の反対者と対比され、最高の宗教的価値の担い手にして保護者、そして守護者として登場するこの論文を、聖務会院のトルストイ破門の決定を未然に阻止しようとしたグロットの密かな努力と見ることもある（しかし結局一九〇一年にトルストイ破門の決定が下される）。[*51]

こうしたグロットの議論の背景が、論文の内容と構造をある程度規定せずにはいない。ニーチェとトルストイの思想は、対比され比較される過程で各々の世界観を代弁する。グロットの表現によれば、ニーチェは純粋な異教徒世界観の守護者であって、彼のペンによってキリスト教の宗教的・道徳的理想から永遠に解放されることを夢見ており、トルストイは人類の生においてキリスト教の道徳的理想の最終的勝利のために実証主義的・科学的・異教的世界観と闘争しているという。このように二人の思想家は、「二つの相反する共存できない人生の原則」、すなわち古代の異教的世界観とキリスト教の道徳的世界観の代表者として提示される。[*52]

しかしグロットが見るに、二人の思想家には鋭く対比される違いがあるだけではなく、共通点も存在する。まず、二人とも現代社会の道徳的世界観と現代人類の生活体系に断固として異を唱える。人生全体を変えなければならず、そのために人生に対する支配的概念、人生の意味と目的を再検討しなければならないと考える。そして二つ目の共通点として、彼らは何世紀にもわたって形成されたキリスト教の伝統的な外部構造に反対する。その構造のうちにはあらゆる悪徳と腐敗が偽善的に隠されていると考え、欺瞞の張本人としての教会と国家に対する二人の闘争が始まる。三つ目は、二人の思想家の目指す点が同じだということである。道徳と概念の名において多様に条件づけられた抑圧から個人を解放すること、より自由で新しい自足的な個人を創造して、この土台に新しい社会と人類を創造することなどである。言い換えれば、二人とも個人の精神的な発展を制限する束縛と鎖から個人を解放しようとする渇望があった。[*53]

二人の道徳主義者の共通点は、個人を解放する方法において急激に分かれるとグロットは分析する。

まず、二人の「道徳主義者」の道徳観のうちで対立が起きている。ニーチェは、あらゆる罪は個人が道徳的足枷をはめられているために発生しているととらえた。個人がもつ力の源泉は情熱にあり、情熱が人生を支配しなければならない。そうなったときだけ個人は自分の秘められたエネルギーを発現することができるが、このためには、個人をキリスト教的意味での「道徳的責任」から解放しなければならない。ニーチェが考える人類の生の唯一の意味は完全な個人の開花である。それは超人として完成される。しかし、すべての人間がそのような完成に到達できるわけではないがゆえに、最上の個人だけのための極度の自由を認め、残りの大衆はこれらの人々の完成のための土台にならなければならない。そのためニーチェは政治的・社会的権利の平等や社会主義的な均等化には敵対的である。ニーチェは、現代生活のこのような条件が、人類を腑抜けで、恐れおののき、個性が失われた畜群に格下げしていると考えた。グロットは、ニーチェの教えのこのような特徴から明らかなのは、ニーチェが異教文化の原理に戻ることを夢見ているという点だと結論を下す。そしてニーチェの教えを次の命題に公式化する。「悪が多いほど善も多くなる」、なぜなら、悪はあらゆる道徳的な規制から解放された個人の完全な理性的勝利という絵の中にあるほかない、暗い背景だからである。

トルストイは悪の原因についてまったく違う見方をした、とグロットは書く。トルストイにとって悪は道徳的法則に違反すること、道徳的法則を理解できなかったり無視したりすることにある。キリスト教的道徳的世界観だけが個人と社会の真の精神的発展を保障する。その精神的発展に至る道は、個人の良心をあらゆる道徳的足枷から解放することにはなく、反対にキリスト教的な良心を可能なかぎり完全に発展させることのなかにある。エゴイズムの開花にはなく、逆にエゴイズムを完全かつ最終的に抑制することにある。また、人間は創造性や天才性、能力や傲慢な無限権力の目覚ましい発現を夢見てはいけない。人間は道徳的自己完成のみを夢見なければならない。ニーチェとは反対に、トルストイは自発的な平等と個人の完全な社会的均等化に対する情熱的な伝道者である。彼の理想は平和で家庭的な存在としての人間、しかし「畜群」のような存在ではなく、霊的な存在への人間の理想である。臆病で恐れおののく存在ではなく、道徳的に動揺せず、内面的に強靭な霊的な存在の理想である。グロットは、トルストイに当てはまる公式を次のように定義する。「悪が少ないほど善が多くなる」[*54]。

グロットは、この対立的な二つの世界観がいずれも一面的であって、人間の魂のすべての要求を満たすことはできないと批判する。そして最終的に次のように比較を整理する。ニーチェは西欧的破壊の代表者であり、トルストイは東欧的率直さの理想の所有者である。ニーチェはキリスト教と完全に、そして意識的に絶縁された異教文化の理想の復元を夢見る。トルストイは逆に、すべての異教的な不純物を洗い流した人生のキリスト教的理想を求める。また異教を憎悪して科学と芸術、そして国家の形態を否定する。国家も古代のキリスト教以前の文化が作り出したものだからである。このように二人の世界観は極端に対立しているように見えるが、グロットにとってニーチェとトルストイは、理性に真理の最後の基準を求める理性主義者たちである。しかしニーチェは理性主義の美学者であり、トルストイは理性主義の土台を有する道徳主義者である。二人とも奇跡や秘密を嘲笑するが、一人は美がもつ魅力の秘密の名において、形態の外的完全性の名において奇跡と秘密を嘲笑し、もう一人は愛と善の絶対的勝利に向けて奇跡と秘密を拒否する、とグロットは書いている[*55]。

グロットが分析したこの二人の思想家の根本的な違いがうかがえるのは、人間の本性に対する彼らの正反対の見解である。ニーチェは人間を動物と見る。それも動物たちのなかで最も悪しき動物と見ている。自分に近いモノたちをたいらげ、自分と似た数十人、数百人の体液を吸い、何者にも制止できない豊かな栄養状態にあるもう少し強い人間‐動物が、自身を超越してよりいっそう完全になった動物の新しい種となる。その新しい種をニーチェは「超人」という概念で表す。しかし、トルストイの考え方は違っている。謙遜と忍耐、自己否定と愛は人を人間らしくするための根本的な属性である。人はまさにこの属性ゆえに動物とは異なる。人の本性は善にして良きものである。超人は必要ない。人はすでに動物を超えた存在、神の似姿であり形象だからである。[*56]

グロットは、この二人の道徳主義者の道徳的世界観の対立が、世界と人間の本性に対する彼らの理論的な見解の対立から始まっていると見る。グロットの判断するニーチェは、唯物論者・無神論者、多分に幻想的な性格の進化論者である。彼は動物の新しい姿である「人間‐動物」として変化を夢見る。そして道徳的・精神的自己完成の理念を、この変化の展望として表現する。彼は動物と人という用語を結合させることを好む。ニーチェは現代人を「病んだ動物（ein krankhaftes Thier）」と呼び、人間そのものについては、「最も勇敢で苦痛に慣れた動物（das tapferste und leidgewohnteste Thier）」と表現する。そして彼は基体（Substrate）としての主体の存在、つまり実体的霊魂としての主体を信じない。ニーチェは霊魂の存在を認めないという仕方で神も信じない。グロットはこうした理由から、ニーチェは道徳に基づいた徹底した唯物論者、無神論者、進化主義者だと結論を下す。

トルストイはまったく異なる理論的世界観をもっている。グロットが主張するところによると、トルストイは、霊魂の不滅と永遠な生の理想を正当化するために情熱的に努力して、精神的な生の永遠性、完全な死の不可能性に対する思想を堅く固守している。生ける神、祈りと我々を世に送った者の意志、永遠の真理と絶対善の世界も信じていた。そのためトルストイは物質的・技術的進歩を信じなかった。「人間」への復帰を説教して、翼と羽がある「超人」の発明は説教しなかった。すべての発展と進化は人の精神的・道徳的個性の成長に帰着する。このためには福音書の純粋な教えに戻らなければならない。精神の世界、すべての虚妄なものの放棄、そして個人と社会組織の外的進歩ではないもの、これが人間の真の目標であり、幸福と道徳的満足の源泉である。[*57]

現代産業文明、ブルジョア文明に対するニーチェの嫌悪にもかかわらず、彼の教えには、巨大化した西ヨーロッパの工場機械の音と轟きがこだましているように感じられるし、トルストイの教えからは逆にロシアの静かで広大な大草原の反響が聞こえてくる。憂鬱で果てしない平野にある農村の静かで深い寂しさの反響が聞こえる。そしてその農村には「大地の力」と「魂の寂しさのなかにある健康で頑丈な者の自由」がいきいきと感じられる。これはそのまま置いておいても、あらゆる機械、工場がなくても自ずと偉大になるだろう。人は地上における神的な理想の完全な具現である。これらがグロットの把握した、二人の思想家の相反する原則と理想である。[*58]

ニーチェの教えに深い思想があることは明らかだが、グロットはニーチェが自分の理性で物事の真実を歪んだ鏡のように反映していると考えた。ニーチェの命題は真実のいくつかの要素をもっているが、結局は完全に不正確な逆説を提示しているだけである。グロットにとってニーチェは、自分自身の頭脳からひねり出した全世界の病院や精神病院のすべての患者たちのなかで「最も病んだ」人間である。しかし、グロットのトルストイに対する評価はまったく異なる。トルストイの教えはニーチェとは全然違った印象を与えるが、それは歪んだ文明の病的な産物ではなく、現代精神のあらゆる疾病に対する健全な反応である。ニーチェの教えは道徳的意味で間違いなく否定的であるのに対し、トルストイの道徳は肯定的な理想、すなわち未来の理想が充満している。トルストイの過ちは道徳の領域にはない。キリストの教えをトルストイのように崇高で理想的に理解し解釈できる人は多くはない。ニーチェのすべての誤った考えの主な根源が、彼が大胆に展開した唯物論にあるのと同様に、トルストイの主な過ちは、過度の、そして偏狭な観念論（idealism）と唯心論（spiritualism）にある。それからトルストイを批判する人々が幾度も正当に指摘したように、トルストイがキリスト教の道徳を全面的に受け入れながらも、キリスト教のすべての形而上学を誤って拒否したことにある。[*59]

以上のように、グロットが二つの極端な「我々の時代の道徳的理想」を対比した後に語ろうとしているのは、真の道徳的理想は、外面的なものと内面的なもの、物質的なものと精神的なもの、より勇敢に表現すれば、「異教的なもの」と「キリスト教的なもの」の和解に求めなければならないということである。そうして新たに完全な世界観、理論的で実践的な世界観を再び作ることが「学問のなかの学問」である哲学に与えられた課題だとグロットは結論を下す。[*60]

グロットの論文は一八九〇年代、ロシアでニーチェが受容された最初の時期、すなわちニーチェを西ヨーロッパの退廃主義者、個人主義者、唯物論者、キリストの敵として批判する否定的な認識が広まっていたその時期に、ニーチェの道徳理論に共感する論文でロシア知識人層に衝撃を与えたプレオブラジェンスキーに反論するための、三編の企画論文のうちの一つであった。したがってグロットのニーチェ批判はある程度決まっていたと言える。しかし他の二編の論文と論理的・構造的に異なっていたのは、当時のロシアの大思想家トルストイとの比較を通してニーチェ思想の批判を企図したという点である。トルストイと一つの対概念になったニーチェは、後に日本に紹介され、中国を経て韓国に流入する過程で、ニーチェ主義とトルストイ主義という言説形式で各国の状況に合わせて変形され、近代化に対する応答として、または近代知識の受容方式として流入する。

グロットの論文は、ニーチェ主義とトルストイ主義という思想的言説形成の出発点となる。グロットは、当時のヨーロッパの生における巨大な道徳的危機を目撃して、その危機を打開するため、現代の道徳的理想に対して困難で力に余る評価を行ったと述べる。彼の判断によると、十九世紀の知識と技術分野における発展がこれまで道徳的観念と道徳的理想を形成してきた土台を変化させたが、そこから引き起こされた最も重要な結果は、この三世紀間の異教的理想とキリスト教的理想の間の軽薄な妥協がもはや支えきれなくなった、ということである。「二つの相反する、二律背反（Antinomie)」の両立不可能性に対する確信、すなわち、少なくとも道徳的領域においては異教徒になるかキリスト教徒になるかのうちから一つを選択するしかない、ということである。そこでグロットは最も典型的な二人の優れた現代思想家に集中して、その二人の極端な世界観の比較を試みたが、そのうち一人は「純粋な異教的世界観の守護者」ニーチェであり、もう一人はキリスト教の至高の道徳的理想の最終的勝利のために実証主義的・科学的・異教的世界観と闘争を繰り広げているトルストイであった。グロットはこの二人の思想家を道徳主義者と呼んでいる。この二人に共通点があるからである。現代の生活体系に対する反対、教会と国家という伝統的な外部構造に対する闘争、道徳と観念によって条件づけられた抑圧から個人を解放しようとする熱望がそれである。しかし二人はその解決方法を異にしたとグロットは述べつつ、道徳観、人間観、世界と人間の本性をみる見解という点から、彼らの極端な世界観を比較して示している。見てきたように、この比較においてトルストイは、キリスト教的世界観の代表者として最も肯定的な修飾語で飾られている。もちろんグロットは「我々の時代の道徳的理想」は「異教的なもの」と「キリスト教的なもの」との和解に求めなければならない、といういささか一般的な結論で自身の論文を締めくくっているものの、トルストイをキリスト教信仰の真の担い手・実践家として浮き彫りにしようとする彼の努力は、論文全体に十分にあらわれている。

6　グロットと北東アジアのニーチェ受容の典型

本章では、北東アジアのニーチェ受容における最も根源的な問いに対する解答の始源を明らかにしようと努力した。なぜロシアにおけるニーチェの紹介がトルストイとセットで一つの言説を形成したのか、そしてニーチェ主義とトルストイ主義がどのようにして日本に伝わったのかという問いを解決する試みだった。

ロシアはニーチェを最も熱狂的に受容した地である。一八八一年、ドストエフスキーの死後一〇年を経て世紀末に至ると、象徴主義の定着やドストエフスキーの再発見とともにロシアでニーチェ哲学が流行した。哲学者ソロヴィヨフはこれを成熟のために必要な「青春の熱狂」として受け入れている。ディオニュソス的な哲学は象徴主義の始祖メレシュコフスキーやデカブリスト党派の作家アルツィバーシェフ（Mikhail Artsybashev）、アンドレーエフから性的放縦の形をとり、プロレタリア作家ゴーリキーにさえ闘争する意志となって現れた。また、二十世紀初頭から革命に至るまでの時期はロシア・ルネサンスとも呼ばれ、一挙にロシア文化と精神が開花したが、そこでニーチェの果たした役割が大きいことはベルジャーエフ（Nikolai Berdyaev）が『私の生涯』で証言している。[*61] このように世紀末、そして世紀初めから革命に至る時期には爆発的熱狂と人気があったが、それとは異なって、第一段階の一八九〇年代にはニーチェ受容のための学問的土台が形作られてはいたものの、ニーチェに対する否定的評価が広まっていた。このような背景でプレオブラジェンスキーが、ニーチェのうちにロシアの精神的・社会的状況を打開する道、個人の創造性と解放のための道を発見する。これは、プレオブラジェンスキーのニーチェ道徳哲学に関する論文から導き出された。同論文は利他主義道徳に対するニーチェの思想に共感し、利他主義道徳に言及したニーチェの原典に沿って彼の道徳理論を詳しく説明する形式を取る。ニーチェ思想への全面的な共感を示す彼の論文は、ニーチェを西欧的退廃の代名詞、無神論と極端な個人主義者とみなしていた当時のロシアの知性界には受け容れられない代物だった。

これに対して彼の論文に反論するために三編の論文が急いで出版されたが、そのうちの一編が本章で分析したグロットの論文である。グロットはニーチェに対する批判をトルストイとの比較を通して行い、彼の論文によってニーチェとトルストイは両立しえない二つの世界観の代表者、二つの対蹠点となった。そしてこの言説構造が、グロットの日本人の知人、小西増太郎によって日本に伝えられるのだが、これが日本初のニーチェ受容となる。ここでもニーチェはトルストイと一組にされて両者の道徳的思考の違いを中心に紹介され、この両者は日本が近代化を遂げて直面した問題、すなわち個人の自由と利他主義、社会共同体の形成と国家主義という問題を代弁するものとされた。[*62]

以上のように、北東アジアの精神史に大きな影響を与えたニーチェ受容の出発点であるグロットの論文の思想的・社会的背景、そして論文の外形的構造となるニーチェとトルストイの対立が成立した原因などを検討した。十九世紀末のロシアという独特の精神史的・時空間的特性がニーチェ主義とトルストイ主義の言説を生み出す土壌となり、その後日本を経て北東アジアに伝わったこの言説構造が、各国の状況に合うように変形されて受け入れられたことで、北東アジアのニーチェ受容という一つの巨大な地図を形成したのである。

第二章　小西増太郎のニーチェおよびトルストイ受容と日本精神史的意味

趙晟桓《チョソンファン》

1　北東アジアにおけるニーチェ受容史に関する韓国の研究

ニーチェという名前が北東アジアに初めて登場したのはいつ頃か。そしてその名を知らせた主人公はいったい誰か。その人はどんなきっかけでニーチェを紹介するようになったのか。彼／彼女の目にはニーチェがどんな哲学者に映ったのだろうか。その後、ニーチェは北東アジアでどのように理解されていったのだろうか。このような問いに答える分野こそ、まさに「北東アジアにおけるニーチェ受容史」である。

ニーチェが北東アジアに受容された歴史について韓国内で研究が始まったのは二〇〇〇年代からだった。まず中国のニーチェ受容史に関しては、二〇〇二年に出たイ・ジュノの「魯迅と近代思想——ニーチェ思想の受容を中心に」[1]が先駆的である。その後を継いでこの分野の研究を蓄積した研究者はイ・サンオクである。イ・サンオクは二〇〇九年にニーチェ哲学の系譜学的理解を扱った「ニーチェと近代中国の思想——王国維と魯迅に及ぼした影響を中心に」を皮切りに、二〇一九年までに「ニーチェの中国受容」に関する計一一編の論文を発表した。[2]この他にも二〇〇九年にハン・ヨンスとイ・ジョンデの「魯迅の超人思想」[3]が出、二〇一三年にはコ・ヘギョンの「中国新文学とニーチェ哲学——郭沫若と茅盾のニーチェ思想受容を中心に」[4]とキム・ソンファの「魯迅『野草』のニーチェ思想——『聡明な人と愚かな人そして奴隷』『行人』を中心に」[5]が出、二〇二〇年には高建恵の「中国現代文学におけるニーチェ受容研究——現代性と現代文学の発生」[6]が発表された。かくして中国におけるニーチェ受容と関連した韓国の論文は、〇二年から現在までの二〇年間に二〇編余りが提出された。主に取り上げられたテーマは魯迅や王国維、郭沫若といった近代中国思想家たちのニーチェ受容である。

では韓国における受容に関する研究はどうか。この分野の研究はいつから始まったのか。そして、どんなテーマが取り上げられたのか。この分野に関しては一九九七年に出されたパク・ノギュンの「ニーチェと韓国文学」[7]が先駆的である。この論文でパク・ノギュンは、韓国にニーチェを初めて紹介した論文は「一九〇九年五月に出た『南北学会月報』[8]一二号掲載の「トルストイ主義とニーチェ主義」である」と述べた。続いて一九二〇年から『開闢』において小春《ソチュン》、妙香山人《ミョヒャンサニン》[9]、金億《キムオク》、金亨俊《キムヒョンジュン》などがニーチェに関して書いた文章を紹介した後、本論部分では「徐廷柱《ソジョンジュ》のニーチェ思想受容」を論じた。そして一三年が過ぎた二〇一〇年に、パク・ノギュンは「ニーチェと韓国文学(2)——李陸史《イユクサ》を中心に」[10]を、二〇一二年には「ニーチェと韓国文学(3)——柳致環《ユチファン》を中心に」[11]を相次いで発表する。したがって一九九七年の論文は、総論的性格をもった「ニーチェと韓国文学(1)——徐廷柱を中心に」に相当するといえる。

　パク・ノギュンとともに韓国におけるニーチェ受容史研究の一翼を担ったのは金正鉉《キムジョンヒョン》である。パク・ノギュンが韓国の文人たちを中心にニーチェ受容史を研究したとすれば、金正鉉は時代別にアプローチした。二〇〇七年に「ニーチェ思想の韓国的受容——一九二〇年代を中心に」[12]を発表して以来、二〇〇八年には「一九三〇年代ニーチェ思想の韓国的受容——金亨俊《キムヒョンジュン》のニーチェ解釈を中心に」[13]、二〇一四年には「一九四〇年代の韓国におけるニーチェ受容——李陸史《イユクサ》、金東里《キムドンニ》、趙演鉉《チョヨンヒョン》の文学を中心に」[14]、二〇二一年には「ニーチェと一九五〇年代の韓国戦後実存主義文学——孫昌渉《ソンチャンソプ》と張龍鶴《チャンヨンハク》を中心に」[15]を相次いで発表して、一九二〇年代から五〇年代までの「韓国文学史でのニーチェ受容」過程を考察した。それだけでなく、二〇二〇年からはその範囲を北東アジアへと広げて「ニーチェ、トルストイ、そして二〇世紀初頭の北東アジアの精神史」[16]を発表し、二〇二二年には、「ロシアと日本における初期ニーチェ受容の社会哲学的意味」[17]を発表した。

　パク・ノギュンと金正鉉《キムジョンヒョン》以外の研究としては、二〇一一年に発表されたソン・ギソプの「移植された文学形式とニーチェ」[18]とチョン・ウンギョンの「趙演鉉の批評とニーチェ」[19]があり、二〇二〇年にはホン・ソクピョの「李陸史のニーチェ受容と魯迅」[20]とキム・ミヨンの「理想の〈翼〉——ニーチェのポストモダニズム思想の文学的反映」[21]が発表された。

　以上から分かる点は、「韓国におけるニーチェ受容」に関する研究は主に文人たちの受容の仕方を扱った研究が大部分であって、研究が本格的に始まった時点は二〇〇七年頃からであり、その量はおよそ論文一〇編程度という事実である。したがって中国での受容史研究と比較してみると、研究が始まった時点は概ね似ているが、分量は半分程度に当たる。

では日本の場合はどうだろうか。日本におけるニーチェ受容に関する国内研究はどの程度進んでいるのだろうか。一般的に、近代期における西洋思想は日本を通じて東アジアに広まったと言われている。では、日本におけるニーチェ受容に関する研究が最も活発であるべきではないか。しかし、研究現況はむしろ正反対である。日本のニーチェ受容に関する研究は、二〇一八年に出版された丁洛林《チョンナクリム》の「日本の初期ニーチェ受容史――一八九〇〜一九一〇年まで」[*22]が最初である。そして先に言及した二〇二〇年に発表された金正鉉の「ニーチェ、トルストイ、そして二〇世紀初め北東アジアの精神史」[*23]において、ニーチェを日本に紹介した最初の人物が紹介された。この二編の論文がすべてである。したがって、日本のニーチェ受容史に関する韓国国内の研究は、始まったばかりだと言っても過言ではない。

この記事では、こうした問題意識から出発して、日本でニーチェが初めて紹介される過程と、その後の展開様相を考察したい。具体的には、一九世紀後半にロシアに留学した小西増太郎がニーチェとどのように接して、どのように理解し、どのように日本に知らしめたのかを、韓国と日本の先行研究を中心に見ていくことにしたい。

2　日本ニーチェ受容史の先行研究分析

丁洛林の「日本の初期ニーチェ受容史――一八九〇〜一九一〇年まで」(2018) は、著者が述べたように「日本のニーチェ受容史を扱った韓国語で書かれた最初の論文」[*24]であるという点で先駆的である。考察対象は明治後半にあたる一八九〇～一九一〇年代で、この時期に東京帝国大学哲学科教授を務めたドイツ系ロシア人ラファエル・ケーベル（Raphael von Koeber, 1848～1923）の弟子たちによってニーチェが受容される様相と、彼らに触発された「美的生活」論争を取り上げている。既存の研究成果、具体的には大石紀一郎の「日本における文献学としてのニーチェ——受容史の再構成の試み（Nietzsche als Philologe in Japan : Versuch einer Rekonstruktion der Rezeptionsgeschichte）」（1988）とグラハム・パークス（Graham Parkes）の「日本におけるニーチェ哲学の初期受容（Early Reception of Nietzsche's Philosophy in Japan）」（1991）を活用しながら、文学評論家の高山樗牛、宗教学者の姉崎正治、小説家の夏目漱石などがニーチェをどう理解したかを考察している。最後に結論部分では、このような努力が以後のニーチェに関する本格的な研究や主体的な理解につながった、と評価している。[*25]

この論文で特に注目すべき点は、グラハム・パークス（1991）の研究を引用しつつ、日本でニーチェに言及した最初の文献資料を紹介しているところである。それは一八九三（明治二六）年に『心海』[*26]に掲載された匿名の文章「フリデリヒ、ニツシュ氏とレオ、トルストイ伯」[*27]である。一八九三年は朝鮮において東学農民運動が起きる直前だが、このときに日本で、「ニツシュ〔＝ニーチェ〕」という名前が文献上初めて登場したのである。しかし、この論文ではまだ「フリデリヒ、ニツシュ氏とレオ、トルストイ伯」の著者が誰なのかは明示されていない。

この問題は二年後に出た金正鉉の「ニーチェ、トルストイ、そして二〇世紀初め北東アジアの精神史」（2020）で解決されるのだが、この論文は三つの点で画期的である。まず、一九二〇年代の韓国でのニーチェ受容史を扱った本格的な研究であるという点、二点目は、ニーチェ受容史を「北東アジア」の次元に拡張したという点、最後は、それをトルストイ受容史との関連のなかで扱っている点である。この膨大な作業は、先に紹介した彼の二〇〇七年論文「ニーチェ思想の韓国的受容——一九二〇年代を中心に」にすでに端緒がみられ、それはさらに二〇一六年にドイツ語で書かれた「ニーチェと二〇世紀初めの韓国精神史（Nietzsche und die koreanische Geistesgeschichte am Anfang des 20. Jahrhunderts）」（『ニーチェフォルシュンク（Nietzscheforschug）』第二三輯、二〇一六年）へと発展した。

二〇〇七年の韓国語論文で彼は、一九二〇年代の韓国におけるニーチェ受容が、日本における西洋思想受容およびニーチェ研究と密接な関連があることを指摘して、日本でのニーチェ受容の様相を紹介した。具体的には、一九〇一年に高山樗牛（1871～1902）がニーチェ哲学に基づいて提起した「美的生活論」をはじめ、一九一〇年代に武者小路実篤と大杉栄によってトルストイとニーチェが厳格主義や無政府主義などとして理解された事例などを紹介した。[*28] 続く二〇一六年のドイツ語論文では空間的範囲を拡大して、「日本、中国、大韓帝国などの北東アジアにおけるニーチェ受容の初期の歴史と思想史的脈絡」を考察している。[*29] そして二〇二〇年の論文では以上二編の研究にもとづいて、「ニーチェとトルストイの相互理解」（第二章）、「ロシアにおけるニーチェ受容」（第三章）、「日本における初めてのニーチェ受容」（第四章）の様相が本格的に扱われた。

特に第四章は本論文の主題に関する内容であり、ベッカー（Hans-Joachim Becker, 1983）とコニシ・ショー（Sho Konishi, 2013）の先行研究に言及しながら、日本にニーチェを紹介した最初の人物は、ロシア留学生出身の小西増太郎（1862～1940）であると確定した。併せて、小西の神学的背景やロシアに留学する過程、そしてモスクワ大学の指導教授だったニコライ・グロットの「トルストイとニーチェの比較研究」、ならびに小西とトルストイが『道徳経』を共同で翻訳した経緯[*30]などを紹介している。これによると、ロシアでの老子の翻訳と日本でのニーチェの紹介は「小西とグロット、トルストイ」という両国の知識人の「協力（Cooperation）と交流（relations）」[*31]によって可能になったことになる。ところが逆説的なことに、それから約十年後の一九〇四年に両国は戦争に突入する（日露戦争）が、このときにはニーチェはすでに世を去っていたものの、トルストイはまだ生きていた（トルストイは一九一〇年に死去）。ではトルストイはこの戦争についてどう思っていたのだろうか。これは日本におけるトルストイ受容とも関連する問題であり、これについて本論で検討していきたい。

また、丁洛林がニーチェ受容と関連して注目した東京帝国大学の人物たちが哲学科の出身だったとすれば、金正鉉が新たに追加した小西増太郎は神学校の出身である。したがってニーチェは哲学と神学の二つの系列から日本に紹介されたと言えるが、興味深いのは、二つの出来事が同時に起きたという事実である。ケーベル教授が東京帝国大学哲学科に教授として赴任して、ニーチェをはじめとする西洋哲学を教え始めたのが一八九三年六月頃だが[*32]、同年一二月には小西増太郎がニーチェについて紹介する最初の論文を日本語で発表し、翌月には自身の評を含む続編まで書いていたからである。

小西の二編の論文のタイトルは「歐洲に於ける徳義思想の二代表者フリデリヒ、ニツシュ氏とレオ、トルストイ佰との意見比較」と「ニツシュ氏とトルストイ佰徳義思想を評す」である。[*33] 前者は指導教授グロットの論文を下敷きにしてニーチェとトルストイの思想を簡略に対比させた一種の紹介文であり、後者はそこに自身の見解を付け加えて二人の思想家を評価した批評的性格の文章である。ところが、グロットがトルストイと「非常に近い関係を維持」し、小西もトルストイと共同作業した経験があるという事実を勘案すれば、二編の論調がトルストイに友好的だったろうという点は容易に推察できる。実際コニシ・ショーは小西増太郎の論文に言及して「ニーチェをトルストイと否定的に対比させながら、トルストイを重要な倫理思想家として紹介しようと」したと分析している。[*34]

とにかくここでわたしたちに分かるのは、小西の論文の題名が物語るように、ニーチェはトルストイと比較される形で日本に初めて紹介されたという事実である。これは、日本でのニーチェ受容史がトルストイ受容史とも深い関連があることを物語っている。したがって、ニーチェ受容史だけを個別に研究するよりは、トルストイ受容史と並行して研究するのが効果的だろう。しかしこれまでの先行研究では、韓国であれ海外であれ、両者をともに眺望しようとした試みはまだないようである。

そこで、まず日本におけるトルストイ受容史を小西のニーチェ受容と比較する形で考察したい。具体的には柳富子が一九七九年に書いた三編の論文「明治期のトルストイ受容（上・中・下）」を紹介しながら、小西がニーチェはもちろんのことトルストイ紹介にも少なからぬ影響を及ぼしたことを確認する。続いて本格的に小西の二編の文を分析して、最後に小西以後にニーチェ解釈がどのように変わるのか、そしてトルストイ受容の様相がどのように変化するのかを検討することにしたい。

3　明治期のトルストイ受容

ニーチェが一八九三年に小西増太郎によって日本に初めて紹介されたのなら、果たしてトルストイはいつ頃日本に紹介されたのだろうか。ニーチェより早かったのか。遅かったのか。それとも小西によってニーチェと同時に紹介されたのか。『トルストイと日本』の著者柳富子によれば、日本のトルストイ受容はニーチェよりやや早かった。一八八九年（明治二二年）、『国民之友』に初めて「トルストイ」という名前が登場するからである。[*35] これは時期的に小西のニーチェ紹介よりも四年早い。

とはいえ、その初期受容方式はニーチェと類似した側面がある。日本におけるニーチェについての最初の紹介がドイツではなくロシア経由だったように、トルストイもまたロシア本国ではなく西欧経由で日本に受容されたからである。その背景は次のとおりである。一九世紀後半に西洋で近代文明に対して省察する雰囲気が起こり、このときにトルストイが注目される。なぜなら、トルストイはロシアの西欧的近代化に批判的だったからである。[*36] そのために一八八〇年代半ばから西欧でトルストイ・ブームが起こり始めるが、それは小説家としてのトルストイではなく、宗教思想家・社会予言者としてのトルストイだった。

日本にトルストイが受容されたのもこうした雰囲気においてだった。[*37] 受容主体は四つの系列に分類できる。――①プロテスタント系列、②社会主義系列、③ニコライ神学校系列、④文学者系列である。[*38] これを再び学問的に分類すれば、宗教界（プロテスタント、ニコライ神学校）、哲学界（社会主義）、文学界に分けられる。このうち小西のトルストイ受容は「③ニコライ神学校系列」に当たる。

一方、小西がニコライ神学校の機関誌『心海』に最初のトルストイ・ニーチェ論を書いていた頃、プロテスタント系雑誌の『六合雑誌』には彼のトルストイ論が掲載された。トルストイをロシア思想界に位置づける「ロシア思想界の近況（上・中・下）」（1894）がそれである。[*39] ここから、小西が日本にトルルストイを紹介する上でも重要な役割を果たしたことが分かる。なぜなら、四つの受容経路のうち二つの経路、すなわちプロテスタント系列とニコライ神学校系列の両方に関係しているからである。

これだけではなく、小西のトルストイ理解は西欧という迂回路を経由せず直接ロシアを通して行われたという点でも意義が大きい。しかし、ニーチェ受容史の立場から見るならば、正反対の評価も可能である。なぜなら、彼のニーチェ理解には、トルストイとロシアという「フィルター」が作用していることを意味するからである。その点では最初から一定程度の限界を有しているということになる。

一方、『六合雑誌』には、小西の論文以外にも、「トルストイ伯爵の宗教道徳論」（一八九四）や安部磯雄の「トルストイ伯爵の宗教」（一八九五）といった論文も掲載されているが、[*40] なかでも後者の「トルストイ伯爵の宗教」（一八九五）にはトルストイの「非戦論」や「階級打破」思想が紹介されている。[*41] 当時が日清戦争前後だった点を勘案すれば注目に値する。この頃でも日本ではまだ非戦論や反戦論が浮上していなかったからである。

トルストイの非戦論は、それから十年後の日露戦争のときに影響力を発揮した。日露戦争は一九〇四年二月から一九〇五年九月までの一年半にわたって展開されたが、戦争真最中の一九〇四年（明治三七年）六月二七日に、トルストイは『ロンドンタイムズ（The Times of London）』にて「トルストイ伯爵の戦争論――「汝自身を思え」（Count Tolstoy on the War : 'Bethink Yourselves'）」と題する英文エッセイを寄稿する。[*42] このエッセイは、それから六週間後の八月七日に、日本の社会主義者幸徳秋水と堺枯川によって「トルストイ翁の日露戦争論」と題して『平民新聞』三九号の六面にわたって全文訳が掲載される。[*43] この文の冒頭には、翻訳の趣旨を述べながら、「平和主義と博愛主義の立場から、あらゆる戦争の罪悪と惨害を説き、ロシアを批判し、日本を排撃する」と述べている。[*44] これにより、日本の社会主義系列が博愛主義と平和主義を志向するトルストイの非戦論に大いに共感して、トルストイを積極的に受容したことがうかがえる。

一方、③ニコライ神学校系列のトルストイ受容史を見ると、断然小西増太郎の活躍が目立つ。これについて柳富子は、小西を「華麗に活躍した存在」と評した。[*45] また、小西とグロットの師弟関係、そして小西とトルストイの共同翻訳作業などを紹介した後、[*46]『心海』に掲載された小西の二編の論文「欧洲に於ける徳義思想の二代表者フリデリヒ、ニツシュ氏とレオ、トルストイ伯との意見比較」と「ニツシュ氏とトルストイ伯徳義思想を評す」の内容の核心を叙述して、著者が誰かは分からないものの、日本で初めて「トルストイとニーチェを対比させた試み」であり、ニーチェに対する「最初の紹介」だと推定している。[*47] もしこのような指摘が最初なら、日本でニーチェに言及した最初の文献の存在は、ニーチェ研究者ではなくトルストイ研究者によって明らかになったわけである。なぜなら茅野良男の一九七三年論文「明治時代のニーチェ解釈——戸張・高山・桑木を中心に（明治）三〇年代前半まで」でも小西論文には言及していないからである。たんに、一八九六年（明治二九年）五月に出た『太陽』二巻九号に載った丸山通一の文章に「ニーチェ」という名前が出てくるとして、それ以前の用例については知らないと述べているに過ぎない。[*48] したがって一九七〇年代初めまでは、日本で「ニーチェ」に言及した最初の用例は一八九六年頃と考えられていたことが分かる。『心海』に掲載された小西論文の存在は、たとえ著者までは明らかにできなかったにせよ、一九七九年の柳富子の論文によって知られるのを待たなければならなかった。

ところで、小西がニーチェとトルストイ論を紹介した『心海』には小西以外にもトルストイ論が相次いで掲載されたが、問題は全体的に評が良くないという点である。プロテスタント系の『六合雑誌』がトルストイの思想に友好的だったのとは対照的である。そのため柳は『心海』を「トルストイ教説との闘争の場という感じをうける」とまで述べている。それとともに、こうした雰囲気は「(トルストイを破門した) ロシア本国の教会の立場を多分に反映」したもので、プロテスタント系列や社会主義系列のトルストイへの評価とは異質なものだと分析した。[*49]

この事実は、小西の当初の意図とは相違して、『心海』がトルストイを批判する場になってしまったことを示唆する。そしてトルストイに対する小西の評価は、自分が属しているニコライ神学系列よりはプロテスタントや社会主義系列に近かったことを物語っている (もちろんこれがトルストイを擁護する「内容」まで一致したことを意味するものではない)。実際、柳によると小西は一八九六年五月一〇日にトルストイに手紙を送って、そこで「トルストイに会ってキリスト教に対する考えが完全に変わったし、そのせいで神学校のニコライ司教が自分を快く思っていない」と告白している。そして二年後の一八九八年、ついに小西はニコライ神学校を去るが、トルストイに送った手紙にはすでにその決心が感じられると柳は分析している。[*50]

最後に④の「文学者」たちによる受容の場合は、主に自然主義文学と文明批判者としてのトルストイに注目した。特に本論文の主題と関連して注目すべき点は、小西増太郎が翻訳したトルストイ作品が日本の文人たちの間でトルストイに対する関心を急増させる契機になったという事実である。小西はロシア留学を終えて帰国した際、発禁となったトルストイの後期作品『クロイツェル・ソナタ』(一八八九年）を携えてきたが、それを当時小説家尾崎紅葉と共同で翻訳して世に出すと、日本の文人たちの間で大きな反響を呼んだ。[*51] ここから小西のトルストイ紹介が、日本のプロテスタント系列はもちろんのこと、文学界にも相当な影響を及ぼしたことが分かる。

これまで柳富子が一九七九年に発表した三編の論文を中心に、明治期日本におけるトルストイ受容の過程を検討した。これによると、小西増太郎は所属こそ日本正教会に置いていたが、トルストイに対する友好的な立場はプロテスタントや社会主義に近く、このような立場の違いのために結局ニコライ神学校を去ることになる。このような決心の背景には、小西がトルストイとの出会いによって自分の神学観に根本的な変化が生じたことと無関係ではない。また、小西はプロテスタント系雑誌『六合雑誌』に「ロシア思想界の近況」を三回にわたって連載し、「思想家」としてのトルストイを知らしめるうえでも大きな役割を果たした。他にも彼は、ロシアで禁書となったトルストイ作品を翻訳紹介することにより、日本の文人たちの間でトルストイに対する関心が増幅するきっかけを作った。

では、ニーチェは小西によってどのように日本に紹介されたのだろうか。そして、それは当時の日本の知性界にどのような影響を与えたのだろうか。ここからは「ニーチェ」という名前を日本に初めて知らしめた小西の二編の論文の内容と、それがもつ思想史的意味について考えてみることにしたい。

4　小西増太郎のトルストイとニーチェ解析

金正鉉（2020）の先行研究で指摘されているように、小西がニーチェとトルストイを比較したのは、小西の師ニコライ・グロットの影響のためだった。グロットは一八九三年に『われらの時代の倫理的理想、フリードリヒ・ニーチェとレフ・トルストイ』を出版して「ニーチェ主義とトルストイ主義の言説を開いた」が、小西論文はこの本の要約翻訳という性格が強いからである。[*52] また、グロットの本のタイトルに「倫理的理想」という言葉が入っていることは、彼がニーチェとトルストイを倫理学的側面から見たことを物語っている。同様に小西の論文の題名に「徳義思想」という言葉が入っているのも、このような脈絡から理解できる。ここでいう「徳義」は小西の論文において「道徳」や「倫理」または「精神」などと置き換えられる概念で、小西にとってニーチェとトルストイが「道徳思想家」または「倫理思想家」として位置づけられていることを示している。

ただし、グロットがニーチェとトルストイのことを「倫理的理想」と評価しているのに対して、小西は「理想」という言葉の代わりに「思想」という言葉を用いているという微妙な違いがある。(「歐洲に於ける徳義思想の二代表者フリデリヒ、ニツシュ氏とレオ、トルストイ伯との意見比較」「ニツシュ氏とトルストイ伯徳義思想を評す」)。それも単なる道徳思想家ではなく「道徳改革家」として位置づけられている。例えば、小西がニーチェについて書いた最初の論文「歐洲に於ける徳義思想の二代表者フリデリヒ、ニツシュ氏とレオ、トルストイ伯との意見比較」の冒頭は次の通りである。

今、ヨーロッパでは、今日の徳義の状態に不満を抱いて根本的な精神の改良を図り、大々的に個人と社会の弊風と悪習を一掃せざるを得ないことに気づいて、その高尚な事業のために奮闘する知識人(士)がますます多くなりつつあるが、道徳改良の方策に至っては学者ごとに説が異なり、時には正反対の説を主張する者もいる。すなわち、ある人は人類を宗教徳義の拘束から脱して自然で放任させることにより人物を養成しなければならないと言い、ある人は宗教の力を借りて自然の情欲を節制することで徳義を革新しなければならないと主張する。甲の説を唱える者は今日ヨーロッパで著名な倫理学者フリードリヒ・ニーチェ氏であり、乙の説を代表する者はロシアの著名な作家レオ・トルストイ伯爵である。ここでは正反対の二つの学説を羅列して読者に示すにとどめ、評論は次号で行うことにする。[*53]（1-56）

ここで小西は、「道徳改良」、「精神の改良」、「徳義を革新」というふうに、道徳と精神、改良と革新などの概念を交互に用いながら、ニーチェとトルストイを「道徳改革論者」として紹介している。具体的には、当時のヨーロッパのキリスト教道徳を批判しながら新しい道徳に進もうとする一種の「道徳改革論者」として描写する。

しかし、小西が見るところ、二人の方法論は正反対だが、それは「欲望」に対する立場の違いに起因している。ニーチェが欲望を解き放って発達させるべきだととらえる一方で、[*54]トルストイは欲望を節制し抑制しなければならないと考える。[*55]欲望に対する見解の違いは再び道徳や宗教に対する見解の違いを生むが、ニーチェが宗教の拘束を脱するべきだと主張する一方で、[*56]トルストイは宗教の力を借りなければならないと述べる。[*57]だが、だからといって、ニーチェが道徳そのものをなくすべきだと言ったわけではない。小西の見方ではニーチェは「道徳廃止論者」ではなく「道徳改良論者」あるいは「道徳革新論者」である。

以上の議論でまず注目される点は、「道徳改良」または「精神の改良」といった表現である。他のとところでは、「徳義の改良」(1–57)、「徳義の改良案」(1–58) などとしても出てくるこの表現は、のちに日本で流行することになる「改造論」を連想させるからである。第一次世界大戦直後の一九一九年に日本では「世界改造」をモットーとする『改造』が創刊されて、「世界改造」や「社会改造」といった、いわゆる「改造」言説が流行し、[*58] その一環として一九二〇年には『社会改造の八大思想家』が刊行されたが、この八大思想家のなかにはトルストイも含まれている。[*59] また、一九三一年には西田幾多郎の弟子の土田杏村が旧道徳を批判して新道徳を提唱する『道徳改造論』を出版する。[*60] そして、このような雰囲気において植民地朝鮮でも「民族改造論」や「文化改造論」が触発され、一九二〇年には雑誌『開闢』が創刊されて、一九三〇年代に天道教や円仏教では「精神開闢」の概念が登場するに至る。[*61]

こうして見れば、小西が述べる「道徳改良」や「精神の改良」という表現は、一九二〇年前後に日本で起きた「改造論」の前史に当たる一種の「改良論」と見ることができる。特に一九三一年に土田杏村が用いた「道徳改造」という表現は、小西が言った「道徳改良」と正確に対応する。そういう意味で小西は、たとえニーチェとトルストイ思想を借りてきたにせよ、明治時代の改造論者、そのなかでも特に道徳改造論の先駆的人物として位置づけられる。

また小西は、ニーチェはもちろんトルストイまで一種の「社会改造思想家」として位置づけているが、このような解釈は日本では小西が最初だろうと思われる。ただ、小西がニーチェの言葉からこうした解釈の端緒をつかんだ可能性は十分にある。小西は前述した冒頭の文章に続けてニーチェの言葉を長々と引用しているが、その引用文とみられる文章のなかに「人間改良」という表現が出てくる。「禽獣のような人間を改良して、人間以上の高等動物に変化させ (1–58)」ると。そのため、小西が言う「精神改良」や「道徳改良」、または「道徳改良」といった表現は、ニーチェの「人間改良」からヒントを得た可能性を排除できない。しかし、その人間改良の内容をニーチェは「情欲を抑えず自由に発達させなければならない」(1-57, 小西が引用したニーチェの語) ととらえた反面、小西はこれを偏った人間観の結果として批判するという点では違いがある。つまり小西の理解では、ニーチェは最初から人間を動物的存在とみなして、[*62]それゆえ優勝劣敗を認めて強者を擁護したが、[*63]小西が見るに、このような見解は「不正な逆説」に他ならない (2-31)。一方トルストイは人間を神の似姿とみて (1-61, 2-30) 性善説的な人間観を採った (2-31) と評価する。

このような人間観の対比は、基本的に小西の師匠であるグロットの見解から始まったものである。金正鉉の研究によると、グロットはニーチェとトルストイの人間観を次のように規定した。ニーチェは人間を邪悪な動物とみなして、強い動物として超人になる必要があると考えた。一方トルストイは、人間はすでに神の形をしているがゆえに超人を必要としないとみた。[*64]したがって、小西のニーチェ・トルストイ解釈には、師の影響が深く作用していることが分かる。まさにこの点こそが日本におけるニーチェ受容史をロシアにおけるニーチェ受容史と一緒に見るべき理由であり、とりわけグロットの「ニーチェ・トルストイ理論」と一緒に考察すべき理由である。

しかしながら、だからといって小西がトルストイを全面的に擁護したと考えてはならない。トルストイもやはり「人間に動物的で物質的な天性が存在することを忘却して」(2-31)「偏頗的な唯心論者」(2-31) に傾いたと批判しているからである。そこで小西は二人の紹介と評価を終えて「両者の調和を追求しなければならない」と締めくくっている。

> 現在、我々が徳義の理想とするところは何処にあるかといえば、物質的と心霊的という二つの主義の徳義を調和させることにあり、これを調和させることが哲学の任務である。まことに現在の哲学の問題はトルストイとニーチェ、そしてその反駁者の異見を理解し、鍛錬して、だんだんと新しく完全な理論と実際が調和した哲学を構造することにあると言っても歪曲ではなかろう。〔…〕ニーチェ氏とトルストイ伯爵が調和する日が、カントの純粋理性と実践理性が完全に真実に調和する日だと言っても過言ではなかろう。
>
> （2-32~33）

ここで小西が提起した物質主義と心霊主義の調和問題は、同時代の思想家徳富蘇峰（1863~1957）の概念で言い換えれば、「利己と利他の調和」問題に置き換えられる。ただし、小西がこの問題を唯物と唯心という哲学的枠組みで理解しているとすれば、蘇峰は経済的な側面からアプローチしているという違いがある。小西が唯物論者に分類したニーチェは蘇峰の枠組みでは極端な利己論者に当たり、小西が唯心論者に分類したトルストイは蘇峰の見方では極端な利他主義者に当たるからである。

蘇峰はトルストイを日本に初めて紹介した進歩的評論誌『国民之友』[*65]を一八八七年に創刊した人物として有名である。それだけでなく、小西がロシアに発つ一年前[*66]の一八八六年に『将来之日本』を出版したが、[*67]この書で蘇峰は、アダム・スミスの影響を受けて経済的観点から利己と利他の調和問題を扱っている。明治思想史研究者の松本三之介によると、アダム・スミスは「私的な個人の利己心が社会的な公益につながるという事実を明らかにした」ことから、「自己の利益は他者の利益と両立することによって成立する」[*68]ととらえたが、蘇峰はアダム・スミスの理論の影響を受けて「スミスによって基礎づけられた経済的自由主義の世界こそ利己主義と利他主義と愛他主義の両立を可能にするもの」と考えるようになったという[*69]。

つまり、小西が留学に行く直前、すでに日本では小西がロシアで悩んでいたのと類似した問題意識が提起されていたわけである。おそらく小西のニーチェとトルストイ解釈にはこのような日本の精神史的背景も作用したと考えられる。すなわち、ロシアで師匠グロットから受けた影響だけでなく、ロシアに行く前に日本の知識人がもっていた問題意識も小西のニーチェ・トルストイ解釈に影響を与えたと推測される。そして両者の影響が結合して『心海』に載ったような「ニーチェ＝トルストイ調和論」が出てきたのであろう。

以上の考察によれば、小西はニーチェとトルストイを「目指すところは同じだが、方法は相反する二人の思想家」として対比させながら、その理由は人間観と道徳観の違いにあると診断した。すなわちニーチェは古代中国の荀子のような性悪説を擁護しており、トルストイは孟子的な性善説を唱えるということである。ただ、中国儒学と小西が違うのは、「優勝劣敗」といった表現からも分かるように、小西が「社会進化論」という世界観のなかでニーチェとトルストイを比較している点である。孟子や荀子が生きた諸子百家時代の中国とは異なり、小西が生きた一九世紀末の日本は西洋から社会進化論を受容して、それが日本社会はもとより、東アジア全体に大きな影響を及ぼした[*70]。それゆえ小西はニーチェとトルストイを理解するにあたって「社会進化論を受け容れるか否か」という視点から見るようになり、ニーチェは優勝劣敗という進化の法則を認める反面、トルストイは拒否していると解釈したのである。

主題	ニーチェ	トルストイ
哲学	唯物論者	有神論者
東西文明	西欧文明の代表	東欧文明の理想
人性論	性悪	性善
人間観	人間は動物	人間は神の似姿
欲望論	欲望肯定	欲望抑制
進化論	優勝劣敗を認める	優勝劣敗反対
政治論	無政府主義，革命主義擁護	無政府主義，革命主義反対

これまでにみてきた、小西が解析したニーチェとトルストイの異同をまとめると次表のとおりである。

興味深いことに、小西以降のニーチェとトルストイの解釈は小西とは相反する傾向を帯びることもある。先にも紹介したように、小西がニーチェとトルストイを紹介したニコライ神学校機関誌『心海』には、トルストイを批判する論文が相次いで掲載される。逆にニーチェの場合は小西とは異なる解釈が登場するが、その主人公こそ東京帝国大学哲学科出身の高山樗牛である。樗牛はニーチェを「利己主義哲学」ではなく「生命哲学」として理解した。

5　小西以降のニーチェ解析

前述したように、小西がニーチェを日本に初めて紹介した年に、ドイツ系ロシア人ケーベルが東京帝国大学哲学科教授に赴任する。[*71] ケーベルは西洋哲学を講義したが、ニーチェを「極端な利己主義者」と非難した。またドイツに留学して帰国した後、東京帝国大学でウェーバー社会学とともに哲学を教えた井上哲次郎（1856～1944）も、ニーチェ哲学を「極端な利己主義」と貶した。[*72] 彼らの弟子の桑木厳翼（1874~1946）も、その延長線上でニーチェを「極端な個人主義者[73]」として理解した。

このように東京帝国大学は、小西よりはやや遅れたものの、ニーチェ哲学を日本に紹介する窓口の役割を担った。それも、大学という制度を通じて伝播したという点では小西より本格的かつ集団的な次元だったと言える。しかし、ニーチェを「利己主義」と解釈する点において、そして桑木厳翼の『ニーチェ氏倫理説一斑』という著書のタイトルからも分かるように、ニーチェ哲学を倫理学や道徳論の観点から理解するという点では小西と大して変わらなかった。

ところが、桑木といっしょに東京帝国大学哲学科に通っていた同級生の高山樗牛の場合は、まったく異なる様相を見せた。彼はニーチェのことを「偉大な文明批評家（Kulturkritiker）」と高く評価して、[74]ニーチェの個人主義を「生命主義」と結びつけて理解した。「強大な個人の意志の力（意力）があらわれるところには必ず永遠の生命がある」と考えたためである。[75]そのため樗牛まで来るとニーチェに対する理解の幅が倫理学者から「文明批評家」へと拡張され、ニーチェ哲学も利己主義から「生命主義」として肯定されるに至る。

特に樗牛の生命主義的解釈は、その後の大正生命主義の雰囲気に乗って、和辻哲郎（1889~1960）のニーチェ解釈へとつながった。和辻は樗牛の東京帝国大学哲学科の十六年後輩（樗牛は一八九六年卒業、和辻は一九一二年卒業）にあたり、卒業した翌年に日本初の本格的なニーチェ研究書である『ニイチェ研究』（1913）を著した。和辻はこの記念碑的な著作の初版序文で、「真の日本人の血にはニーチェと相通じるものがあると信じる」と明言した後、[76]「宇宙生命」や「内的生命」などの概念を用いながら、ニーチェ哲学を生命哲学の観点から独自に解釈した。[77]

一方、樗牛と同級生だった姉崎正治（1873~1949）は、樗牛を助けてニーチェ哲学を広く知らしめた同志のような存在だった。姉崎はニーチェの友人だったパウル・ドイセン（Paul Deussen, 1845~1919）の弟子で、インド学の大家でありショーペンハウアーの翻訳者でもある。[*78] 彼は樗牛のニーチェ理解に共感しながら、ニーチェを自身の信仰である仏教との関連のなかで理解し「ニーチェ哲学は仏教を刺激するだろう」と述べた。[*79]

姉崎はニーチェだけでなくトルストイとも関連が深い。前述したようにトルストイは日露戦争の際に『ロンドンタイムズ（The Times of London）』に「非戦論」を掲載したが、姉崎がこれを日本に積極的に紹介したからである。特に、混乱した世の中を「霊性」によって変えなければならないという立場を取っていたが、まさにこうした点こそトルストイと相通じていると考えられる。その点では姉崎も、小西と同じ陣営にいるといえる。しかし、ニーチェ哲学に対する理解は、ニーチェを利己主義者と解釈した小西よりは、「超人」を理想とする個人主義者ととらえた樗牛に近い。そのような意味で姉崎は、ニーチェとトルストイの両方を肯定的に受容した、当時としてはまれな知識人だった。

それだけでなく姉崎は、日露戦争当時に、「すべては一つ」という真理はキリスト教信仰の核心であるだけでなく、仏教的信仰の本質でもあると述べて「キリスト教と仏教」の和解まで試みた。このように姉崎のなかにはニーチェとトルストイ、キリスト教と仏教が二元化されずに一つに調和している。おそらくここにはもともと「調和」を追求する彼の気質が基盤として横たわっており、その上に師のドイセンや友人の樗牛の知的な影響、そして篤信の宗教家としての霊性的性向などが作用したのであろう。

しかし、姉崎のニーチェとトルストイの受容の様相や桑木厳翼の『ニーチェ氏倫理説一斑』、そして和辻哲郎の『ニイチェ研究』の研究は、韓国国内ではまだ始まっていない。この問題を解決するためには、何よりもまず、これらの著作の翻訳が先行しなければならないだろう。

6 初期日本ニーチェ受容史の意味

これまでに議論された内容をまとめると、次のようになる。

まず、日本におけるニーチェ受容はロシア経由で流入して、トルストイと比較される形で行われた。特にニーチェを日本に初めて紹介した小西増太郎の師である、ロシア人ニコライ・グロットのニーチェとトルストイ解釈、そして当時の日本の知性史的雰囲気、ここに小西という人物の思想的指向性などが加味されてニーチェが日本に紹介された。したがって、日本におけるニーチェ受容史は基本的にトルストイ受容史と一緒に考察されるべきである。しかし、このようなアプローチはまだ本格的に始まっていない。

二点目、小西増太郎はニーチェとトルストイを一方では「社会進化論」と「唯物論－唯心論」の枠組みで理解しながら、他方では「道徳改革論者」として高く評価した。小西によると、ニーチェは人間を動物とみなして欲望を過度に肯定したし、トルストイは人間を神の似姿とみなして欲望を肯定しなさすぎた。それゆえ、ニーチェは人間の課題が禽獣のような下等動物から「超人」のような高等動物に進化することにあるとみたし、トルストイはそれが本来の神の姿を取り戻すことにあると考えた。このような二元論的理解は、小西がロシアに行く直前の日本の知性界にも見られるが、それが徳富蘇峰の「利己」と「利他」の議論である。

三点目、小西増太郎は日本のニーチェ受容史にとって嚆矢にあたる人物であるだけでなく、トルストイ受容史にとっても重要な役割を果たした。特にプロテスタント系列と文学者系列のトルストイ受容に大きな影響を及ぼした。一方で、小西自身が属していたロシア正教会所属のニコライ神学校グループとは意見が衝突した。彼らはトルストイの宗教論を批判する論説を載せたが、トルストイの影響を多く受けた小西は結局神学校を去ることになる。

四点目、小西増太郎のニーチェ紹介とほぼ同時に東京帝国大学哲学科でもニーチェが紹介されるが、彼らは小西とは異なる仕方でニーチェを解釈した。高山樗牛の「美的生活論」で展開された「文明批評家」としてのニーチェ観と、ニーチェ哲学に対する「生命主義」的解釈がそれである。それから一〇年余り後、樗牛の後輩の和辻哲郎は本格的に生命哲学の観点からニーチェを研究することになるが、それが一九一三年に出た『ニイチェ研究』である。この著書はニーチェの原典に基づいてニーチェを研究した日本初の研究書であり、まだ韓国国内には翻訳書がない。したがって、日本における本格的なニーチェ受容に関する研究を進めるためには、まず『ニイチェ研究』の翻訳書が出なければならないだろう。これは今後の課題として残しておく。

第三章

高山樗牛「美的生活を論ず」とニーチェ思想

岩脇リーベル豊美

高山樗牛が雑誌『太陽』に「美的生活を論ず」を発表したのは、明治三四年（一九〇一）八月、フリードリッヒ・ニーチェ（1844~1900）逝去の一年後、樗牛本人死去の一年前だった。樗牛はそれ以前、日清戦争（一八九四―九五）後の三国干渉を国家的屈辱として「日本主義」という国体の立場をとり、多大な影響力をもった新進「評論家」であったが、この「美的生活論」における「本能の満足こそ美的生活である」[*1]という新奇な論旨に、当時の文壇では「美的生活論」のみならず、その論旨がもとづくとされるニーチェ思想そのものに賛否両論が巻き起こった。明治三十年代の日本は、日清戦争後の近代国家体制および資本主義経済体制の確立により、国権思想的潮流から近代自我的個人主義が意識化されていく過渡期でもあった。日清戦争から日露戦争に向かう時代は、文学的にも社会的にも浪漫主義から自然主義およびレアリズムへと向かう時代でもあった。明治時代の評論家（Kritiker）の果たす役割は、大学研究内外にあるかどうかにかかわらず、現代の文化的状況と比較しても、より広範囲に多大な影響力をもっていた。[*2]

評論「美的生活を論ず」にはニーチェという名前は一度も現れないが、ニーチェの知名度がその死によって上昇し始めた一九〇〇年以降、樗牛はこの「美的生活を論ず」をもって、ニーチェを肯定的に受容した最初期のニーチェ主義者と言われる。日本におけるニーチェ思想の受容はヨーロッパでのニーチェ受容とほぼ時代的に一致している。一方では、樗牛は「美的生活論」をもって、むしろ自らのコンテクストに反映させた個人主義思想を主張したと見るべきだとも言える。本章では、まず、このような明治中期思想界の樗牛個人における問題意識とその思想形成を見る。またそこから見えるニーチェ思想による影響と融合およびその時代の背景を考察する。

1　高山樗牛の評論活動の成立と個人主義

高山樗牛（林次郎）は明治四（一八七一）年、山形県鶴岡に生まれ、仙台の第二高等学校を卒業後、明治二六（一八九三）年、二三歳で東京帝国大学文科大学哲学科に入学する。大学寄宿舎に姉崎正治（嘲風）、畔柳幾太郎（芥舟）らがおり、級友としては笹川種郎（臨風）、土井晩翠、桑木厳翼らがいる。その年、読売新聞の懸賞小説募集に応募して『滝口入道』を書き、入賞する。明治二八年には、井上哲次郎、上田敏、姉崎正治らとともに帝大文科大学の雑誌『帝国文学』発刊に関わるが、博文堂発行の総合雑誌『太陽』文学欄や帝大『哲学雑誌』に、また時折『早稲田文学』にも寄稿するようになる。その間、「日本主義」を主張したのちに、「文明批評家としての文学者」や「美的生活を論ず」など初期ニーチェ思想受容史に関して注目すべき論文を発表する。明治三五（一九〇二）年に夭逝するまでの九年間に精力的な評論活動を行い、『樗牛全集』全五巻（齋藤信策・姉崎正治共編、博文館、一九〇四―〇七年）および『樗牛全集 註釈 改訂』全七巻（姉崎正治・笹川種郎編、博文館、一九二五年）の著作を残している。[*3]

樗牛の評論は一般的に三期の時代に区分される。[*4]

(1) 大学卒業の明治二九（一八九六）年までの第一期は「哲学と創作の時代」。樗牛はロマン主義的文学作品や文学論を書き、そのなかでも前述の受賞作『滝口入道』は最も重要なものであった。最初期の哲学的論評「道徳の理想を論ず」や「東西二文明の衝突」などは社会－個人や世界からの観点で論じられる。

(2) 第二期は明治三〇（一八九七）年から三三（一九〇〇）年にかけての「日本主義の時代」。樗牛は顕著な民族主義的「日本主義」を代表する存在となった。評論「日本主義」に始まり「日本主義を賛す」、「日本主義と哲学」、「日本主義に対する世評を慨す」などがあるが、「日本主義は大和民族の抱負及び理想を表白せるものなり。日本主義は日本国民の安心立命地を指定せるものなり。日本主義は宗教にあらず、哲学にあらず、国民的実行道徳の原理なり」（『太陽』一八九七年五月）と定義する。

(3) 最後に第三期は、一九〇一年から〇二年にかけての晩年の二年間で、「個人主義の時代」、「ニーチェ主義の時代」、「日蓮崇拝の時代」。「美的生活を論ず」の本能主義によって、個人主義が強調され、国民国家や道徳の理念は問題とならない。ニーチェや鎌倉仏教日蓮宗の宗祖である日蓮（1222～1282）が強力な自我をもった個人の原理として掲げられるのである。

2　樗牛の「美的生活を論ず」以前のニーチェ像形成

明治二八―二九（一八九五―九六）年にはすでに、開国前後から日本近代化のために先進国文明を仲介した「お雇い外国人」としてラファエル・フォン・ケーベルが東京帝大哲学科で、またカール・フローレンツ（Karl Florenz, 1848~1939）が独文科でニーチェ思想について講義をしていた。樗牛、姉崎嘲風、桑木厳翼はケーベルの学生であり、「美的生活論とニイチエ」（一九〇二）を書いて「美的生活論争」を惹き起こした、一年下の登張竹風（1873~1955）はフローレンツの学生だった。この頃、ニーチェへの拒否反応はケーベルや帝大教授の井上哲次郎にも見られ、カント哲学が主流であった官学アカデミズムでニーチェは正統的哲学者とは認められなかったが、樗牛・竹風・嘲風の世代はニーチェの新しい哲学に対して好意的に、もしくは柔軟に受け入れていたようである。

「美的生活を論ず」ではニーチェ称賛は一切されていないが、この論評で樗牛がニーチェ主義者と決定づけられたことに理由はある。そのひとつは、当時ニーチェ理解者随一の登張竹風が「美的生活論」について「近来最も痛快なる論文なり」と賛同し、「明かにニイチエの説にその根拠を有す。さればニイチエが学説の一斑に通ずるものに非ずんば、到底その本意を解し難し、況んやその妙味をや」と断言したことである。[*5] また、樗牛自身も「美的生活を論ず」刊行以前、明治三三年（一九〇〇）六月に独仏伊三国への留学を命ぜられて以降、「姉崎嘲風に与ふる書」や「文明批評家としての文学者」を発表し、個人主義者および文明批評家というニーチェ像を形成していたことにも起因する。

樗牛は「姉崎嘲風に与ふる書」において、中部ヨーロッパの個人主義的現代詩人としてニーチェ、イプセン、トルストイ等を挙げ、「世に創作の権能あるものは唯々不羈独立、天才豊富なる「我」のみなりと為し、一切の法則」を生じさせる者、言い換えれば「主観的唯心論に加えて神秘的性質を以てしたるもの」であるとした。個人主義を主観主義の問題として捉え、スチルネル（シュティルナー Max Stirner, 1806~1856）とニーチェを「個人主義の前駆」であると見ている。「超人を理想とする個人主義は、ニーチェの人格によりて初めて成立すべく、意志の発展を極致とする個人主義は、イプセンの個性を待ちて初めて意義あり。一度び偉大なる人格の強烈なる意志によりて伝道せられたる主観主義は、時に一世の民心を把住して、所謂る時代の精神をつくることある也」[*6]と「超人」概念を極端な個人主義の頂点として捉えている。

樗牛のニーチェ讃美は、主に「文明批評家としての文学者・本邦文壇の側面評」第一節により顕著である。そこで樗牛は、ニーチェを哲学者というより、あらゆる一九世紀の文明に反抗した「大なる詩人」つまり「大なる文明批評家（Kulturkritiker）」と呼び、ニーチェの「歴史発達説ヒストリスムス（Historismus）」に対する反抗を「偽学者ビルヅングスフリステル（Bildungsphilister）」による俗論であると継承する。[*7]樗牛は「十九世紀末の吾人は歴史の多きに勝へざる也。主観を没し、人格を虐げ、先天の本能を無視するものは歴史也。個人自由の発達を妨げ、凡ての人類を平凡化し、あらゆる天才を呪詛するものは歴史也」としている。ちなみにここで引用されたと思われるテオバルト・ツィーグラー（Theobald Ziegler, 1846–1918）の原文はニーチェの歴史発達説を「一九世紀の人々は、歴史に対する過剰、過飽和に苦しんでいる。しかし、歴史は人格を客観的、すなわち無主観的にして弱める。その解剖的な訓練によって、人々の生命本能を阻害し、全体と同じく個人の成熟を妨げ、調和のとれた人格を不可能にしている」としている。最後の一文「あらゆる天才を呪詛するものは歴史也」以外は酷似している。[*8]また、「偽学者ビルヅングスフリステル」という語は、ニーチェがダーフィット・シュトラウス（David Strauß, 1808–1874）を批判した『反時代的考察』第一書、第二書に基づいた部分[*9]から遣われているが、これもツィーグラーのこの箇所に紹介されている。後にツィーグラーが樗牛に与えた影響について詳しく述べるが、彼の文化批評家・詩人のニーチェ像は大方ツィーグラーに由来している。樗牛は、偽学者について強力に「凡ての活力あるものの障礙、凡ての疑惑に沈むものの迷信、凡ての弱者に対する道徳家、凡ての高きに向つて進むものの足枷、凡ての清新なる生命を望みて進みつつある独逸人の前途を沮害する沙漠」[*10]とツィーグラーを引用し、その典型例として「新舊信仰」の著者たる博士シュトラウスを名指している。

樗牛は、ニーチェがさらに民主主義と社会主義を否定し、「衆庶 Masse」を否定し、歴史、真理、社会、国家を否定し、個人主義に徹して、その人道の理想を少数の「天才」つまり「超人」の産出にあるとしたと理解している。「本能と動機と感情と意志」が遺却された当時の哲学や学術道徳はニーチェに言わせれば「偽学」であり、排斥されるという。ツィーグラーはニーチェを心理学者、シンボリストであるとし、また「ニーチェは詩人であり芸術家であった。シンボリズムの詩人の作品という形で、多くのことが解釈され、秘匿され、その多くが理解されない哲学は、何か新しく、興味深いものだった」[*11]と当時の好評価に言及する。樗牛にとっても、文明批評家としてのニーチェは「素と哲学者に非ずして詩人也、而して〔…〕彼れの自らも解する能はざりし天地人生の幽微也。〔…〕唯々霊なるもののみ能く霊を動かす[*12]」と述べて、詩人の神秘的な霊力に言及している。また、この論文の終結部には「美的生活論」に直結する、文学者と文明批評家として決定的な「天職」の論理が示される。「ニーチェは一詩人のみ。而して独逸の思想界は現に彼が為に動かされつつある也。寧ろ突悌とも見らるべき彼れの個人主義が、爾かく一国文明の大動力となれるを見ては、吾人は切に文学芸術の勢力、実に科学哲学に幾倍するものあるを思ひ、更に是の点に於てうたた文学者の崇高偉大なる天職を覚悟せずんばあらざる也[*13]」と、ニーチェにみる詩人・文学者・文明批評家の「天職」の自覚を明治日本の文学者にも迫るのである。

3 「美的生活を論ず」の主旨

それでは、この七章からなる樗牛の代表作、「美的生活を論ず」で何が語られているのだろうか。まず、「一　序言」では「生命の爲に何を食ひ、何を飲み、また身體の爲に何を衣むと思ひ勞らふ勿れ。生命は糧よりも優り、身體は衣よりも優りたるものならずやと。〔…〕美的生活とは何ぞやと問はば、吾人答へて曰はむ、糧と衣よりも優りたる生命と身體とに事ふもの是れ也[*14]」と、冒頭から生命および身体の優位性が強調され、後代の生の哲学や現象学的「身体哲学」を思い起こさせるような問題が提起される。

「二　道徳的判斷の價値」では、序言での問題意識が従来の「至善」つまり「人間行爲の最高目的として吾人の理想せる觀念」からの道徳価値の転換にあることを予想させる。善、不善というものは人間知見上の名目に過ぎず、人生本来の価値とする必要もないという。「吾人の人生觀は道學先生のそれと異なる」のだが、「美的生活を論じて敢て是を推奬する」と発起する。

「三　人性の至樂」において、「生れたる後の吾人の目的は、言ふまでもなく幸福なるにあり。幸福とは何ぞや、吾人の信ずる所を以て見れば、本能の滿足、即ち是れのみ。本能とは何ぞや、人性本然の要求是れ也。人性本然の要求を滿足せしむるもの、茲《ここ》に是を美的生活と云ふ」。それに対して、ツァラトゥストラの「超人」を思わせるように、「道徳と理性とは、人類を下等動物より區別する所の重なる特質也。然れども吾人に最大の幸福を與へ得るものは是の兩者に非ずして、實は本能なることを知らざるべからず。蓋し人類は其の本然の性質に於て下等動物と多く異なるものに非ず。世の道學先生の説くところ、理義如何に高く、言辭如何に妙なるも、若し彼等をして其の衷心の所信を赤裸々に告白するの勇氣だにあらしめむか、必ずや人生の至樂は畢竟性慾の滿足に存することを認むるならむ」と、また「誤つて萬物の靈長と称されてより、人は漸くその動物の本性を暴露するを憚り〔…〕その本然の要求に反して虚僞の生活を營むに至る」と悟る。ニーチェの哲学的人間学への傾向および（社会）進化論の影響を思わせる。

「四　道徳と知識との相對的價値」では、「道徳と知識とは、其物自らに於て多く獨立の價値を有するものに非ず」と、「其物自らに於て」は明らかにDing an sich（物自体）を翻訳して述べている。そして「知識と道徳とは盲目なる本能の指導者のみ、助言者のみ、本能は君主にして知徳は臣下のみ、本能は目的にして知徳は手段のみ。知徳其物は決して人生の幸福を成すものに非ざる也」と本能の理知に対する優位を位置づける。本能とは「種族的習慣」であり、「本能を成立し得むが爲に費されたる血と涙と生命と年處とは、道學先生が卓上の思索に本ける道徳などに較ぶべきものにあらず」と述べ、祖先の恩恵によって現在の幸福があることへの感謝を述べる。

それに対して、「五　美的生活の絶對的價値」で、「美的生活は、人性本然の要求を満足する所に存するを以て、生活其れ自らに於て既に絶對の價値を有す」と、「生活其れ自らに於て（Leben an sich）」において相対と絶対の価値転換を提示する。美的生活は「其の價値や既に絶對也、イントリンジック（intrinsisch）也。依る所なく、拘る所なく、渾然として理義の境を超脱す。是れ安心の宿る所、平和の居る所、生々存續の勢力を有して宇宙發達の元氣の藏せらるゝ所、人生至樂の境地、是を外にして何處にか求むべき」と強調する。

次に、「六　美的生活の事例」を挙げるが、前章に触れられた、忠臣義士、学究、守銭奴、恋愛する男女、瑜伽行者、トラピストに美的生活の価値を拡張し、そして最後に、詩人・芸術家の美的生活について、「詩人、美術家が甘じて其好む所に殉したるの事例は〔…〕、畢竟藝術は彼等の生命也、理想也。是が爲に生死するは詩人たり、美術家たる彼等の天職也。是の天職を全うせむが爲に〔…〕、死を以ても脅かすべからざる彼等の安心は貴き哉」と、天職遂行による個人の絶対的幸福を求める生死観につながる。

「七　時弊及び結論」最終章では、「今の世にありて人生本來の幸福を求めむには、吾人の道徳と知識とは餘りに煩瑣にして又餘りに迂遠なるに過ぐ。夫の道學先生の如き、若し眞に世道人心の爲に計らむと欲せば、須らく率先して今日の態度を一變せざるべからず」と自ら理解されないことを予想しながら、「貧しき者よ、憂ふる勿れ。望みを失へるものよ、悲む勿れ。王國は常に爾の胸に在り、而して爾をして是の福音を解せしむるものは、美的生活是れ也」と新約聖書のように原稿を締めくくる。

このような新奇な「美的生活を論ず」発表後は、その論旨そのものにも、本能主義者、個人主義者、無道徳者として紹介されたニーチェにも関連づけて反響が続出し、前出の登張竹風をはじめとする新進文学者のみではなく、坪内逍遥（1859~1935）や森鷗外（1862~1922）などの文豪も巻き込んで烈しい論争に発展した。[*15] ここでは詳細には言及しないが、「美的生活」概念とともにニーチェ思想への関心が高まったことは明らかである。

4　ニーチェ、ツィーグラーからの「美的生活論」解釈と結論

樗牛のニーチェ像はニーチェの原典というよりは、最初期のニーチェ研究者の一人である個人主義者テオバルト・ツィーグラーの『十九世紀の精神的社会的思潮／十九世紀文明史』の上に成立していると見ることが定説になっている。杉田弘子氏の「ニーチェ移入をめぐる資料的研究――日本文献と外国文献の関係」（『国語と国文学』昭和四一年五月）によると、本章2節でいくつか試みたように、主に「文明批評家としての文学者」では『十九世紀文明史』中の「フリードリッヒ・ニーチェ（Friedrich Nietzsche）」と「ニーチェの影響」との一致箇所が多く認められるが、[*16]「美的生活論」にも共通するところが多くある。「美的生活論」に関連すると思われる箇所を挙げると、ツィーグラーはまず冒頭で、ニーチェは一九世紀の、とりわけ青年と女性に影響力のある個人主義者（Individualist）と紹介し、「貴族的に高貴で、才能があり、苛つきやすい神経質で、美に酔いしれる性質で、大衆とその本能に対抗的」であ

り、また「古典文献学者であり、ギリシア語に通じていて、意識的にルネッサンス調に戻り、ショーペンハウアーとワーグナーの弟子であり、現代浪漫主義の雰囲気を貫いている」とも性格づけられている。樗牛の美的理想にも、個人に根拠づけられた、大衆本能とは真逆の孤高という理想が見てとられ、それが樗牛の現代浪漫主義につながっていると言えよう。かつて「日本主義」という国家至上主義的道徳・教育を唱えていた樗牛が、「男性的・積極的浪漫主義」[*17]の個人主義的幸福追求へと移行するのである。

樗牛の美的生活の幸福の在り方を考えると、概ねディオニュソス的と表現されることができる。「美的生活」は美（Ästhetik）と言っているが、その本能つまり「人性本然の要求」の満足であり、従来の美（真と善の認識の問題も同じく）の価値観とはまったく異なる。またこの近代的生というものを「精神的・形而上学的」なものとして解釈せず、動物的生の快感に価値が置かれるのである。樗牛は「美的生活論」では「ディオニュソス」や「権力意志」という概念こそ明らかにしていないが、理性から本能への美的基準の価値転換を次のようなツィーグラーの箇所から示唆されたのではないか、

アポロンの明晰さに並んで、ニーチェは既にギリシア主義においてディオニュソス的なものの暗澹たる背景を正当に発見したが、それに応じて彼の個人主義はむしろ権力意志が噴出した天才崇拝になった。[*18]

しかし、その際、伝統や道徳の壁に突き当たる。アポロ的美は古典的な調和の法則や形式主義的な規定である。樗牛は、ディオニュソス的人間の対義語となるアポロ的「道学先生」が説く「道徳と知識」の価値を「手段として」相対化し、美的生活を絶対化する。あたかもニーチェが「大いなる理性」を精

神ではなく身体と定めたように。[*19] 奴隷道徳から主人道徳へと一切価値の価値転換を主張したように。[*20] ツィーグラーは、ニーチェ哲学は主に道徳の領域で特に、価値哲学[*21]であると解説している。「道学先生」という言葉も、ニーチェが『反時代的考察』でダーフィット・シュトラウスを批判した「偽学者（Bildungsphilister）」という命名と類似の否定的な価値観がある。

他にも検証しなければならない点は多々あるが、ここで犢牛の「幸福」に関連させて、ツィーグラーのツァラストラ像および「超人」像について考察する。ツィーグラーは、「〔超人という〕哲学的創造者の権利により、ニーチェはすべての価値の変換を引き受けた」と言う。ニーチェは、長らくドイツでも「最大多数の最大利益の法則」として道徳哲学に語られてきた功利主義を「あまりにも利他的で社会主義的な、あまりにも大衆および多数者に迎合的な、あまりにも民主的な社会幸福主義として」、言い換えれば「個のための闘争および畜群動物との闘い」[*22]を闘っていないものとして拒否する。登張竹風が『美的生活論とニイチエ』で述べるように、ニーチェにとっては「幸福」という概念はそれほど重要な概念ではなく、より本能をもって、しかも「自由の本能」[*23]をもってその人生観の基礎となしたのである。むしろ「生存の苦悩に対峙しないこと」のほうが否定される。

さらにツィーグラーは、ツァラトゥストラを「生の向上活力の宗教の創設者（der Stifter einer Religion der Lebensförderung und Tatkraft）」[*24]と定義した。ツァラトゥストラの「永遠回帰」の宣告を古代ギリシア神秘主義と確認した上で、『悦ばしき学問』三四一の断片「最大の重力」のデーモンの言葉「この人生を、おまえが今生きているように、そして生きてきたように、おまえはもう一度、数え切れないほど生きなければならないだろう。そしてそこには新しいものは何もなく、おまえの人生のすべての痛みと喜びと思いとため息と言いようのない小さなものと大きなものが、すべて同じ順番と順序でおまえに戻ってくるに違いない」[25]との大半を引用する。それに続けて「この痛みと苦しみに満ちた生を繰り返し生きるということは、生に苦悩する、高貴で繊細な人間にとっては、圧しつぶすような思想である。この生に回帰しようと欲するためにはこの生を愛さなければならず、これは、内的危機感をもたない無情な有象無象の案件であり、またはまったく健康で屈強な者たち、生を愉しみ幸福な者たちにとっての案件である」[26]と述べる。そしてニーチェ自身が病気で生に苦しんでいたということに触れて、ニーチェには、生を克服するために情熱的な永遠回帰肯定の必要があり、それは人間の生を価値あるものにするのみではなく、神的にする、つまり「生の神聖化 Die Apotheose des Lebens」[27]への要求として現れる、と解釈している。

樗牛はこのような生の神聖化を「幸福」と表現するに至ったと考えられるが、これはまた「殉死」と言い換えることも可能ではないだろうか。ギリシア以来の「アポロン的調和の世界」の真・善・美は、樗牛にはディオニュソス的な生に根差したものとしては反映されなかったが、ヨーロッパの浪漫主義の洗礼を受け、近代的自我、つまり個人の確立を探り当てようとする樗牛が、その自我の処理に苦悩し、自我によって自我を克服する方法として、天職における「殉死」を掲げるようなニヒリズムを内包するニーチェ主義となったのだろう。ニーチェ讃美からニーチェ思想を自己投影するには至ったが、「ニーチェ研究」とはなりえなかったのではないか。

5　結び

「美的生活論」を発表する前の明治三三（一九〇〇）年年初、親友姉崎嘲風は文部省留学生としてドイツに渡航する。この頃、樗牛自身はすでに闘病中であったが、文部省から審美学研究のため欧州留学を命じられたものの、健康恢復の目途も立たず渡航中止となり、「美的生活論」執筆の翌年一九〇二年一二月二四日、肺結核にて三二歳で死去する。晩年には文学博士号を授けられるも、「日蓮上人とは如何なる人ぞ」（明治三五年四月『太陽』掲載）で、「日本主義」という国家的立場から「ニーチェ主義」という個人主義立場をへて、さらに「日蓮主義」に転じた。しかし樗牛の内的移行は一貫しているように見える。日蓮について樗牛は、「大いなる確信の下に活動せる彼れ［日蓮］が半生の事業の如何に雄大崇厳を極めたるかは、啻《ただ》に鎌倉時代の遺蹟としてのみならず、啻に日本歴史の壮観としてのみならず、又実に人類永遠の史上に於ける一大事実として伝へらるべきもの也[*28]」と述べる。ニーチェ評価から続く天才日蓮の賞賛には、樗牛自身の幸福実現のための願望が反映されていたのではないか。

晩年執筆の日蓮論のように、「美的生活論」は樗牛個人の自我主義の現れだといえるが、自らの死の予感が、彼のなかでニーチェのような熱烈な個性への共感と感嘆を惹き起こし、詩人・美術家の「美学」が、死をも恐れず天職を全うする「生」にこそ現れる「福音」として響いたのであろう。社会・政治的、学問的にニーチェを受容したというより、むしろ強い自我の主張者ニーチェに憧憬を抱いていたと考えられる。

樗牛、竹風など文学者たちが打ち立てた明治三〇年代の個人主義的、反道徳主義的、超人主義的ニーチェイズムの潮流は自然主義文学の台頭に際して徐々に衰退し、日本のアカデミックなニーチェ研究は、明治末（一九〇九〜一一年）に生田長江（1882〜1936）が翻訳『ツァラトゥストラ』を新潮社から出版し、『ニイチエ全集』（一九一六〜二九）を出してのち、大正時代に入り、帝大哲学科の阿部次郎（1883〜1959）の『ニイチェのツアラツストラ解釈並びに批評』等の論文や和辻哲郎（1889〜1960）の『ニイチェ研究』（一九一三）等が原典研究に基づいて理想主義的ニーチェ像を示すまで待つことになるのである。

第四章　浮田和民の愛己／愛他解釈と倫理的帝国主義論

柳芝娥《ユジア》

1　日本におけるニーチェ哲学受容研究の現状

一九世紀末から二〇世紀初頭、明治時代の中〜後期を迎えた日本は、日清戦争、義和団事件、日露戦争を通して、西洋文明諸国と結んだ不平等条約を改正し、台湾、樺太、朝鮮などを植民地化し、東洋の宗主国として登場した。また、この時期は明治初期に確立した外交政略論の主要概念である主権線と利益線[*1]を朝鮮と満洲に適用して日本の勢力範囲を広げつつ、「大日本帝国」を標榜した時代でもあった。そのため、西洋の強要によって開港を余儀なくされた江戸末期と比べると、この時代は近代化に成功して繁栄を享受した時代、国際的な地位を一挙に向上させた飛躍の時代としてイメージされている。しかし、実状は日清戦争、日露戦争の勝利による大日本帝国の膨張への野心を露骨に示した時代であり、その結果、満洲事変をはじめとするアジア太平洋戦争を起こし、東アジア地域に拭えない傷を負わせた戦争の惨禍へとつき進む時期であった。

では日本の知識人たちは、日本が帝国主義時代に移行する過程で、どのような精神性と意識構造で対応しようとしたのだろうか。この問いは、「日本はなぜ戦争につき進んだのか」、または「日本の知識人はなぜ戦争を防げなかったのか」という質問と連動している。現代日本の歴史認識から見れば、満洲事変とアジア太平洋戦争は、一九二九年の大恐慌とそれによる世界経済危機を背景にしていると理解する傾向がある。特に、一九三〇年代に日本国民が熱望した政党政治、すなわち「政党を通して国内の社会民主主義改革を要求し、国民の意思が正当に反映されて政権を交代できる政治」が実現しなかったため、「なんとなく改革を進めてくれそうな」軍部の人気が高まったのである。[*2] しかし、すでに大正デモクラシーの時代を経て、政党政治の頂点に達していた当時の日本において、国民が短期間で社会民主主義改革よりは国家の安全保障を最優先にする軍部を選択したということは理解しがたい。そのため本章では、この時期に日本国民が改革を推進してくれそうな軍部を選択した原因を、明治維新後に定着し始めた日本国民の精神世界から探っていくことにする。

そこで以下では、主に明治後期から大正初期の「国民国家」形成期に日本に入ってきたドイツ思想、そのうち、「個人主義」が近代日本の知識人に及ぼした影響を中心に検討したい。日本の「個人主義」についての議論はニーチェ哲学の紹介によっていっそう熾烈に進行した。ニーチェ哲学は明治時代後期の一九世紀後半に日本に紹介されたが、これは東洋三国で最初であった。日本におけるニーチェ哲学の受容についての代表的な研究としては、明治中・後期のドイツ思想および文化受容の系譜を中心に分析した研究[*3]と、ニーチェ哲学受容の過程における日本の個人主義をどう解釈するかについての研究がある。[*4]そして、明治後期にニーチェ哲学が日本知識人の関心を引いたきっかけには、日本の近代化過程と密接な関係がある、と分析した韓国の研究がある。[*5]この論文で著者の丁洛林《チョンナクリム》は、ニーチェ哲学と初期に接した日本の知識人たちはそれを「極端な利己主義」と評価したと分析した。その理由としては、当時、日本の知識層の中心をなしたのが近代化を最高目標とする体制知識人たちだったため、近代の価値が生を病ませ、ニヒリズムに帰結したと述べるニーチェ哲学を認められなかったという点を挙げている。しかし、国家から強制される近代化を次第に懐疑し始めた知識人たちはニーチェを「個人主義」の擁護者と仰ぐようになり、その先鋒には高山樗牛[*6]らがいたと説明している。

ニーチェ哲学の受容史で主に扱われた人物が、高山樗牛を中心とするニーチェ哲学礼賛論者たちである。丁洛林は高山樗牛の宣言的な文章である「美的生活を論ず[*7]」が、「個人主義」擁護と伝統的な共同体倫理の論争を触発したという。この論争は、ニーチェ哲学を個人主義と評価した東京帝国大学派と、極端な利己主義と評価した早稲田派に大きく分かれた。そのうち、後者の早稲田派の反対論理を中心に考察して、特に早稲田大学で政治、社会、歴史、哲学を教え、後に帝国主義論者に大きな影響を与えた浮田和民に注目したい。その理由は、明治中期・後期に入って、前述の東京帝国大学を中心とする日本知識人たちが、ヨーロッパ思想を受け入れて個人の自由と本能を促進することで文明の発達を図ろうとしたにもかかわらず、日本が帝国主義を標榜して覇権主義戦争を起こしていった原因を、日本国民の精神と意識の変化から考察したいからである。

このためにまず、明治後期に入ってきたニーチェ哲学に対する受容過程を整理して、そのなかで早稲田派といえる浮田がニーチェ哲学の主要なキーワードである愛己／愛他をどのように解釈しているかを分析したい。日清戦争の勝利とともに膨張主義が急激に広がっていく日本において、倫理学者や思想家たちは「道徳」に関心をもち始めた。[*8] このような潮流のなかで、道徳が帝国主義とどのような関連性をもったのかを究明するために、本章では浮田が道徳の問題で愛己／愛他をどのように分析しているのかを考察し、当時の知識人の道徳と帝国主義に対する理解を把握する。

最終的に、浮田の倫理的帝国主義を通して、西洋哲学が日本の知識人たちによって帝国主義に統合されていく過程を検討してみたい。浮田に対する研究は倫理的帝国主義論を分析する論文が主となっているが、[*9] 本章では浮田が愛己／愛他を倫理的帝国主義にどう適用したかを解明することで、日本が帝国主義に固執した歴史的な必然性を探ってみたい。これは明治後期から一世紀が過ぎた現在でも近隣諸国との関係を回復できずにいる日本の戦争責任問題、なかでもこれまであまり言及されてこなかった日本国民の戦争責任問題と密接な関連がある。したがって、本研究は当時の国際社会の情緒と日本国民精神の関係を明確に理解することで、より客観的に戦争の歴史を認識する糸口になるだろう。

2 日清戦争以後、日本知識人のニーチェ哲学受容と批判

「個人」という用語は、日本で西洋の「individual」を翻訳した言葉であり、もともとは「一個の人民」、「一人」、「各人」という漢字語が用いられていたのが、「一個人」という言葉を経て、一八八四年に至り「個人」という翻訳語として定着した。[*10] そして日本で「個人」や「個人主義」という語が広く用いられ

るようになったのは、ドイツの哲学者ニーチェ（1844~1900）を受容してからである。[*11] ニーチェ哲学が日本に紹介されるのには、一八九三年に東京帝国大学に招聘された哲学科教授ケーベル（Raphael von Koeber, 1848~1923）と、ドイツ留学を終えて帰国した井上哲次郎（1856~1944）の役割が大きかった。しかし、当時は彼らさえもニーチェについて友好的ではなかった。東京帝国大学で二一年間哲学を講義したケーベルはニーチェ哲学に「彼の教えは最も極端な利己主義の形態であって、必ず強力に拒否しなければならない」と主張するほどだった。[*12] 東京帝国大学の第一回卒業生として母校の哲学科教授になった井上哲次郎も学生たちにニーチェを紹介しながら、ニーチェの思考は「知的世界に相当な害を及ぼすだろう」と警告して、ニーチェを推薦したくない哲学者に分類した。[*13]

こうした評価は、国家の理念を教育する代表機関である東京帝国大学の使命を考えれば、明治政府の政治理念と密接に関連している。明治政府は一八六八年一月に「王政復古」と「天皇の外交主権掌握」を宣言し、三月一四日には国内に天皇を中心とした新しい政治の基本方針である「五箇条の御誓文」を発表した。その第一条は、政治を行う際、多くの意見を求め、政治に関して万事を会議で議論して決定すると規定している。そして第二条は、身分の上下を問わず心を一つにして国家を治めるということである。[*14] このように明治国家は天皇を中心とした近代国家と国民道徳の確立に心血を注いだだけでなく、日本の歴史上類を見ない統一的なシステムを構築する国家主義を志向したため、個人を強調したニーチェ哲学を自由に受容する雰囲気ではなかった。

しかし、二十世紀に入ると日本におけるニーチェ哲学への評価が変わる。その理由は、明治維新から三〇年余りが経つ間に、知性人のなかから国家主義に対して懐疑する者が登場して、近代的自我と国家主義の間に精神的な衝突が生じ始めたからである。このような知識人たちはニーチェを「極端な利己主義者」ではなく、「個人主義者」と理解しようとしたし、そのなかでも最も積極的にニーチェを論じた人物が高山樗牛であった。樗牛は、一九〇一年に自身が編集主幹を務めていた雑誌『太陽』に掲載した「文明批判家としての文学者」(『太陽』第七巻二号、一九〇一年一月)という評論で、既成道徳を批判し破壊するニーチェの側面を強調しつつ、「個人主義者」として描写した。彼は評論でニーチェを、「むしろ曖昧と見るべきそのような個人主義が、このように一国の文明の大きな動力になるのを見れば、我々は心から文学芸術の勢力が実に科学哲学の数倍になるということを考え、さらにはこの点において、詩を詠む文学者の崇高で偉大な天職を覚悟しなければならない」と礼賛しつつ、個人主義を標榜した。そしてニーチェのことを「彼は、個人のために歴史と戦った。真理と戦った。境遇、遺伝、伝説、習慣、統計の中にあらゆる生命を網羅する今のいわゆる科学的思想と戦った」と叙述して、日本の作家たちにはそのような抱負がないと批判した。以後、樗牛が道徳の偽善と本能の重要性を論じた「美的生活を論ず」(『太陽』第七巻九号、一九〇一年八月)は日本の知性人の間でいわゆるニーチェ論争を引き起こし、これによってニーチェ哲学に対する関心がより一層高まった。そして、このニーチェ論争以後三年ほど、日本の文壇ではニーチェ・ブームといえるほどニーチェを論じる記事があふれ出たが、その著者は主に、樗牛と彼の同門である東京帝国大学出身の批評家たちだった。*15

一方、樗牛と東京帝国大学出身者のニーチェ礼賛に対して直ちに反発した人物が坪内逍遥(1859~1935)である。早稲田大学の教授だった逍遥は、樗牛を中心とした東京帝国大学派が時代精神の把握と文明批判の必要性を作家たちに警告しているが、そのなかで西洋の近代文学者の名前、特にニーチェをもってきて、まるで守護神のように誇示していると主張した。また逍遥は『読売新聞』に「馬骨人言」を連載して、[*16]樗牛のニーチェ哲学への賛美が社会的に害悪を及ぼすと批判した。「馬骨人言」は一九〇一年一〇月一二日から一一月七日まで『読売新聞』に掲載された記事で、「馬が気骨ある人のように話す」という意味である。この用語は『ガリバー旅行記』に登場する馬たちが自らを「フウイヌム」と称して、人を冷笑し風刺するという内容に由来しているという。当時の新聞には筆者XXXという匿名で連載されたが、文壇の皆が逍遥の書いた文章であることを確信しており、後に逍遥も、自著の『通俗倫理談』(一九〇三)に全文を載せて執筆意図を明らかにした。

これによっていわゆる「馬骨人言」論争を起こした逍遥は、文の末尾に、日本でニーチェが歓迎される本当の理由は、ニーチェ思想が伝えられる前から多くの人がすでに実際にニーチェ宗の帰依者、信者、実践者だったからだと述べる。それだけではなく、同じ文章でニーチェ思想が伝来する前から帰依した者がいた証拠としてモルモン教を例に挙げている。このように逍遥はニーチェ哲学に対して強烈な拒否反応を示し、罵倒といっていいほどの猛非難を浴びせた。こうした逍遥のニーチェ哲学に対する非難に早稲田大学出身者が加わったが、なかでも長谷川天渓(1876~1940)は、ニーチェ・ブームが起こる前の一八九九年に、『早稲田学報』にニーチェの人物および思想を詳細に紹介した人物である。当時二十三歳だった天渓はこの文章で「哲学界には今、ニーチェの哲学的虚無党が現れた。あらゆる理想は全部破壊されて、残るものは極端な個人主義であり、これによって生じる不道徳主義を打ち立てた。そしてその結果は、彼の理想的人間すなわち「超人間」論になった」と批判した。[*17]これら早稲田派は、天渓の言説のようにニーチェ哲学が不道徳主義を打ち立てたという論理を展開して、ニーチェを道徳否定論者、破壊主義者としてイメージ化した。

しかし、早稲田派のニーチェに対する非難は、樗牛の「美的生活を論ず」を痛烈に批判するための戦術だったと理解する批評家もいる。[*18] 実際、樗牛の「美的生活を論ず」にはニーチェに対する言及はまったくなかったが、樗牛の友人でニーチェ礼賛論者である登張竹風（1873~1955）が樗牛の文章はニーチェの延長線だと論じたので、樗牛は登張に恥をかかせないために別の解釈を付さなかったという。結局、「馬骨人言」論争において、逍遥は自分の立場を学者でもなく評論家でもない教育者と規定して、ニーチェを極端な個人主義者、絶対的利己主義者、非道徳主義者と断定し、青少年に悪い影響を与えることを憂慮して、樗牛の思想を社会的に葬ろうとした。[*19]

日本でニーチェ哲学がブームになっていた頃、清国では肉体鍛錬と宗教活動を兼ねた義和団が起こり、一八九九年に蜂起してキリスト教徒を殺害し、教会を焼き、宣教師を放逐した。そして一九〇〇年四月に義和団の勢力は天津と北京に入って外国公使館のある地域を包囲したが、これを契機に西洋列強は連合軍を結成して鎮圧しようとした。この過程でロシアは軍隊を派遣して満洲を占領した。すでに日清戦争の後、三国干渉のために遼東半島を返還した日本には、ロシアに対する敵意が高まっていた状況だった。そのため日本人はロシアの満洲占領を日本の国権侵奪と解釈して、ロシアから国権を守れという声が高まった。ついに一九〇四年に日露戦争が始まり、一九〇五年に日本が勝利すると、西洋の帝国を相手に勝利したという日本の自信は、再び国家主義への関心として発現した。このような社会雰囲気がニーチェに対する関心を弱める原因として作用し、ニーチェ思想に対する異なる解釈が登場した。そのなかで注目すべき人物が浮田和民（1860~1946）である。浮田は一八九七年に逍遥の招聘で早稲田大学の教員となり、歴史、倫理教育、社会学分野の研究を蓄積して、ジャーナリズムに時事評論、社会批評を掲載しながら積極的な発言を行った。そこで次章では、帝国主義者としても著名だった早稲田派の浮田が「個人主義」をどのように解釈し、そののち倫理的帝国主義とどのように結合させたかをさらに見ていくことにしたい。

3 浮田和民の愛己／愛他解釈

浮田和民は一八六〇年一月二〇日、熊本藩の下級武士の栗田家の三男として生まれた。先祖は代々熊本藩主細川家に仕える下級武士だったが、明治維新で身分制が廃止され、和民が生まれたときは家勢が傾き始めた。もともと栗田家は関ヶ原の戦いで豊臣派の西軍の中心人物だった宇喜多秀家の子孫と伝えられており、一八七〇年に栗田を浮田に改名した。

浮田は家が貧しくて藩校に通うことができず、一五歳年上の兄から儒学を学んだ後、熊本洋学校に一期生として入学した。ここで出会った師のジェーンズ（Leroy Lansing Janes, 1838~1909）から愛人愛神の原理、すなわち神と人間は人格において平等であるという考え方を学んだことによって、浮田は厭世主義を克服することができたと伝えられている。その後、ジェーンズの推薦で一八七六年九月に同志社大学に入学し、卒業後は大阪の天満教会に赴任して牧師生活を送った。しかし、伝道師の道を求めたわけではなかったため、一八八二年に教会職を辞して、日本初のキリスト教雑誌『七一雑報』と『六合雑誌』の編集を担当した。そののち同志社大学で教員を務め、一八九二年にイェール大学に留学するが、米国で最初の師であるジェーンズがアメリカン・ボード[*20]から排斥されている状況を見て宣教師たちを公開で批判し、結局学業を終えることができず二年で帰国した。こうした事件をきっかけに、浮田はナショナリズムの傾向を帯びるようになった。[*21]特に、一八九四年の同志社法政学校の講演では西洋文明の問題点を指摘する一方、「人民の肉体だけでなく、必ずや精神上の一国を支配しなければならないのは政府としての義務」であるとして、教育勅語と同調して「忠義心」に基づいた「宗教愛国心教育」が必要だと強調した。これはもともと外国宣教師が同志社を伝道者養成学校と考えていた反面、浮田らは伝道者だけでなくキリスト教を基盤にして近代的学問を習得し、国家と社会に貢献できる人物を養成することを目標にしていたために可能な行動だった。

そして当時、同志社大学が経営不振になると、浮田は一八九五年に尋常中学校の設置[*22]を基本とした「同志社改革案」を提出した。その要旨は、同志社大学がアメリカン・ボードから独立するためには資金問題を解決しなければならないが、その方法として尋常中学校を設置し、資金問題を解決しようということだった。一八九六年三月に同志社大学は尋常中学校認可申請書に「聖書を教科書として倫理科目を教える」と書いて提出したが、京都府庁は聖書の使用を禁止し、勅語の趣旨に基づいて教育することと宗教儀式の執行禁止を要求した。同志社大学がこれを受け容れたことにより、一八九六年四月以降はアメリカン・ボードとの関係も断絶した。しかし、同志社校友会は当時の同志社大学校長と浮田の責任を問うて辞職勧告を提出し、これに対して浮田は一八九七年五月に同志社を辞職した。

浮田は同志社大学を辞職してから六カ月仕事を見つけることができなかったため、居所を東京に移して丁酉倫理会[*23]の研究活動に参加し、キリスト教雑誌『六合雑誌』(一八八〇年創刊、一九二一年の第四十一巻二号を最後に廃刊）の編集委員を務めた。このとき、同志社大学の後輩で東京専門学校（のち早稲田大学に校名変更）の教員大西祝《はじめ》（1864〜1900）の紹介で坪内逍遥の推薦を受け、一八九七年九月に東京専門学校の教員となる。早稲田大学では西洋史、政治学、国家原理、社会学などを講義し、宗教論や哲学論だけでなく倫理、道徳論、教育論、社会論、そして国家論と国際関係論などさまざまなテーマで執筆活動も展開した。浮田が早稲田大学の教員になった過程を見ると、ニーチェ論争においては彼が早稲田派の影響を受けた可能性を排除できないが、本章では愛己／愛他についての彼の独特な解釈に注目したい。

浮田は、日本が日清戦争と日露戦争に勝利し、資本主義が発展する時期に言論界と出版界でも活躍した。この時期に入って、日本人は自らの家族・社会についてあらためて認識するようになった。日清戦争と日露戦争の勝利、西洋との友好的な外交関係と共感の形成、立憲民主主義の導入、持続的な産業成長、大衆教育の確立、新しい形態のマスメディアの登場などの影響で、既存の価値観に疑問を提起し、新しい生活方式を模索しようとした。その結果、西欧倫理学の潮流を吸収しながら「道徳の進歩」をめぐる議論が活発に展開された。日清戦争で勝利し、急激に広がっていく帝国主義の勃興期において、道徳は日本の思想家にとって重大な課題だったからである。こうした道徳の進歩をめぐる議論が活性化する上で重要な役割を果たしたのが加藤弘之である。[*24] 加藤は利己主義を人間の本性とみなした。利己心が果てしなく競争を誘発し、そうした競争を通してのみ社会は進歩するので、利己心こそ法と道徳の進歩を生む原理だととらえた。[*25] このように加藤は、人間の本性が利己心にあると主張しながら、同時に利他心の存在を認め、利己心と利他心の関係を規定しようとした。加藤は利他心の根源も利己心にあるという内容を次のように述べている。

自分が利益を得ようとするときは、まず他人の信用を得なければならない。〔…〕詐欺・欺瞞は一時的には大いに自分に利益をもたらすだろうが、これによって他人の信用を得ることは期待し難い。〔…〕真の地位はただ他人の信用を得ることによって獲得でき、また他人の信用はただ誠実・信義の行為によってのみ獲得できるのである。*26

つまり加藤弘之は、あらゆる利他心は利己心を背景にして発揮され、利己心を離れては利他心も存在できないとみなした。浮田も、著書『倫理叢話』で利己心と利他心を愛己と愛他という用語を使って紹介しながら、加藤と同様に道徳の真意について次のように論じている。

道徳の基礎を何にすべきかについては、二つの重要な見解がある。⑴愛己を基礎とすることはイギリスのホッブズ、ドイツのニーチェなどが主張しており、⑵愛他を基礎とすることはドイツのフィヒテ（Johann Gottlieb Fichte）、ショーペンハウアーなどが主張した。前者はすべての道徳は愛己、すなわち利己心から生まれると言う。博愛も同情もそうである。それゆえ、人は可能な限り自尊心の本能を自由に発達させ、自由に満足させればよい。そこに道徳があるのである。後者は、道徳は愛他から出なければならず、他人を愛することを離れて道徳は存在しないと言う。愛他がすなわち道徳だということである。*27

このように浮田は、愛己と愛他、利己心と利他心を主張した西洋哲学者たちの論理に言及しながら概念を説明している。続いてこの二つの見解について、いずれも極端に走る道徳論であると評価し、自己と他人、社会と個人の関係は魚が水に居るのと同じであるため、一人の行動は自己だけに結果をもたらすのではなく、他人に影響を及ぼすと主張する。そのため、自分に対する義務の一面は他人に対する義務に帰結すると説明している。[*28] そして、締めくくりに愛己と愛他の関係を次のように規定している。

この二つはいずれも天性であるので平等に発達させなければならず、そこに道徳の基礎がある。ただし、社会的本能は若干他のものより遅く発達するが、人間が社会的動物であることは否定できない事実である。そのため、愛己に偏らず、愛他に偏らない中庸の中に、初めて真の道徳の基礎があると考える。[*29]

浮田は、愛己と愛他のどちらか一方に偏らない中庸のなかに道徳の基礎が存在すると強調している。これは加藤弘之が述べたような、自然に存在する利他心だとしても、それもまた根源は利己心にあるため、道徳は利己心が果てしなく競争的に発揮されたときに成り立つという観点とは少し違いがある。このように、愛己と愛他の両方をもっていなければならないという姿勢をとる浮田の論理は、自我すなわち自性には二面性があるという考え方に起因しているとみられる。彼は「個人的なことはその一面であり、社会的なことはもう一方の面」と解して、「個人を離れて社会はなく、社会はまさに個人の集合」であると力説し、自愛と他愛について次のように論じている。

個人的なことは自愛になり、社会的なことは他愛になる。世間のニーチェ主義というのは前者の極端に走ったものであり、トルストイ主義というのは後者の過激に陥ったものである。極端で過激な二人とも真実とは言えない。〔…〕ニーチェ主義は自愛に偏って野蛮になり、不道徳になる。トルストイ主義は博愛に偏って無政府主義になるので、もしまた一般に行われれば人類を弱め、滅亡させることになるだろう。[*30]

このように浮田は、ニーチェとトルストイ（Lev Nikolayevich Tolstoy, 1828~1910）を個人的な自愛と社会的な他愛の両極に置いて比較しながら、両方を批判する。まず浮田は、ニーチェが普通の道徳を無視している点が誤りだと指摘する。浮田は上記の文章に続く内容で「世間の道徳は奴隷の道徳であり、博愛は独立の力のない者が喜ぶところであるから、結局弱者の道徳である。独立した人には博愛はいらない。我々がただ自ら完全な人になれば十分である」というニーチェの言葉を引用しながら、ニーチェが道徳を無視していると批判した。またトルストイについては、「博愛主義はキリストの教えを行うことにある。すなわち、人は右頬を打たれれば左頬も出せ、抵抗するな。人を殺すのは罪悪である。徴兵に出なければならない理由はない」というトルストイの言葉を引用しながら、彼を絶対的非戦論者と規定する。そしてこの非戦論に対して、悪意をもって人を殺害することは罪悪だが、戦争の場合、人が人を殺すことは私的な恨みではなく、国家に対する義務とすることであって、悪意をもっていないため罪悪とは言えないという論理を展開している。言い換えれば、戦争は社会進化の途中において避けられない事情だと主張する。[*31]

また、浮田はニーチェの論理については、「道徳は形式的であっても、真の自由は形式から得られるものだから、自己愛を育てるのではなく、人と人が一緒に進むよう努力しなければならない」と主張する。そしてトルストイの論理に対しては「トルストイ主義が人間を弱め衰亡させる傾向は今日すぐには現れないが、もし人間が全体的に無抵抗主義化してしまう日は人類が滅亡する時」と力説する。したがって人間が健全な有機体である間は自然に抵抗し生存するための競争をして正義・博愛の理想を次第に実現しようとすることに努力しなければならないと述べている。そして「真我は社会的かつ個人的でなければならない。人間の真価は社会で社会によって社会のために実現できる」と結論を下し、再び、道徳は中庸に存在するがゆえに、過去の極端では真の道徳を発見できないと主張する。[*32]

このように浮田は、加藤が主張した利己心の発露として発揮される利他心ではなく、どちらにも偏りのない中庸の観点から見た愛己／愛他を主張している。結局、加藤の論理は世界的道徳よりは国家的利己主義、国家的道徳の絶対性にまで発展し、利他的行為は自国の利益を図るための手段でなければならないという点を強制するものであった。しかし浮田は、ニーチェの愛己とトルストイの愛他を極端だと指摘はしているが、それ自体を否定してはいない。愛己と愛他の二面性であって道徳の基礎としてはいずれも必要な事項だが、どちらにも偏りのない中庸の観点を堅持しなければならないと強調したのである。このような観点の違いにより、加藤の主張が国家的利己主義を強調する帝国主義論として定着したとすれば、浮田の主張は世界的な道徳を否定せず、後に説明する倫理的帝国主義の道に進んだのである。

4　日露戦争後、国家認識と倫理的帝国主義論

1　日露戦争以降、日本社会の両面性と国家認識

一九〇五年九月五日、日本の勝利を認めるポーツマス条約に日露両国が署名した。条約の二番目の条項は、ロシアは朝鮮において日本の最優先の利益を認め、日本のいかなる措置にも反対しないという内容を含んでいる。追加規定で日本はロシアの遼東半島の租借地と南満洲鉄道および鉱山利権、サハリン南部地域を譲り受けた。その代わり、日本はロシアから他の補償を要求しないという条件を受諾した。しかし日本国民の考えは違った。十年前に勝利した日清戦争より八倍以上の経費がかかり、日清戦争の四倍に達する戦死者六万人と病死者二万人を超える数多くの犠牲者が発生した戦争であるだけに、補償金に対する期待が大きかったためである。日本の民衆は、自分たちが国家に税金を払い、国家のために命を捧げる分だけ、自分たちの声が政治に反映されなければならないと主張した。彼らは帝国と天皇を支持し、民意を無視する天皇の大臣を非難し、国民と天皇の両方の願いを尊重する政治制度を要求した。このような要求は税の減免、立憲主義の強化、集会の自由、アジアの覇権などに集約されて現れた。このように日露戦争以後民衆の要求が爆発したのは、近代化以後の日本社会がもっていた両面性が、日清戦争と日露戦争によって民衆、または国民が主体性を形成したことで具体化されたためである。[*33]

日露戦争の後、日本社会に現れた二面性は、三つの側面から見ることができる。まずは経済力と軍事力の面で西洋列強と結んだ関係における二面性。二つ目は天皇制がもっている専制主義と立憲主義の二

面的な性格。三つ目は日本国民のアジアと西洋に対する認識の二面性である。[*34] 特に、日本社会を構成している民衆の認識を検討すると、一九〇〇年代に入って日本の農村では大地主、小農、小作農など多様な階層が発生し、都市でも賃金労働者、商店主、大企業で月給を受け取る新しい中産層が形成されて、多様な階層が登場した。これだけではなく、書籍や新聞、雑誌が大量に流通し、新しい中産層が帝国を起こしたという自負心とともに、現代的な生活を共に領有するという意識をもつうえで一助となった。

この時期に浮田には、社会公益論に関心をもちながら国家と社会的要素の重要性を強調する傾向が現れるが、これは日露戦争後のナショナリズムが高揚する時代の風潮を反映したものだ。浮田は近代個人主義の潮流も肯定しながら、有機的な社会公益論を展開していった。彼は、公益論の基礎は個人主義だとしながら、近代文明とともに興った個人主義、自由放任主義の弊害に注目して、それを修正し、矯正する意味で社会公益論を主張した。[*35]

こうした思想の形成には、加藤弘之らの哲学者の影響もあっただろう。加藤は日露関係が悪化していた一九〇三年六月、丁酉倫理会の講演で、「人類としての資格と国民としての資格」を同時にもつ個人が「人類」と「国民」、「世界」と「国家」の間で陥る矛盾を問題視した。加藤は、個人は人類としての資格と国民としての資格とを同時にもっているが、往々にして前者の立場に立つと後者に抵触し、後者の立場に立つと前者に抵触する場合が発生するため、一貫して一方の立場を取らなければ、矛盾から脱することはできないと主張する。[*36] したがって加藤は、重要なのは国家であり、国家の利益に合致する行為だけが「善」であるため、自国の利益を犠牲にしてまで他国のためにしてはならず、自国の利益のためには他国の利益を犠牲にしてもよいという論理で帝国主義を正当化していった。[*37]

しかし浮田は、加藤とは異なる見解を表明している。浮田は東京専門学校に移って以降、帝国主義に関する論文や著書を多く発表したために帝国主義論者として知られているが、彼の思想は日本が全面的な戦争を始める前と後で違っているとみるのが妥当だろう。[*38] まず、浮田が提唱した帝国主義論の出発点は、一九〇一年に『国民新聞』に連載された「日本の帝国主義」[*39] にある。この記事で浮田は帝国主義の定義を「概して一国の独立を果たすことができるだけでなく、ひいては世界の文明および政治に参加しようとする主義」であると規定して、「必ずしも侵略的意味をもつわけではなく、ある意味では文明化だと主張する。特にイギリス、ロシア、アメリカの帝国主義を比較して、イギリスは保守的帝国主義であり、ロシアの遼東半島進出は軍事的ではなく経済的な理由からであるため当を得ていると評価する。そしてイギリスとロシアの帝国主義とは異なり、アメリカの帝国主義を礼賛している。彼はアメリカの帝国主義が「自国の独立だけで満足せず、将来の命運に至り、ついには南北両大陸の盟主にふさわしい保護者としての天職だと確信」すると指摘して、「イギリスおよびロシアの帝国主義が政治的で現実的なのに対し、アメリカの帝国主義はより政治的で、また理想的」と評した。このように浮田がイギリス、ロシア、アメリカの帝国主義を評した理由は、すでに世界が列強によって植民地化しているため、帝国主義を主張せざるをえず、倫理的・政治的に後進性をもっている日本は、彼らを手本にして帝国主義のあり方を模索すべきだと判断したからである。[*40]

浮田は、一九〇一年に『国民新聞』に連載した文章を編纂、出版した『帝国主義と教育』において、帝国主義を欧米の「侵略的膨張主義」と、民族開発に基づいた「自然的膨張主義」に分けて議論を展開した。浮田が目指すのは後者であり、「日本が今唱道すべき唯一の帝国主義は、国際法上の合意に基づき、欧米諸国に向けて十分に自国民の権利を拡張し、またアジア諸国の独立を扶植して、その独立を扶植するためにアジア諸国の改革を誘導・促進することにある」と主張した。[*41] 言い換えれば、国際法を守り、国際法上の完全な国民国家としての位置を守り、産業、技術、学問、宗教などで各国と健全な競争を展開しながら、人類の開化と世界福祉に寄与し、貢献するのが理想的な帝国主義であるというのである。そして、このような帝国主義を完成させるためには、国民教育によって世界で通用する産業人を育成しなければならないと力説する。

2　浮田和民の倫理的帝国主義論

浮田は、帝国主義に関する論文の発表と講演を続けながら、一九〇九年にその成果を集めて主著の『倫理的帝国主義』を出版する。本書は主に日露戦争後の国際秩序において日本がどのような姿勢を取るべきかを論じたものである。特に、一般的に侵略的帝国主義は非倫理的な政策によって成立したため成功しえず、したがって帝国主義は倫理性に基づいて展開しなければならないと主張する。浮田はこうした帝国主義のために新しい日本が必要とする道徳を次のように提示した。

第一に、新日本は学術を要するため、学術的道徳を必要とする。
第二に、新日本は産業を要するため、産業的道徳を必要とする。
第三に、新日本は憲法政治を要するため、憲法の道徳を必要とする。[*42]

浮田は「これまで日本は封建社会だったために封建道徳を養成してきたが、新しい日本は旧日本のような単純な社会ではないため、道徳も封建道徳のように単純ではない」と説く。ここで新しい日本社会が要求する道徳はまず学術的道徳だが、その理由は、現在東洋の文明が退歩して先に進まないのは学術の衰退にあるため、「一身を犠牲にして万有の真理に奉仕し、決して結果のために真理を恐れず、ただ真理のために真理を追求する道徳を養成」しなければならないからだと主張する。また彼は、「旧日本は封建社会だったため、武職を重んじ、産業を軽んじ、政府を敬って人民を卑しんだが、新日本はまったくその反対となり、武職は産業を保護する方便となり、政府は政府のための政府ではなく人民のための政府にならなければならない」と述べた。したがって、産業社会において最大多数の最大幸福を目的とする産業的道徳を養成しなければならないというのである。最後に、もし日本の官民が今ただちに心を入れ替え、過去の過ちを反省し、過去を鑑にして将来の訓戒とし、憲法的道徳を確実に守るのでなければ、日本は天下の笑いものになるだろうと警告する。それなのに現在「帝国憲法の神聖を冒瀆し、日本人民が守るべき憲法的道徳を傷つけ、二千年余りの皇統一系が続いてきて、またその後も無限に続くべき日本にとって最も大事な天分天職を破壊しようとする者」がいると指摘しながら、この天職を全うできる憲法的道徳を養成してこそ、日本が世界で滅びることなく存立すると主張する。浮田はこのような道徳が守られたとき、次のような倫理的な帝国主義が実現できると考えた。

近来のいわゆる帝国主義というものは、概ね一国の独立を完全に得られるだけでなく、ひいては世界の文明や政治に参加しようとする主義であって、必ずしも天下を征服、または世界を統一しようとするものをいうわけではない。経済上においては自国の貨物を輸出するためにできるだけ広く外国に市場を得、また国内の人口を移住させるためにできるだけ多くの根拠地を占領し、政治上では列国と協働して世界の問題に発言権を持ち、教育、科学、文学、芸術および宗教など、あらゆる世界の文化にできるだけ多く寄与できるように努めるものである。[*43]

当時浮田が考えていた帝国主義は、国際法を守り、国際法上の完全な国家としての位置を維持し、産業、技芸、学問、宗教などにおいて各国と健全な競争を行い、人類の開化と世界の福祉に寄与することを国家の理想とする体制である。そのためには自国の経済と政治が重要だと考える。こうした論理には対外的侵略主義は見当たらない。彼の書名そのままに、帝国主義の倫理性を強調しながら、「帝国主義は倫理的でなければならない」ということである。また、浮田は、このような国際社会を作るためには、次のような生存競争が必要だと述べている。

おそらく武力のみに依存して生存競争する人は、武力の上に知力を兼備した人と出会えば滅亡するだろうし、たとえば武力に知力を兼備していても、武力、知力の上に道徳を有している者と出会えば必ず失敗する。智武に勝てず、徳智に勝てないのはひとえに時代の趨勢のためだというが、多くの人は、智ある者には武備がなく、徳ある者には智力が欠如しているので、世界は勢力の世界となる。知も徳も、少なくとも社会的勢力によるのでなければ、必ずや生存競争に失敗する結果にしかならない。[*44]

浮田がここで言及した社会的勢力としての生存競争は、自然状態としての競争ではない。彼は同じ文章で「スペンサーの社会有機体説は自然放任主義になって、自然的競争に一任すれば絶対的な完全に達することができると断定することにより、極端な個人主義に陥った」と批判しながら、ダーウィンの著述にはこのような独断の説がまったくないと述べて、ダーウィンの社会進化論から影響を受けたことを言明している。しかし当時の日本における進化論受容の特徴は、進化論の生物学上の議論よりは、科学的に解釈された「生存競争と自然淘汰」、「優勝劣敗・適者生存」といった公式として受容され、「富国強兵」を正当化する国家主義的理論に発展する傾向が強く、浮田もその傾向から脱することはできなかったようである。[*45] 浮田が『帝国主義と教育』において「国内で不道徳または無能な人間はいかなる権利も享受する理由がなく、彼らがただ単に社会の忍耐と同情によって、あるいは他人の保護によって生存していることが分かれば、国外で国家が半開・野蛮の民族を征服したり、自ら独立できない他の国家を併呑したりすることがあっても、これを決して不義・不正と言えない理由がある[*46]」と述べたように、帝国主義が世界の道徳を守って倫理的であるならば、ある国家が野蛮とみなす民族を併呑することも正当であると認識していた。このような論理は、以下の「帝国的社会主義」論にもあらわれている。

帝国社会主義というのはあまり言及されない言葉である。帝国主義と社会主義は反対であり、社会主義は帝国主義を排斥するため相矛盾しているというけれど、私の考えでは、独断的社会主義および空想的社会主義は帝国主義と矛盾しているかもしれないが、帝国主義にもさまざまな種類の主義があって、武断的帝国主義もあれば、平和的帝国主義もある。武断的または侵略的帝国主義と社会主義は両立しにくい結果を生むが、できるだけこの両極を避けて帝国主義を倫理的に解釈し、これを経済的に応用する日には、帝国主義と社会主義を十分に調和させることができるだろう。また、これを調和させることができれば、二十世紀の政治は外では帝国主義、内では社会主義としなければ、いかなる国家も成立できないと考える。[*47]

浮田は、社会主義だけでなく帝国主義にもいろいろな種類があり、相互に両極化を避ければ帝国主義と社会主義が調和できるととらえた。そして調和のために必要なのは帝国主義を倫理的に解釈することであり、二〇世紀にはこうした調和を実現して「外には帝国主義、内には社会主義」をしなければならないと主張する。浮田のこの論理は、今後展開される大正デモクラシーの二重的論理[*48]と脈絡を同じくする。大正デモクラシーは日本の多様な階層によって既存の社会構造と秩序に対抗して展開された運動である。この運動を率いた人物として知られる吉野作造（1878~1933）は、若い頃に読んだ『太陽』の巻頭に浮田が自由主義に立脚した長文の正論を掲載していて、そのため浮田は天下の読書生の尊敬の中心にあり、吉野自身も十分に魅了されたと述べている。[*49]吉野は「人民の意思による支配」を国内政治の普遍的価値として提示しつつも、対外的には「人民の意思に反する支配」である帝国主義の道を受容したと評されている。彼は民族生存の必要を基盤とした帝国主義的進出は国際的に容認されうるという論理で帝国主義的膨張を合理化したが[*50]、この点で浮田の影響を受けた可能性が高い。大正時代当時には日本社会の二面性が赤裸々に表れ、大正デモクラシーの二重性も強化されていった。大正デモクラシーの二重性は、特に植民地国民に対する日本国民の排外主義的な認識と結合する。つまりこの時期、日本の内部で大衆は民主主義的な立場から国民の権利を主張する民衆運動を活発に展開しながら、対外的には排外主義と戦争の勝利によって勝ち取られるべきアジアの覇権を要求した。言い換えれば、内部的には自由と人権が定着していった大正デモクラシー期に、対外的には日本人の自由と人権を保障するアジアの覇権掌握という二面性が作用していたのである。このような二重性が、日本が戦争に進むうえで論理的な根拠を提供したという点は否定できず、同じ脈絡で浮田の倫理的帝国主義は、封建的な侵略を否定はしたとしても、日本の戦争論理への一助になったという批評を避けることはできないだろう。

5　浮田和民の帝国主義への転移

浮田和民は、一八九〇年代後半から一九〇〇年代初期まで日本の帝国主義論を主導した人物である。当時、日本では西欧倫理学の潮流を吸収しながら、「道徳の進歩」をめぐる議論が活発に展開された。日清戦争で勝利しながら急激に広がっていく帝国主義の勃興期において、道徳は日本の思想家にとって重大な課題だったからである。ここで浮田は英国のホッブズ、ドイツのニーチェなどが基礎とする愛己とドイツのフィヒテ、ショーペンハウアーが基礎とする愛他について、いずれも極端に走る道徳論だと評価し、どちらにも偏りのない中庸のうちに道徳の基礎が存在すると強調した。

また、浮田は社会公益論に関心をもちながら国家と社会的要素の重要性を強調する傾向を示したが、これは日露戦争後のナショナリズムが高揚する時代の風潮を反映したものだ。このような潮流のなかで帝国主義論の代表的な哲学者加藤弘之は、重要なのは国家であり、国家の利益が合致する行為だけが「善」であるため、自国の利益を犠牲にしてまで他国のためにしてはならず、自国の利益のためには他国の利益を犠牲にしてもいいという論理で帝国主義を正当化した。これに対し、浮田は帝国主義が、一国の独立を果たすことができるだけでなく、ひいては世界の文明および政治に参加しようとする主義であるとしながら、必ずしも侵略的意味をもつわけではないと定義する。彼は帝国主義が倫理性をもつならば社会主義とも調和を成すことができるとして、二十世紀には「外には帝国主義、内には社会主義」をしなければならないと主張する。このような認識は、その後流行した大正デモクラシーに現れた二重性、すなわち日本国内では民主主義的な立場から国民の権利を主張する民衆運動を展開しつつ、対外的には排外主義的なアジアの覇権を求める二重性に影響を与えた。したがって、浮田の倫理的帝国主義は侵略を否定したとしても、日本の戦争論理の一助になったという評価を避けられない。

これだけでなく、浮田の倫理的帝国主義論は、一九三一年に日本が起こした満洲事変以後、本格化する中国への侵略行為を是認して帝国主義を正当化する論理として位置づけられるようになる。この時期の浮田の思想的転換は『満洲国独立と国際連盟』により明確に表れているが、彼は満洲事変を理論的にどう考えるかについて、二つの原則論を提示する。一つは日本が国際連盟を中心とした国際法上の条約に基づいてその権利を守るべき自衛のためにとった行動という立場、もう一つは日本にとって満洲は軍事上・産業上分離しにくい死活問題であるため、日本の生存権の立場から満洲を国民の生命線とみなす視点である。浮田は後者の立場を取りながら、「日本人はそこから一歩も後退してはならない。これは我々にとって最小限度の生存権である」と強く主張した。[*51]

このような論理は、外交官だった松岡洋右（1880~1946）が一九三〇年一二月に国会通商議会で演説した「満蒙は日本の生命線」だという視点と一致する。松岡の主張は「満蒙は日本の生命線であり、したがって日本国民の満蒙に対する要求は、生物として最小限の生存権」というものである。[*52] この言葉は一挙に日本社会で流行語となり、特に軍部では一歩進めて、中国が条約で認められた日本の権利を侵害しており、それによって日本の生存権が脅かされているため、日本の権益を守るべきだという論理に発展していき、その結果、九カ月後に満洲事変が勃発した。したがって、結果的に浮田は、軍部が主張した戦争の理由に正当性を付与する役割を果たした。

前述したように、日本社会は明治後期から西欧の道徳概念を受容する過程でさまざまな議論を展開してきた。そのなかでも浮田は既存の帝国主義論者たちとは違った特性を示したが、日本が全面的な戦争を始めるとともに思想的な転換を遂げる。このような学識者の思想的な転換と転移が、日本が「にもかかわらず戦争に進む原因」になったのではないだろうか。その後、日中戦争が勃発すると、日本は国体に関する正統的な解釈書として『国体の本義』を刊行し、以前から展開されてきた利己心と利他心について「個人主義には、矛盾対立を調整緩和するために協同、妥協、犠牲などがあっても、結局真の和はない」[*53]と述べ、真の和のためには個人主義および個人を調停しなければならないという論理を確立した。そして、この論理に従って国民の自由を国家に服属させたし、これによって日本国民は、国家の政策と理念に従って戦争を遂行する手段となったのである。

第五章　梁啓超の社会進化論とニーチェ思想

金賢珠《キムヒョンジュ》

1　ニーチェと進化論

トマス・H・ハクスリーの『進化と倫理（*Evolution and Ethics*）』を『天演論』という題で翻訳して中国人に知らしめたのは厳復（1853~1921）だが、実際に近代中国で社会進化論を流行させた張本人は梁啓超（1873~1929）といえる。[*1] 彼は、「実際、あらゆる国、種族、宗教、学術、人事で行われている大小のことは、すべて天演の大法則に属している」[*2] と述べるほどに、進化を普遍的法則として重視していた。

ニーチェもまた、彼が世にあった当時流行していた進化論の影響を避けることはできなかった。[*3] ニーチェはダーウィンの理論のことを、「ヨーロッパ精神の全般的な沈滞（overall depression of the European spirit)」をもたらした「偏狭で、無味乾燥で、勤勉な誠実さ（narrowness, aridity, and industrious diligence)」（BGE 253）[4]と批判したし、[5]また「あらゆるイギリス・ダーウィン主義は、イギリスの過剰人口から醸し出される、吐き気を催す悪臭を漂わせているが、溢れる小人たちとその苦痛の匂いのようだ」（GS 349）[6]と辛辣に批判した。そのため一部の研究者たちはニーチェとダーウィンの親和性を否定したものの、[7]ニーチェとダーウィンの親和性は、これまで多くの研究者によって主張されてきた。代表者としては、ティレ（Alexander Tille）[8]、デュラント（Will Durant）[9]、リチャードソン（John Richardson）[10]、ジョンソン（Dirk R. Johnson）[11]、スモール（Robin Small）[12]などがいる。一例として、ニーチェとダーウィンの関連性を主張したウィルソン（Catherine Wilson）は、ニーチェが変形（variation）と削除（deletion）という二つのダーウィン主義的過程を提示したと主張した。[13]その理由として、ニーチェが少数者のため大多数の個人の犠牲に言及したという点を挙げた。ニーチェは、それが偉大にして価値ある個人を誕生させるための「体」を構成するとみなしたからだというのである。このように、一部のニーチェ研究者がニーチェ思想と進化論を結びつけたのは、ニーチェ思想のなかに進化論的色彩がうかがえるからだろう。

面白いのは、ニーチェが否定した進化論を肯定した梁啓超の進化論にも、ニーチェ主義的色彩がうかがえるという点である。本章では、梁啓超のさまざまな論文で彼の進化論が扱っている進化の主体と進化の動力への分析に基づき、それがニーチェ思想とどのような関連性をもっているかを述べてみたいと思う。

2 進化思想の主体

一九〇二年、梁啓超は『新民叢報』に発表した「天演学の始祖ダーウィンの学説とその大綱（天演學初祖達爾文之學説及其傳略）」という論文で、ダーウィンが生物進化の根本原因を生存とみなしたと述べつつ、そのような進化は突発的ではなく、漸進的に行われると主張した。また、梁啓超は自然界で自然淘汰が絶えず行われていると見たが、それだけでなく「人事淘汰」を別途区分して、それをよりいっそう強調した。

ダーウィンは、生物変遷の原因はすべて生存、競争、優勝劣敗の公理にもとづくと考えて、勝敗の機会は自然なものもあれば人為的なものもあるとみなした。自然的なものを自然淘汰といい、人為的なものを人事淘汰として、淘汰が絶えず起こって種が日々発展するととらえた。[*14]

このように梁啓超は、ダーウィンの進化論のうち生存、競争、優勝劣敗の原則を認め、勝敗は自然だけでなく人間にもあるとみなしたが、後者をより重視した。それは、自然よりも人間（人）とその集団（群）が進化の主体であるととらえたからである。梁啓超は歴史発展の主体として人間を認識しながら、人間を二重に理解した。すなわち個人と、個人の集合体としての社会として認識したのである。進化の主体として梁啓超が提示した概念が「英雄」であるが、英雄もまた二重の意味をもつ。個人としての英雄もいれば、集団としての英雄もいる。梁啓超は社会進化において両者とも重要だととらえた。そしてさらに集団（群）には国家と天下の集団があり、それに対応して国家の進化と天下の進化があるとみて、西欧の政治は国家集団（国群）には広く施行されているが、天下集団（天下群）にはまだ施行されていないと考えた。[*15] 国家次元での集団が議会と言え、商業次元での集団が会社であり、学者次元の集団が学会であると理解した。[*16] このように集団を成す（合群）ということは、物競天択の公理から見れば、一人の力だけでは難しいことを幾人もの人が集まってより強い力を形成[*17]して自然に対抗することをいうのであって、そのような意味で集団を作ることが生存と進化に有利にならざるをえないと考えたのである。しかしながら、梁啓超は中国には西洋政治における集団が形成されていないとみなした。それだけに、彼にとって集団を形成することは重要な意味をもった。

梁啓超における「群体」は、一つひとつの個体が集まって作られるものであり、国家は国民という個体が集まって作られるが、いずれもただ集まったからといって強くなるというわけではなかった。弱い個体同士の集合は、弱い群体を作るだけだった。[*18] 国家の興亡盛衰においても、国民の素養が重要な理由はまさにそこにあった。

しかし、しばしば周公も孔子もプラトンもアリストテレスも知らず、できもしなかったのに、今日の乳飲み子も知っているし、できることがある。何か？　他でもない、つながり合い、伝え合い、変わり合うことで知恵を発展させることができるということであって、そのようにして才力が発展し、道徳が発展する。発展するというのは人格の群のことを言うのであって、平凡な個人のことではない。しかしながら、歴史において最も注意すべきなのは社会（人群）のことであり、そのことが社会と関係がなければ、奇特な言行であっても、かならずしも歴史の範疇に入れる必要はない。[*19]

梁啓超は、個体の素養というのは永遠不変のものではなく、改善できるものとみなした。これはニーチェが人間を危険千万な深淵の上にかかる一本の綱の上にいるとみなし、また、一方が動物への道、もう一方が超人への道という描写によって、人間が自分の自由意志によってどちらへの道も選択できると示したのと相通じる。そして、ついには超人への道を選択できるということ、さらに、同じように危険千万に見えるけれども超人への道を進むべきだということを提示したのと同じ脈絡と見ることができる。梁啓超とニーチェはいずれも人間が現在を克服し、未来の「自己」へと転換しうる可能性を支持するという点で同じだった。こうして梁啓超は、個体の素養が発達すれば、それが積もり重なって社会の素養が発達するとみたのである。

梁啓超は、歴史家たちが人物伝で歴史を叙述したりもするが、それは歴史において個人が重視されたからではなく、その個人の歴史が社会全体に影響を与えたからだと考えた。[*20]しかし、伝統的に中国の歴史叙述はそうした点を看過して、群体の進化に関心をもたず、ただ単に王朝の交替や一人二人の権力者にだけ関心を向けるばかりだった。梁啓超は、「歴史とは、社会の進化現象を叙述するもの」[*21]だと考えた。したがって進化も結局は社会に求めなければならない[*22]ととらえた。彼は、進化とは一つの社会の発展のことでなければならず、一個人の発展のことではないと考えたのである。[*23]

それにもかかわらず、梁啓超の進化思想において重視された主体は英雄である。「そもそも一つの国、一つの時代の社会の興亡盛衰は、ひとえに英雄がいるかいないかにかかっている」[*24]と述べるほどに、英雄の存在は梁啓超の進化思想で重要な位置を占めている。英雄とは、「無名の英雄」すなわち一般群衆（群）を導く存在であり、一般群衆を「無名の英雄」たらしめる存在である。

数千年の中国と外国の歴史のなかで、最も活動力の強い人がいなかったとしたら、歴史というのは依然こんなものだと言えたかもしれない。欧州の大戦争に、ヴィルヘルム二世、ウィルソン、ロイド・ジョージ、クレマンソーといった幾人かの人々がいなかったとしたら、歴史は当然異なった様相になっていただろうし、〔連合国は〕欧州大戦も勝てなかったかもしれないし、勝ってもこのような結果にはならなかったかもしれない。[*25]

このように、ヴィルヘルム二世、ウィルソン、ロイド・ジョージ、クレマンソーといった人々は英雄と言っても過言ではないが、彼らが英雄として認められるのは群衆を率いて戦争を勝利に導いたからだというのである。そして、戦争を勝利に導いた群衆は「無名の英雄」であり、彼らがいなかったら、実際のところ戦争で勝利するだけではその社会の歴史を維持するのは難しいというのが梁啓超の考えだった。「これからの歴史は大多数の労働者、またはすべての国民を主体とするもの」[*26]だからである。したがって「国民が弱ければ国家も弱く、国民が強ければ国家も強く、影がつき従い、音が響くということには少しも容赦がない」[*27]と考えた梁啓超は、「新民が今日の中国における一番の急務」[*28]だと考えた。彼にとって国家とは国家構成員全員のものであり、国家を治めることもすべての構成員の務めである。[*29]それゆえ国家の構成員、すなわち国民の素養が政治の良し悪しと直結せざるをえないと考えたのである。ところで、梁啓超の英雄はニーチェの超人とどのような関連性をもつのだろうか。それは英雄と無名の英雄との関係にある。ニーチェの超人は梁啓超にとっては「有名な英雄」に等しい。

したがって英雄がいないがゆえの問題は、無名の英雄もまたいないという点にある。〔…〕例えば一つの軍隊で大きな手柄を立てることができる者は将帥だが、その将帥が大きな手柄を立てられるようにする者は兵卒である。ナポレオン、ウェリントンに中国の軍隊（緑営）と兵士（防勇）を率いさせたなら、必ずしも能力を発揮できなかっただろう。軍隊がこうなのだから、国家もまたそうではないだろうか。〔…〕天下の人々が皆無名の英雄になったならば、有名な英雄が必ずそこから出てくるものである。[*30]

英雄の出現は文明の必要によってであり、言い換えれば社会の進化のために要求される。社会の文明がよく発達しているところでは、英雄はそれほど重視されない。梁啓超は英雄と言えば「昔は非凡な人（非常人）」のことだったが、「今日では平凡な人（常人）」[*31]のことだと見た。英雄には誰でもなれるという可能性を認めたが、だからといって生まれながらに皆が英雄というわけではない。平凡であれ非凡であれ、英雄になる条件は奴隷根性からの脱却にある。

梁啓超は、中国で数千年間行われた腐敗と退歩も奴隷根性から端を発していると考えたが、それは中国が生き残るためには必ず克服しなければならないものだった。ところで、奴隷根性は政府や他民族の圧制によってもたらされることもあるが、自身や他者に依存しようとする心、服従しようとする心にも端を発している。[*32] 中国人は数千年も統治階級によって奴隷として飼いならされてきたし、結局一人も奴隷と思われない人がいなくなってしまった[*33]と梁啓超は考えた。

彼は、奴隷は体の奴隷（身奴）と心の奴隷（心奴）とに分けられるが、後者は自ら望んで奴隷であることを願うものであり、そのような心が中国国民の奴隷根性として染みついていると考えた。心の奴隷には四つがある。[*34] まず古人の奴隷である。二番目が世俗の奴隷である。三番目が状況の奴隷である。四番目が情欲の奴隷である。個性を抹殺した封建道徳が中国人の道徳と思想に深く影響を及ぼしてこうした奴隷を養成しており、自由思想の発達を妨害しているととらえたのである。

ここで進化思想の必要性が提起される。梁啓超は、進化の主体はまず個人だととらえて、個人が自ら自由な存在であるということを認識することから出発しなければならないとみなした。しかし彼は個人主義だけにとどまらず、社会・国家・世界へと認識を拡大した。個人だけが自由な存在なのではなく、個人が集まって構成された社会も、国家も、世界も自由でなければならないととらえたのである。その点で、彼は個人主義と社会主義のいずれにも偏ることを望まなかった。

梁啓超のそうした考え方は、ニーチェとマルクス思想を見るときにもあらわれる。梁啓超は、次のようにキッドの言葉を引用して、ニーチェを個人主義者と見なした。彼はニーチェの思想を、多数を代弁するマルクスと対立する思想として列挙した。そして「少数の優れた者」を擁護する思想家と見なした。彼はマルクスにもニーチェにも一長一短があるとみて、どちらも擁護しなかった。

こんにちドイツで最も力を得ている二つの思想のうちの一つはマルクスの社会主義であり、もう一つはニーチェの個人主義である（ニーチェは極端な強権論者である。彼は昨年精神病で亡くなった。しかし彼の思想は全ヨーロッパを席巻する勢いであり、一九世紀末の新宗教と称されている）。マルクスは、今日の社会の弊害は、多数の弱者が少数の強者に抑圧されていることだと述べた。ニーチェは、今日の社会の弊害は、少数の優れた者が多数の劣等者によって制約されていることだと述べた。二人ともそれなりの根拠をもって理論を述べたが、その目的はすべて現在にあって、所謂未来に生きる人々にあるわけではない。[*35]

（「進化論の革命家キッドの学説」）

こうした梁啓超の解釈は、日本の学者桑木厳翼（1874～1946）と登張竹風（1873～1955）のニーチェ評価にもとづいているという。[*36] しかし、驚くべきことに、ニーチェに対する梁啓超の誤解にもかかわらず、ニーチェの考えと梁啓超の考えは多くの点で似かよっている。ニーチェの超人と梁啓超の英雄が、既存の道徳と価値に対する批判に端を発しているところも似ており、その出発点として心を強調したところも似ている。そして、二人ともツァラトゥストラのように世の中に向かって変わらなければならないと叫んだところも似ている。

3　進化の動力

梁啓超は一九〇二年「新史学」を発表したが、この文章で進化が人類歴史の普遍的法則だと説明した。

循環とは、行ってはまた帰ってきて、止まって進まないこともあるが、このようなタイプに属する学問を「天演学」という。進化とは、行ったら帰ってこないし、進むことに終わりがない。大体このようなタイプに属する学問を「歴史学」という。天下の万事万物はすべて空間と時間にあり、天演界と歴史界は実に二つの範囲に分かれる。天演学は空間の現象を研究するものであり、歴史学は時間の現象を研究するものである。[*37]

梁啓超は、このように人類進化の公理と公例を追求することを歴史学の対象としなければならない[*38]とみなしたが、その人類進化の公理と公例というのは、一言でいえば「競争」であった。したがって、梁啓超は人間社会で競争は避けられないとみなした。[*39] それは国家間の社会でも同じであった。梁啓超は「中国史叙論」で、中国の歴史を大きく「中国之中国」「亜州（アジア）之中国」「世界之中国」の三段階に分けて中国が世界の一部であることを強調し、中国も世界各国と同様に競争という普遍的法則から脱することはできないと力説した。彼は「競争は文明の母であり、一日競争が止まれば文明の進歩もただちに止まる」[*40]ととらえ、さらには「競争は進化の母」[*41]と表現した。

競争には国家内部の競争（内競）もあれば、国家間の競争もある。梁啓超が個人の自由を重視しながらも合群を強調した理由は、まさに外部との競争のためだった。国家間の競争は合群競争だからである。物競天択の公例に従って人間と人間は衝突せざるをえず、国家と国家も衝突せざるをえない。国家の名を掲げて集団（群）に立ち向かうのである。[*42]

これは、あちらが多数で立ちはだかってくるならば、こちらも多数で防ぐしかないという単純な論理が作用したものと言える。それゆえに「人類は合群してこそ生存できる」[43]と強調するようになったのである。しかも人間は本来群れをなして生きる動物であって、集団生活を通じて禽獣と区別される。[44]それが進化として現れる。このように彼は「人類の進化というのは一群の進化であって一個人の進化ではない」[45]ととらえていた。梁啓超が進化論を重視した理由は、まさに個人と個人の競争のためではなく、国家と国家の間の競争のためだったということが分かる。

ニーチェにおいて、競争とそれによる葛藤が「力への意志」、すなわち「生への意志」を反映[46]しているように、梁啓超はそれを事実として受け容れたが、淘汰されている現実を変えて「例外」となることを希望した。そしてそれを「変革（革）」に見出した。彼にとって「変革とは、天演界において不可避な公例」[47]であり、人間社会における変革は「人事淘汰」として現れる。「外部環境に適応した事物は生き残り、外部環境に適応できなければ消え去る」[48]、そのようにして消えることを「淘汰」と呼ぶ。梁啓超にとって「自然淘汰」と「人事淘汰」[49]のうち後者は変革のために必要なものだった。「変革とは、必ずその群治の状況を一変させ、過去とはまったく違うものにすること」[50]だからである。梁啓超が言う変革とは、「reform」と「revolution」の両方を含む概念であり、過去の制度を破壊し、新しい制度を立てることを意味する。

「Reform」とは、固有のものを減らしたり足したりして良くすることであり、一八三二年のイギリス国会の

「Reform」のようなことである。日本人はそれを改革ともいい、革新とも翻訳する。「Revolution」とは、車輪が回るように根底からひっくり返して一つの新世界を別に作ることであり、一七八九年のフランスの「Revolution」のようなことで、日本人はそれを革命と翻訳している。「革命」という二文字は正確な翻訳ではない。「革命」という名辞は中国で最初にあらわれたが、それは『易経』で次のように述べたものである。「湯武革命は天に順い、人に応じたものである」[*51]。

梁啓超は、一八九九年から一九〇九年にかけて著した『自由書』で「破壊主義」について述べたが、これは彼の「変革」思想と結びついたものだった。まったく新しいものを作るための「変革」は、古いものに対する転覆と破壊を前提するからである。しかし、それは何よりも自由と心の問題である。梁啓超は「心の力（心力）」を肯定して、心の力が人類の歴史を作ってきたし[*52]、作っていくという積極的な歴史主義を主張したが、それは自由と関連したものだった[*53]。彼は、世界的な大事件は「自由」が原動力として作用したことだと考えただけでなく[*54]、「自由は天下の公理であり、人生に必須の道具であって、どこに行っても適用されないところがないものだ」と強調した[*55]。このように彼は、自由を人類社会発展の原動力[*56]として理解したのである。

それは、自由意志は創造心と模倣心によって発現するが、それが表現された活動が業種すなわち文化種であり、そうした活動の結果物こそがまさに業果すなわち文化果だからである。文化とはすなわち文化種と文化果の共同の産物であり、それを作り出すのがまさに自由意志にほかならないということである[*57]。梁啓超は宇宙万物を自然界と人文界（文化界）に分離して、「自然界は因果律の領土であり、文化界は自由意志の領土[*58]」であると述べた。梁啓超は、文化を自然に相対的な概念として想定して、文化と非文化を区分するものが「価値」だととらえた。「文化とは、人類の心能から発現して築き上げられてきた価値ある功業[*59]」であり、その価値の根本は「自由意志」にあると考えた。

ニーチェも梁啓超と同様に人間自身の意志を強調した。ニーチェは「生とは内的な環境が外的な力に適応するのではなく、力への意志[*60]」であると主張して、自己保存のための本能や衝動よりは力への意志を重視した。ニーチェにおける力への意志は外部ではなく内部で発現するもので、単に外部（自然）に適応して生き残る自己保存だけに重点を置くのではなく、むしろ外部を征服して同化させる。そうしてニーチェにおいては外部と内部が一つになる。そして価値の変革、道徳の変革、文化の変革がなされる。

梁啓超が変革において自由意志を強調したのは、彼の変法思想にその理由を見出すことができる。それは彼が、受動的な変革（代変）ではなく、能動的で主体的な変革（自変）を望んだためである。彼は、「変化というのは天下の公理[*61]」だが、天演界ではない人間界の変化は、人間の自由意志が作動したものとみなした。そして、そうしてこそ人間社会、つまり中国社会が淘汰から脱して、変革によって進化することができると考えたのである。

4　進化の過程

梁啓超は、自由意志の作用に対応する経済的側面における進化も説明した。彼は人類社会の進化を生産道具の発達によって区分し、石器時代、青銅器時代、鉄器時代へと進化するととらえた。それに対応して、人間社会は狩猟時代、牧畜時代、農耕時代に発展したと考えた。[*62] このような経済的進化に相応する政治制度の変化を「三世六別」という。

三世の政治形態は、「多君為政（複数の君主が治める政治）」、「一君為政（一人の君主が治める政治）」、そして「民為政（天下の民が治める政治）」に進化するととらえた。そして、それぞれの政治形態は再び二つに区分される。多君為政は、酋長が治める政治と、封建〔封土を与えられた領主〕および世卿〔世襲の領主〕が治める政治とに区分され、一君為政は、君主が治める政治と、君主と民が共に治める政治とに区分され、民為政は、総統〔大統領〕が治める政治と、総統のいない政治に区分される。このように、合計六つの政治形態に区分される。

多君為政は、梁啓超の師である康有為が提示した三世のうちの拠乱世に当たり、一君為政は升平世、民為政は太平世に当たる。このような歴史発展は段階的に起こるため、省略したり飛び越えたりすることはできない。[*63] 言い換えれば、一君為政すなわち君主が治める政治形態を帯びる清の制度は必ず改革されなければならず、その改革の最終的方向は民主政である、という論理が形成されるのである。

梁啓超は、西洋も東洋と同様、古代には民主政が実現しなかったとみなして、古代ローマの民主政を現代人が考える民主政だと言い張るならば、中国にもないとは言えないと考えた。彼は、古代ギリシアやローマの議員制度も真の民主主義ではなく、「拠乱世」の多君為政に該当するととらえた。[*64] それが近代に至って、西洋ははじめて民主主義を実現できるようになったという点を梁啓超は重視した。そして、それこそが西洋が強い生命力と競争力で東洋を制圧できる根源だとみなした。そこで中国も歴史的必然段階である民主政への転換が急がれるというのが梁啓超の考えであった。

しかし、そのような社会の進化は一夜にして行われるのではなく、漸進的かつ段階的に行われるととらえた。それゆえにこそ梁啓超は革命ではなく改革を主張したのである。君主専制から君主立憲制へ、そして民主共和制への政治制度の発展も段階的になされなければならないと考えた。このような改革観は、言うまでもなく伝統的な変易観の影響を受けたものである。特に、変化（変）についての理解がそうであった。しかし、梁啓超は「天下が生じて久しく、一たび治まれば、一たび乱れる（天下之生久矣、一治一乱）[*65]」と考えた孟子の歴史的循環論を批判して、歴史は漸進的かつ段階的により良い方向に発展すると信じていた。

こうした脈絡から「祖先の法は変えてはならない（祖宗之法不可変）」という守旧的思考に反対して、時代に合うように制度と法が変わらなければならないと考えた。そのような点から『変法通義』で変法を強調して「法を作らずして聖人とは言えず、時代に従わずして聖人とは言えない[*66]」と主張した。しかしながら、むやみに変えよう、変わろうと主張したのではなく、「毀損されたところは取り壊し、掃き清め、直して、職人を集めて材料を用意し、新しく再び[*67]」作るのであって、すべて壊してしまうというわけではなかった。そして、その過程は非常にゆっくりと一歩一歩進んでゆく果てしない過程であって、軌道に沿って段階的に実現されると考えた[*68]。

梁啓超は、当時中国が進むべき方向は民主共和制だととらえたが、それが最終的な目標ではないにせよ、彼が封建君主制よりは民主共和制のほうがより進化した政治制度だと考えていたことは明らかだった。それとは異なりニーチェは「公然と民主主義を激しい表現で批判[*69]」した。しかしニーチェの批判は、民主主義の一般を否定したというよりは、現実の民主主義の問題点を予見し、目撃したがゆえのものだった。梁啓超は、西側社会と違って、中国はまだ民主主義を経験していないためにその次の段階を語ることができないと見ていたので、民主主義の限界よりは、その基本的な制度の実現に焦点を置いた。こうして民主主義の制度的枠組みは肯定したが、梁啓超もまたニーチェと同様に奴隷道徳によるデカダンスの出現を意識していたため、全面的な直接民主主義の実現は中国の現実に合わないと考えた。そこで彼は、奴隷になってはいけない、自分の権利に対する自覚的意識をもった政治的主体にならなければならない、と繰り返し強調した。それが彼の「新民」の核心と言え、新民すなわち奴隷ではない人々による政治を指向したのである。ニーチェが攻撃したのは民主主義における下方平準化であっただけに、「理想的」な民主主義とその政治的主体に求められる品性という点では、梁啓超とニーチェは互いに考えを共有している。また彼らが考える理想的な政治制度が、民主主義的制度にとどまらず、その彼方を展望していたという点でも志を同じくしている。

5 梁啓超とニーチェの進化思想

梁啓超とニーチェは、彼らが置かれている時代的状況によって異なっているように見えながら、共通点をもっている。それは、両人とも群衆の無知と精神的なひ弱さを批判しながらも、群衆の力量に対しては信頼していた点、そして群衆に対する思想的啓蒙が可能だという考えに基づいていた点、そして歴史的進歩を信じていた点、最後に、道徳的刷新の必要性を認識していたという点である。梁啓超が進化論を受容した理由は、変革を必要としていたためだった。彼にとって進化とは、新しくならなければならない理由を説明するものだった。ニーチェは進化論に対して批判的だったが、それでも、人類の道徳と価値が新しくなるべきだという点では梁啓超と見解を共にした。「もともとあったものは磨き上げて新しくして（淬厲其所本有而新之）[*70]」、「もともとなかったものは補って新たに作ろう（采補其所本無而新之）」というのが梁啓超の考えだったとすれば、ニーチェもまた新しい道徳を渇望して、「本来あったもの」すなわち古代ギリシア悲劇の時代の「ディオニュソス的なもの」によってそれを実現しようとした。

だからといって彼らが同じだとは言えない理由は、何よりも個人と社会に対する評価の違いにある。梁啓超は、個人と同じくらい社会が進化のために重要な主体だと考えた。「人間とは群れを作るのがうまい動物[*71]」であると考えた彼は、集団によって人間が禽獣と区別されると見たが、それは適者生存と優勝劣敗の現実において人間が生き残れる方法だったからである。[*72] 道徳というものも集団を利するためのものであり、道徳によって集団を団結させ、向上させ、それを通じて進歩を遂げられるようにする手段であると理解した。[*73]

梁啓超と比較すると、ニーチェは個人を新しい道徳を創造しうる主体と認識して、「高貴な人間[*74]」、「独自の人間」、そして「主人としての人間」であるべきだと強調して、個人の自己克服[*75]を繰り返し主張するなど、個人に主眼点を置いていた。だからといって、梁啓超が個人でなく社会ばかり優先したわけではない。彼も主体としての個人、自由の担い手としての個人、道徳の完成者としての個人などというふうに個人を強調したが、個人から社会、社会から国家、国家から世界へという道徳の拡張的実践を主張した点では両者に違いがある。

両者の違いは明らかである。同情に対して批判的だったニーチェとは違って、梁啓超は「儒家は、人類なるものが有している同情心のうち最も低い水準のものをすべての人間が等しくもっているという点を利用して、それを育て、拡充して、最高の水準に到達させ、そうして理想的な「仁の社会」を完成させようとした[*76]」と儒家思想を評価しつつ、同情心を現代の「博愛心」、「同類意識」と解釈して肯定した。この梁啓超の理解の仕方は世界大戦の後になって大きく変化したものだが、それは世界大戦の根本的原因がダーウィン由来の生物進化論による軍国主義、帝国主義にあると考えたからである。それだけに進化論に対する考えが変わる前の、進化論により親和的だったときの梁啓超のほうがよりニーチェに近かったというのは、皮肉なことだと言える。

第六章

魯迅と沈従文のニーチェ解釈
——一九二〇年代の文学経典化とニーチェの中国化を中心に

高建恵《カオチアンフイ》

1　一九〇二～一九〇八年——魯迅のニーチェに対する理論的解釈

1　一九〇二年、外来資源としてのニーチェ

一九〇二年春、官費留学で日本の東京に到着した魯迅は、弘文書院で日本語を学んだ。同年、戊戌変法の失敗で日本に亡命した梁啓超は、日本で『新民叢報』と『新小説』の二つの雑誌を創刊して「新民思想」を提唱し、『新民叢報』一〇月一六日付の十八号で「進化論革命者頡徳之学説（進化論革命家キッドの学説）」を発表し、当時ドイツで最も有力な二大思想として、マルクスの社会主義とニーチェの個人主義を挙げたという。梁啓超の刊行物は魯迅に多くの影響を与えたが、魯迅の弟の周作人は次のように回想している。

魯迅が新書籍と刊行物によりいっそう幅広く接触したのは、一九〇二年に日本に到着した後だった。当時、梁啓超は日本に亡命して、横浜で『清議報』を創刊した後、『新民叢報』で人気を集めており〔…〕一般の若者の心を動かし、勢力が大きかった。一九〇三年三月、魯迅が私に本を一包み送ってきて、そのなかには『清議報滙編』八冊、『新民叢報』と『新小説』各三冊〔…〕[*1]

学界では魯迅がニーチェをいつ知ったのかについてはいまだ定説がないが、周作人の回顧によれば、魯迅は日本に到着するや梁啓超などを通してニーチェを知ったといい、その経路は『新民叢報』に掲載されたニーチェに関する文章だったようである。また、東京時代の魯迅は隠遁生活を送り、多くの時間を本漁りと読書に没頭して、日本語とドイツ語を媒介に、積極的に外来資源と対話したと周作人は紹介している。こうした外来資源のなかで最も重要なのがニーチェであった。『ツァラトゥストラかく語りき』(以下『ツァラトゥストラ』とする)は何年もの間本棚に保管されていた。[*2] 魯迅の友人の許寿裳は、かつて魯迅が弘文書院にいたときに少なからぬ日本語書籍を購入していたが、そのなかには「ニーチェの伝記」があったと回顧した。[*3]

一九〇四年九月、魯迅は東京から仙台まで赴いて医学を勉強することを選択したが、その理由は「新しい医学が日本の維新に大いに役立ったことが分かったから」であった。[*4] しかし一九〇六年三月、一年半にしてそれを打ち切ったが、それは有名な「幻灯事件」[*5]のためであった。葛海庭はこの事件の真実性について、「二十世紀の日本の中国学者による魯迅の「棄医従文」に関する実証研究」という論文で、一九〇〇年代初期および戦後の一九七〇年代に多くの日本の中国学者たちが行った魯迅の「棄医従文」考証を検討して、当時の歴史的事実を全面的に明らかにした。[*6] 魯迅は、医学は「身体を救う（救身）」だけで「精神を救う（救心）」ことはできないと考えて、民智を開き「救心」するために医学を捨てて文を書くことを決心した。幻灯機のなかで同胞の処刑を眺めている無感覚な見物人たちも、後に魯迅の文学作品のなかで中国人の国民性を批判する重要な対象になった。これは同時に、魯迅をして梁啓超と社会進化論の思想に対して反省せしめ、魯迅は、人間的な覚醒がなければ、中国が日本のような大国になっても獣性の一面から脱することはできないと主張した。個人の主体性、人間性、個人の意志に対する関心が、魯迅を当時最大の外来資源であったニーチェの哲学世界に進ませたのである。

2　魯迅の「ニーチェ」の中国現地化と理論的解釈

一九〇七年〜一九〇八年、魯迅は「文化偏至論」、「摩羅詩力説」、「破悪声論」という三編の重要な論文を完成させた。[*7] ニーチェの名前はこの三編の論文から登場し始め、全部で八回登場する。「摩羅詩力説」で三回、「文化偏至論」で四回、「破悪声論」で一回である。魯迅はこれを通して、ニーチェの語録を重訳したり、ニーチェの見解を間接的に伝えたり、ニーチェ認識の総体的な風貌を一つひとつ描写したり、社会史的な背景を紹介したり、同時代の人物と比較したりもした。

まず、魯迅はニーチェを文学者として受け容れた。「摩羅詩力説」でニーチェはバイロンと共に摩羅詩人の代表者に挙げられるが、彼らの特徴は強い意志力と精神力、反抗精神、反伝統道徳、「大多数（大衆）」を排斥することである。また魯迅はニーチェの『ツァラトゥストラ』の「古き源泉は尽きて、未来の新しい源泉を見つけるだろう。ああ、わが兄弟よ。新しい生命の始まりよ。新たな泉が深淵から湧き上がっているから、その日は遠くない」[*8]という語録を翻訳して引用しながら、この精神の砂漠において先に悟った少数の人だけが精神を整え、古いものを捨てて新しいものを追求し奮発する、切迫した要求を示したという点を挙げた。

第二に、魯迅はニーチェを個人主義の英雄と考えた。魯迅は「文化偏至論」で、「ニーチェが個人主義の最高の英雄である」[*9]と絶賛した。彼はニーチェのツァラトゥストラの言葉を借りながら、十九世紀の通弊は物質だけを重視して精神は重視せず、精神的な確固たる信仰がなく、多くの人が他人のする通りに真似して、独創的な精神がないことであったが、ニーチェのような個人主義の英雄たちは十九世紀文明の偏向、いわゆる「物質」と「大多数」の弊害を矯正することに力を注いだと述べた。これに対して、中国はこのような十九世紀の西洋に追従してはならないと主張した。「西洋を見て中国を救わなければならない」という論理は詭弁だとして、当時主流であった各種の資本主義の改革方針を批判した。

最後に、魯迅はニーチェの「超人」思想に共感して、「立人」思想を提示した。魯迅は十九世紀の「弊害」を正すことは、個人の主体性と意志の確立、すなわち精神的人間の立人によってのみ可能だと考えた。そのような人こそニーチェが期待する「超人」に等しいものである。「ニーチェが望むのは節制の意志力がある者である。ほとんど神仙の如き超人である」と述べた。「破悪声論」で魯迅は、まず善悪是非の基準は必ず人性論の前提の下になければならないとしながら、そもそも人性に符合するのは合理的な善行と言うことができるが、そうでないとしたらその誤ったものが「悪声」だと述べた。人間性とは何かといえば、人間性の根本は個人の主観精神、すなわち「心声」にある。「真心から湧き出た心によって自身を見つけてこそ、個人の主体性を得ることができ、人が各々自身の主体性をもってこそ、大衆が全体的に覚醒することができる」[*10]。人間性に符合し、個人の主観をもつ少数の天才が覚醒することによって社会の人々の覚醒が導かれるので、その唯一の希望は「立人」にあり、天才によって民衆の精神改善を導くことである。魯迅が望んだ天才はニーチェの超人とまったく同じ概念というわけではないが、理論的には軌を一にしていた。

3　魯迅の日本「ニーチェ」の選択的受容

魯迅が日本にいた時期はニーチェ・ブームの絶頂期であり、ニーチェ思想と意志力哲学が日本の学界に広がっていた[*11]。日本でのニーチェの流行は、魯迅に比較・参照する機会を提供して、ニーチェをより包括的に理解できるようにした。日本の学者伊藤虎丸の研究によると、この時期の日本の思想界のニーチェに対する理解は大きく三つがあったことが分かる。まず、ニーチェは積極的な反抗のイメージでとらえられ、国権論者、反キリスト教論者とされた。第二に、ニーチェは極端な個人主義者、反道徳主義者、反国家主義者とされた。第三に、ニーチェは本能主義者とされた[*12]。魯迅は日本の「ニーチェ」認識をまるごと受け容れたのではなく、中国本土の状況を踏まえながら、愚弱な国民精神を変えるという強い意志によって独自の選択と判断を下した。

まず、魯迅はニーチェの思想を国権論を宣揚するものとしては認めなかった。当時の日本では国家主義が高まっており、ニーチェの学説は国力を誇示し、外部への拡張を煽るものとされたが、愛国主義者は傲慢な民族主義者に変貌して、日露戦争時にはさらに激しくなった。魯迅はこれを「幻灯事件」で実感したが、「破悪声論」では「侵略を崇める人々は有機体のような動物であり、獣性が支配的であり、最も奴隷的だ。中国の志士たちはなぜ隷属したのだろうか。〔…〕すぐれた賢人でも、汚く染まってしまうことがある」と述べた。*[13]

魯迅の目的は日本の国家主義とは完全に異なり、彼はただ貧しく弱い中国が強大になり、強者の侵略に断固抵抗することを願うのみである。力を信じて弱者を苦しめ、強者が弱者を労役させ、侵略することは非合法的であるのに、このような強者を「獣性的愛国」の列に加えれば獣も同然になってしまう。そのような強者は依然として「獣性」から脱することができないので、哲人も汚染されざるをえないという警戒心をもたなければならないと魯迅は考えた。

第二に、本能主義的なニーチェ説も魯迅は受け容れなかった。魯迅は本能主義的観点を捨てて、物質主義的批判に対する観点を選択的に受容した。張釗貽は、魯迅が「文化偏至論」と「摩羅詩力説」で明らかにした見解は、「日本のニーチェ」と呼ばれた高山樗牛の「文明批評家としての文学者」(一九〇一)における、物質主義と「大多数(大衆)」に対抗する観点と同じものだと主張した。両者とも新興の理想主義と個人主義思想を借りつつ、文学と文化批評によって文化的「弊害」を矯正することを希望したのである。*[14]

最後に、魯迅が中国人に伝えたのは、英雄主義と文明批判者としてのニーチェのイメージだった。明治時代の個人主義と反道徳主義のニーチェ観を魯迅は受容したのである。伊藤虎丸は、魯迅が理解した「ニーチェ」は明治日本のニーチェと同時代的だと考えたが、魯迅がニーチェの超人を「大士天才」として「意志力が世間からとびぬけており、ほとんど神明に近い」人と解釈したのは、日本のニーチェの

「数多くの衆生とともに浮沈せず、世俗と人生の真の師とならねばならない」という「肯定的な人物」の反映だった。[*15] 伊藤虎丸はまた、魯迅がニーチェの哲学から受け容れたのは、組織に対立する個人の本能主義ではなく、文学、思想、秩序、組織を変革して創造する人間の主体性であったと主張した。伊藤は魯迅が、ニーチェを通してヨーロッパ近代文明の「神髄」、すなわち主体性と個性の尊厳を獲得したとみる。[*16] これこそまさに魯迅が見たニーチェの本質である。

この時期は魯迅がニーチェを受容する最初のピークであり、ニーチェの人間哲学によって、魯迅は初期の人生問題に対する思索を深化させ、中国社会の根本的な弊害は立ち遅れた中国人の個人としての主体性の欠乏にあることに気づき、立人という重要な思想を提示した。ニーチェ哲学は魯迅の「立人」主張の理論的礎石といえる。二十世紀初頭の中国社会は内憂外患を経るなかで、救亡図存と民族振興が急務だった。魯迅は日本での生活経験の最初からニーチェに接して「個人主体性」の本質をつかみ、民族国家意識のもとでニーチェから国民精神を改造する思想資源を得て、中国の国民性を改造する新しい課題を開いた。今見ても魯迅の思想には依然として意味があり、独自に思考する先進知識人として時代を超越する姿を見せてくれる。魯迅は最初からニーチェをバイロンのような文学者として眺めながら、道徳性や人間性の観点から研究する方法を採択したが、これが中国におけるニーチェ受容の基本的な方向を確立して、中国がニーチェを受容する土台を作った。

2　一九一八〜一九二五年——魯迅のニーチェ中国化の文学実践

魯迅がニーチェを受け容れた二番目のピークは五・四運動前後で、このときは中国の歴史における大変化の時期だった。一九一五年、新文化運動発祥の場所である『青年雑誌』（二巻から『新青年』に改称）が創刊されるなど、思想・文学分野に大きな変化があった。『新青年』は青年たちに「新青年」たることを勧め、「民主」と「科学」の二つの旗印を掲げて、反封建・反伝統・反礼教の声を上げた。現代文学史でその名をよく知られた人々がことごとく『新青年』周辺をとりまく新文化運動陣営に与した。一九一七年に『新青年』に合流した魯迅は一九一八年に中国初の白話現代小説『狂人日記』を創作して、五月一五日の『新青年』四巻五号に発表した。

1　『狂人日記』——魯迅の中国小説、「ニーチェ・パターン」の開拓

『狂人日記』は「迫害狂恐怖症」を患う「狂人」が主人公の日記体小説であり、ほとんど狂人の内面の独白である。狂人は周りの人々がみんな人を喰っていると思い、周りの人々に人を喰うことをやめよう勧め続ける。結末で狂人は、自分も考えなしに妹を食べたことがあるという事実に気づいて絶望し、悲痛に陥る。『狂人日記』は新文化運動の「始祖作」と呼ばれ、内容面・形式面において中国伝統文学とはまったく異なる世界文学に繋がり、中国現代新文学の誕生を象徴する。また、これは魯迅のニーチェ思想に対する最初の文学的試み、つまり中国で初めてニーチェ思想を中国文学にローカライズする実

践であり、作品中のニーチェ思想は初期の日本時代のニーチェ認識をほぼそのまま維持している。
まず、「超人」マインドと「超人」イメージ・メイキングである。「狂人」のイメージはニーチェの超人的な気質をもった人物であり、この点は魯迅が『中国新文学大系小説二集』の序文で次のように説明している。

一九一八年五月から『狂人日記』など〔…〕続々と出現して「文学革命」の実績を示したわけだが、『狂人日記』は一八三四年頃にゴーゴリがすでに『狂人日記』を書いていた。ニーチェは一八八三年頃にもツァラトゥストラの口を借りて「君たちはすでに虫から人までの道を進み、君たちのなかにはまだ虫がたくさんいる。あなたたちはサルとして生きてきたが、今も人々はサルとして残っている」という一文を残した。〔…〕しかし、中国の『狂人日記』は家族制度と礼教の弊害をあらわにすることを意図しており、ゴーゴリの鬱憤よりはるかに深く、ニーチェの超人が漠然としているようには漠然としていない。[*17]

魯迅の『狂人日記』は、ロシアの作家ゴーゴリ『狂人日記』の名前を借用しながら、ニーチェの超人的な思想を盛り込んでおり、中国の現実性も加わっていることが分かる。狂人は「狂言」だが、自分の本心に向かって真実を語る。ツァラトゥストラも市場に出かけて超人哲学を伝播したとき、周囲の大衆は彼に向かって笑い叫び、また彼のことを滑稽で怪しからぬ「狂人」だと思った。ニーチェは、ある新思想の発生について「ほとんど狂気がこうした思想の代わりに線路を開拓し、迷信と古い慣習を打破する」と述べた。[*18]狂人は本当の狂人ではなく、時代の覚醒者である。彼は非常に鋭い洞察力と透徹をもって封建社会の本質である「吃人（人喰い）」を発見した。

どんなことでも必ず研究してこそはじめて分かるのだ。昔からいつも人を取って喰っていたし、私もまだ覚えているが、よく分からない。私が歴史を開いて調査してみると、この歴史には年代がなく、毎ページにことごとく「仁義道徳」という数文字がくねくね書かれている。私はとにかく眠れなかったので、真夜中に詳しく読んではじめて、文字の隙間から文字を読むとみな二文字「吃人」と書いてある。[*19]

もちろん本当に人を食べるのではなく、人間に対する人間の精神的暴力によって封建的礼教が人間性を抹殺するということの象徴である。狂人は儒教文化を核心とする伝統文化の非人間的弱点を鋭く正確に突き刺して、中国の封建礼教の圧殺する本性に気づき、救いを考えて、次第に個性主義へと進んでいるという証である。ニーチェは『ツァラトゥストラ』で神が死んだと繰り返し強調したし、魯迅は『狂人日記』で儒家文化とその家族制度を核心とする中国伝統価値の死を宣言した。

第二に、人間理念と「真的人（本物の人間）」である。魯迅は初期に、善悪の評価基準は当然人格に符合するかどうかでなければならないと提起した。狂人は善意識をもって「人を喰わずに」周りの人を良くしようと努力する。まず「人を喰う」現象の不合理性に対する疑問を呼び起こし、人間進化の観点から動物に堕落することを斥け、「本物の人間」に変貌させようとして、最後に意識転換しないことの恐ろしい結果を社会発展の次元から描写する。

君たちはぜひとも改めなければならない。本気で改めろ！　これからは人を喰う人が世の中で生きていけないということを知らなければならない。〔…〕君たちが改めなければ自分も喰われることになるだろう。子供をたくさん産んでも「本物の人間」に殺される。狩人が狼を打つように！――虫のように！[*20]

「本物の人間」は虫、野蛮人に対して言われるものであり、ニーチェから出た概念で最も人間的な人を指す。魯迅が見るところ、「本物の人間」は「超人」と同じく人間発展の最高段階であり、理想的な人間状態である。ニーチェは『ツァラトゥストラ』序文三節でこのような人類の発展と果てしなく超越する思想を表現した。「今、あらゆる生物は自己を超越する何かを創造している。〔…〕人にとって猿とは何か？　ただの笑うべき動物、苦しい恥にすぎない。超人にとっても、人間は滑稽で苦痛な恥にすぎない」[*21]。「狂人」もほとんど同じことを言ったが、「おそらくその当時、野蛮な人々はみな人を少し喰ってみたことがある。そうするうちに心が変わって、ある人は人を喰わずに人になり、また「本物の人間」になる。ある人たちはそれでもなお人を喰う人もいる。虫のように……。人を喰う人はそうでない人よりどれほど恥ずかしいことか。虫が猿を恥じるよりもずっと恥ずかしい」[*22]。

第三に、すべての価値を再評価することである。すべての価値を再評価することがニーチェの核心思想の一つであり、道徳的価値を最高の価値と考えてキリスト教を人間的欠乏と非難し、生命と対立するものが倫理であるためにキリスト教道徳を最高権力の座から引きずり下ろすことを宣言した。魯迅は『狂人日記』で封建礼教が人を取って喰う本質を指摘して、多くの人が立ち上がり、伝統封建文化の価値を疑い、反抗し、再評価するよう悟らせるなどの反抗意識を提示した。狂人が人を喰うことは正しいのかと尋ねると、返ってきた答えは「今までそうしてきた」というものだった。狂人の質問は従来の価値秩序に対する疑問であり、非人間的文化伝統のなかの生き方に対する疑問であり、あらゆる価値を再評価する独立的思考を示すものである。狂人の勇気は、自分が置かれている封建的な礼教社会を疑うことにあるだけでなく、自らに対する反省にもある。「人を取って喰っているのはおれの兄だ！　おれは人を取って喰う者の兄弟だ！　おれは食われたが、依然として人を喰う者の兄弟だ」と述べた。[*23] 狂人は自分も思わず「食人種」に合流したことを発見して強い恐怖感と罪悪感をおぼえ、啓蒙と反逆の緊急性と必要性に気づいて、「ここに人を喰ったことがない子供はいるか？　子供を救え」と叫んだ。[*24]

第四に、永遠回帰である。『狂人日記』において封建礼教の「人喰い」は、個別の家族や村で起きる偶然の事件ではなく、長年の中華民族の「痛疾」であり、長年にわたり蓄積された「祖伝」の病気であり、「今までそうしてきた」ことである。家の中で長兄は五歳の妹を喰い、他人と「私」を食べようと計画したが、すべての人は人を喰う人であり、また被食者であって、代々循環が繰り返され、皆が迷いを免れずにいる。ニーチェは『ツァラトゥストラ』五十七章で、人間の存在は自ら永久循環の因果律に縛られており、ヨーロッパ文明は永遠回帰だと語る。[*25] 魯迅の封建伝統礼教の非人間性に対する本質的認識はかなり深く、中国の歴史も一種の大循環だと考えたが、彼が『狂人日記』で描写したのは、まさにこの中国の歴史において永遠回帰している「人喰い民族」の風俗画である。[*26]

第五に、国民性批判と「末人」のイメージ・メイキングである。魯迅は日本での初期の論文で物質主義の「大多数（大衆）」を批判し、『狂人日記』でもそのような思想をもっている「末人（the last man）」を形象化した。ニーチェの哲学において「末人」は超人・「本物の人間」と対立するイメージで、彼らは創造的な希望や能力もなく、未来を犠牲にすることを代価として生きている人を指す。[*27] 末人の奴隷心理を嫌悪するニーチェの文章において、末人の原型はキリスト教信仰の下のドイツ民衆であり、彼らは盲目的にキリスト教を信じ、考えることもなく、また別の人生のために努力しようともしない。魯迅が日本留学時代に体験した「幻灯事件」での見物人の無感覚さは、魯迅に中国国民の後進性と彼らがもつ「末人」の特徴を見せつけた。『狂人日記』のなかでは趙貴翁の目つきが「おれを害しようとしているようだ」。前の子供たちの目つきも趙貴翁とそっくりだ。昨日、街のあの女は私を見つめて、私を何口か噛んだという。家にいる長兄が私を何度か見る。「今日になって。彼の目つきが外にいるあの連中と同じだということが分かった」。これ以外にもさまざまな見物人たちがいる。彼らのなかには知県に殴られた人もあれば、紳士の手で叩かれた人もおり、自分の妻が胥吏のものになった人もいれば、両親が借金取りに追われて死んだ人もいる。彼らは侮辱され、被害を被った人たちであるにもかかわらず、抵抗することなど念頭にもなかった。自分は他人に辱められ、また他人を辱しめて、自分は他人に「喰われ」、また他の人を「喰う」。精神的に極めて愚昧で無知で無感覚なのが中国の国民性、すなわち末人の精神世界である。[*28]

『狂人日記』は魯迅が日本の初期のニーチェ思想理論を解釈した文学実践であり、魯迅は人物の言葉遣い、ストーリーテリングからキャラクターデザイン、思想内容にまでニーチェ思想を込めて、ニーチェの中国化パターンを開拓し、推進した。作品の最後で魯迅は狂人の「精神疾患」が治ったことにして、ある地域の官職候補者として赴任させた。目覚めた啓蒙家たちには、大衆が目覚めさせるどころか治療すべき「疾患」になり、結局は平凡な人間のような「正常人」になる。それだけ現実と理想の差は大きく、啓蒙者の行くべき道は遠い。この小説は魯迅のすべての作品の総綱領的作品ということができ、後の小説はほとんど『狂人日記』の「ニーチェ・パターン」から外れていない。

2 魯迅の作品の「ニーチェ・パターン」の持続と発展

『狂人日記』の後も魯迅は『手鑑録』でニーチェを紹介し続け、一九二五年まで二〇編余りの小説を執筆するなど、ニーチェ・パターンを続け、魯迅小説特有の「狂人（超人）家門」を形成した。ニーチェの哲学から見ると、超人は最も完璧な人格をもつニーチェの理想的な人間性に対する渇望の外的表現だ。魯迅はニーチェのこの哲学理念を中国文学化し、超人に中国人の顔、声、服装、表情と動作を与え、中国人の実際の生活に近づけ、思想からすべてを再評価するニーチェの価値観を伝えようとした。この「超人」は、特に反抗的思想をもつ個別意識のある人、啓蒙する人、革命家、知識人を指す。例えば「長明灯」で「彼」は、「狂人日記」の狂人のように、神廟にある昔から村人たちが祀ってきた長明灯を消そうと努力した。そして村の人々に縛り上げられた後も、神廟を燃やすと大騒ぎした。彼は狂人よりいっそう確固たる勇気と行動力のある反抗精神を示した人物である。

このような人物は同時に、中国の社会現実に挫折して失敗する。「在酒楼上」は、「強者」だった呂緯甫が革命の底辺に落ち込み、自らの方向を失って悩む、哀切で苦しい境遇を見せる。「孤独者」も同じ寂しさを表現している。魏連殳はもともと一生懸命大衆を救っていたが、周辺は彼を異教徒、外国人とみて、幼い子供までが彼を指して「死ね」と叫ぶと、結局彼は社会で孤独者になる。「傷逝」は魯迅の小説のなかで唯一、愛を細密に扱った小説である。主人公の子君と涓生は堂々と自由恋愛して封建的な結婚伝統に反対したが、一年後に失敗に終わる。子君は家に帰って黙々と死んでいき、涓生は苦痛と寂しさのなかで人生を悔いる。黄懐軍は魯迅が造形した、こうしたニーチェ式「超人」たちを「準超人」と呼び、この人物たちはニーチェの超人とは依然距離があるとみなした。本章ではその「距離」が魯迅の彼らに対する中国化の処理に起因していると考える。これらの人物は「準超人」ではなく、みんな中国化されて精神的反抗の特徴をもつ、中国式「超人」である。

魯迅の中国式「ニーチェ超人」が直面した失敗と絶望は、啓蒙の困難に対する魯迅の深い経験にもとづいており、中国の伝統封建社会で個体精神をもった人々は誰もが悪口を言われた。魯迅は「文化偏至論」で、「「個人」という言葉は、中国に入って三〜四年も経たないうちに、時務をよく知る人はたいていこれを大そうな恥と考えるようになったので、もし仮に「個人」と言ったりすれば、まるで民賊と呼ぶのと変わらない[*29]」と述べたように、自らが先駆者としてニーチェのような「寂しさ」をしばしば感じていた。ニーチェはディオニュソス精神と一身精神を対立させ、人生の真理を善と悪、絶望と希望の両面に分けて、生命の悲観はニーチェによって悲壮とされるようになり、その悲壮さが絶望を希望に溶かし、生存に無限の生命力を提供すると主張した。魯迅も、希望に満ちて「超人」は追求するに値する方向だと固く信じ、「世界の既存の人種という事実から見るとき、将来には特に高尚で円満な人類が登場することを確信することができる」と述べた[*30]。魯迅の作品のなかの「超人」たちの寂しさ、発狂と死も、絶望のなかで希望をもって覚醒し闘争する証拠とみることができる。このように見ればニーチェ思想は、魯迅の「超人」に希望と生命力を提供した。

「末人」と「大多数」のイメージは、魯迅作品における国民性批判の主要部分である[*31]。魯迅の中国の国民性に関する研究は、ニーチェの現代人、特にドイツ民族の劣等性に対する批判の上に建てられ、魯迅の再解釈を経て新たに概念化され意味を付与された。ニーチェの「末人」は個人の幸福だけを追求して人類の偉大な精神思想を追求しない人々を指すが、魯迅が描写した「末人」にはまた中国的特性があり、精神が退化して平凡で面白くなく、人生の目標がなく、無感覚で愚昧な民衆を指す。「薬」のなかの華老栓は、息子が肺結核にかかるが、民間療法で人の血にまみれた蒸し饅頭を与えれば治すことができるという話を聞いて、紆余曲折の末に罪人の血にまみれた蒸し饅頭を手に入れる。しかし、ついに息子の命を救うことができずに終わる。華老栓と茶店の客は、彼らに血を奪われたこの「罪人」こそが、まさに彼らの未来のために命を捧げた革命家であったという事実を知らない。監獄に入れられても反乱を勧めた革命家の言葉に、皆が「狂った」という評価を下す。

中国の「大多数（大衆）」の愚昧さはぞっとするほどだ。「祝福」の祥林嫂は夫を亡くし、再婚して息子を亡くした。天変地異と人災は祥林嫂に大きな精神的衝撃を与えたが、彼女に最も大きな影響を与えたのは、何といっても、二番目の夫の魯鎮に嫁いだ後の周囲の視線である。人々にとって祥林嫂は、称賛される人から風俗を乱す人に変わる。封建的族権・父権・神権の抑圧のなかで運命に身を任せるものと思われていた祥林嫂は、貯めていた賃金を土地神廟に献納した後、物質も精神も何もない乞食になって、結局正月の夜の「祝福」のなかで死んでいく。

代表的な「末人」が『阿Q正伝』の阿Qである。阿Qは家も身分もなく、名前さえ分からなかった。彼は人生に対する希望も、死に対する感覚も、生命に対する計画も、未来に対する関心も、貧困に屈辱をおぼえることにも、災難を克服することにも関心のない態度を見せる。彼は一日中無聊をかこちながら何も考えずに過ごし、いじめられても気にせず、いわゆる「精神勝利法」によって、「気楽に」自身が作った「幸せな」世界で生きていた。しかし、機会さえあれば自分より不出来な幼い比丘尼をいじめる。惰弱さ、狡猾さ、無感覚さ、無知さ、傲慢さ、精神勝利法は阿Qの性格のうち外見上現れる部分であり、彼は自己主体意識と自己覚醒能力に欠けている。彼は本能的にのみ生き残る動物のように独立して考え、判断はしない。

魯迅は、「末人」という概念を現代中国語にもたらした。「末人」が存在し、久しく衰退しない根本原因は、封建制度が人々の思想のなかに根を下ろして、成長期に人々の思想と魂を締めつける精神のくびきを構築したからである。魯迅が生きた時代、彼は精神的貧困が中国人の性格のうちに普遍的に存在する弱点だということを見てとって、「末人」が中国社会のさまざまな階層に存在し、当時の中国に大きな害を及ぼしているということに気づいた。そこで魯迅は小説によって末人のイメージを見せながら、末人の存在が民族に与える害悪と苦痛を表には出さずに表現している。魯迅が日本留学時代に述べた「国民性改造」、「立人」によって人間の精神と魂を救ってこそ、中国を変えることができるという論点をあらためて立証したのである。

魯迅によるニーチェ思想の中国文学的実践を見ると、ニーチェに対する魯迅の中国的解釈は、依然として啓蒙と救亡図存という大前提下の実用性と功利性という特徴をもつ。[*32] 同時に、魯迅は中国民衆の魂を救う薬を探し求めて、ニーチェとの接点を見出した。魯迅が開拓した文学の「ニーチェ・パターン」は、単にニーチェを西欧文化のアイコンとしか考えていなかった当時の中国の学界の単純で断片的な理解を深化させ、一九一八〜一九二五年に第一次「ニーチェ・ブーム」を巻き起こした。それとともに、この「ニーチェ」文学様式が魯迅周辺の作家たち、ひいては中国現代文学全般に甚大な影響を及ぼしたという点を、この後詳しく扱うことにする。

3　散文詩集『野草』――中国化された『ツァラトゥストラかく語りき』

魯迅は『狂人日記』以後二十編余りの小説を出版し、ニーチェの哲学思想を、救国と存亡のために中国社会での実践に導き入れた。国民性を批判して「超人」を作る実践を通じて、魯迅は中国の社会歴史に対してより深い認識をもつようになり、彼の思想も成熟の段階に入った。成熟期の魯迅は、日本時代のニーチェに対する理解を内在化した。このような内在化は、中国の歴史に対する一種の直観的構造のほかに、魯迅の精神的人格にも現れる。いわゆる「ニーチェ化された魯迅」の独立した人格は散文集『野草』に現れる。

『野草』の創作時期は五・四運動以後最も暗鬱な時代である。五・四時代に思想界・文化界が形成した統一戦線が分裂し、新文化運動と文学革命の嚮導者たちが、各自の道を進みながら、沈黙したり、保守に回帰したり、裏切ったりした。魯迅は五・四運動の開拓者として、孤独と寂しさを切実に感じていた。ニーチェは「私の本は豊かな心理経験をもっている」と自身の創作について述べている。[*33]『野草』もまた、魯迅が苦痛を抑えていた時代の、自分の内面の独白でもある。『野草』はニーチェの『ツァラトゥストラ』と比べて短いが、その精神的気質はニーチェの作品と瓜二つで、中国化された『ツァラトゥストラ』に近い。

『野草』と『ツァラトゥストラ』という二つの作品の多くの章が互いに対応しているが、例えば「影的告別」と「影」の構想が一致しており、「死火」は「甘藍の山にて」と、「墓碣文」は「墓の歌」と似た境地にある。「希望」、「過客」などいくつかの章もやはり『ツァラトゥストラかく語りき』の部分と類似している。作品構成も似ており、言語はすべて詩化されている。創作技法ではすべて象徴主義の技法を使用しており、多くの象徴と比喩がニーチェから出ている。美学的な風格において、いずれも深く悲壮な美しさをもっている。内面感情から見れば、魯迅は次のようないくつかの方面で表現されている。

⑴ 絶望に立ち向かって孤軍奮闘する精神。ニーチェの『ツァラトゥストラ』中の「影」で影はツァラトゥストラを必死に追いかけ、ツァラトゥストラは影を振り払おうとする。魯迅の「影的告別」では、「影」のイメージを借用しながら逆に使用し、影は自ら「昏睡者」に別れを告げる。孤独のなかに置かれた魯迅の悩み、彷徨と絶望、そして絶望に立ち向かって孤軍奮闘し、新しい希望を探す勇気が表現されている。

⑵「超人」の強い意志。「秋夜」でニーチェの超人のような英雄精神をもっているのは、黙々と鋼鉄のように空を貫き反抗するナツメの木である。ニーチェは、植物のうち地球で最も美しいものとして、高尚で強い意志力をもつ「大きくて、沈黙し、強靭で、そびえ立つ」木を挙げたと述べた。「秋夜」のナツメの木は、まさにこのような孤独な戦士の姿である。ナツメの木の孤独、沈黙、傷、抵抗に「強い意志」の力を感じ、魯迅は彼らを「英雄たち」と呼んで敬意を表する。

⑶「大多数（大衆）」、「奴隷」、「末人」に対する排斥。「求乞者」で「私」は、一人の子供が「私」に物乞いしてくることに対して憎しみの心を起こす。ニーチェは『ツァラトゥストラかく語りき』の「序

文」と六十七番目の章で、いずれも物乞いに反対する意見を出した。ニーチェの立場から見れば、物乞いするあらゆる行為はすべて心の弱さの証拠である。ニーチェの道徳観においても同情と憐憫は「奴隷道徳」を育まざるをえず、求乞者は自身の意志を喪失しており、生命意志が強い個体が物乞いとして生きていく可能性はないと述べた。

⑷あらゆる価値を再評価する質疑と内省の精神である。あらゆる価値を再評価する反抗と質疑の精神は、自分に対する疑問と内省、懺悔意識とともに現れる。これは魯迅とニーチェの最も顕著な心理的特徴であり、『野草』と『ツァラトゥストラ』のなかで最も深い思想的テーマである。「墓碣文」は、「私」が墓碑に刻まれた文字を読みながら、ある死者の霊魂（死体）と問答する姿を含んでいる。閔抗生はこれを、魯迅が自己の魂と交わした対話だと考えた。[*34] 魯迅が虚無主義と精神的な悩みに陥ったときの、自己の精神世界に対する疑問と自己解剖だった。これはニーチェの質疑、否定、批判、抗争の精神と一致する。ツァラトゥストラが「墓のあるところに新芽がある」[*35]と述べたように、「墓碣文」でも、死体は自らが塵になることに対して「微笑」を浮かべ、魯迅自身の虚無主義思想から脱する肯定的な情緒を見せてくれる。

⑸永久的な循環と個人主体精神の確立。「過客」で、祖父が「過客」の行く手を阻む場面は『ツァラトゥストラ』の「序文」二番と似ている。歩くことは旅人にとって重要な意味をもっており、これは旅人の生命の根源であり存在方式であって、世界の本源に対する魯迅の理解でもある。止まらない「歩み」は「永遠に循環する」世界の存在の仕方であり、ニーチェのツァラトゥストラ・イメージの核心である。ある面で「野草」は、「歩み」に関する詩学と言える。[*36] 魯迅は自分も絶えず歩く過客と思ってい

たが、過客の精神気質はニーチェの「超人」の特徴であり、魯迅の内面の精神世界の表現でもある。『野草』と『ツァラトゥストラ』の関係は明らかだと言える。一九三六年、君度は梵澄が翻訳した『ツァラトゥストラ』を論じていた最中に、突然「魯迅先生の『野草』を思い出す」と述べた。[*37] また多くの研究者が、魯迅のニーチェに関する大部分の表現が『ツァラトゥストラ』を根拠にしており、『ツァラトゥストラ』の範囲、特に「序文」の部分を離れないという事実を突き止めた。[*38] 張釗貽は『魯迅——中国の「優しい」ニーチェ』のなかで、『『ツァラトゥストラ』はニーチェの重要な哲学的命題と最も身近な語句をすべて含んでいる。例えば「超人」、「権力意志」、「永遠回帰」、「一切価値の価値転換」などである。ニーチェの代表作と言っても過言ではない。〔…〕実際、ニーチェはツァラトゥストラこそそれを通して自分の哲学的思想を見出しうる最高の表現だと考えている。それゆえ魯迅はニーチェの著書を数多く読むことはできなかったが、『ツァラトゥストラ』を読んでニーチェの主要思想に接することになった[*39]」と述べた。

ニーチェ思想は青年魯迅思想の根源であり、中年魯迅にとっての中国社会問題解決の鍵になる。人生の彷徨期にも、人生の意味を哲学的に検討することでニーチェと再び出会い、「超人」のような精神力を得た魯迅はこのとき、「中国のニーチェ」というイメージで次第に認識されていった。すなわちニーチェの中国化と同時に、魯迅が「ニーチェ化」されたのである。次にニーチェの中国化と魯迅の「ニーチェ化」というこの両者が共生する関係と発展過程を見てみよう。

3　一九一八〜一九二五年——ニーチェの中国本土化と魯迅の経典化

一九一八〜一九二五年は、中国の「ニーチェ・ブーム」が最初に始まった期間であり、また魯迅が中国初の白話小説『狂人日記』の創作によって登壇し、中国現代文学の中心人物になった時期でもある。魯迅の中国ニーチェ文学の実践は、ニーチェの中国化を促進する上で最も重要な役割を果たした。しかし、魯迅のニーチェ解釈と文学的実践は、最初から中国本土社会に受容されたのではなく、発生、発展、否認から次第に馴染み、受容される過程を経た。この過程は、まず新文化運動の大きな背景のもとで進められた。第二に、この過程は、魯迅の中国現代新文学作家としてのイメージをスタンダード化させ、中国のニーチェに対する認識も、これに伴ってある種の文化的アイコンから思想へと、その範囲も少数の海外留学作家から中国本土の一般の作家にまで広まった。最後に、この過程でニーチェに対する認識が深化し、逆説的に魯迅を「中国のニーチェ」とする文学界の共感が形成され、共生関係に入る様相を見せる。

1　「新文化」空間の拡大と魯迅の経典化

魯迅は、新文学の作品を創作するまでは、文学創作において社会から普遍的に認められておらず、強い社会的反響も起こせなかった。新文学の開拓作であり、中国現代文学史最高の地位に君臨することになる『狂人日記』だったが、帰国後の一九一八年に『新青年』に発表された後も、これといった反響を呼ぶことも、文芸界を揺るがすこともできなかった。実際の状況は、直ちに大きな関心を引くことはできず、誰も魯迅の小説について語らなかった。「見知らぬ人に叫び、見知らぬ人は反応しない」という魯迅の言葉通り、「寂しい」という感じを受けただけであった。[*40] 周達摩は一九三一年の『中国新文学研進の鳥瞰』で、「一九一九〜一九二〇年〔…〕このとき文壇、ほとんどあらゆるものが冰心を偶像と見なしていた。〔…〕この冰心の勢力圏下で唯一成功した作家が文壇にすっくと立ったが、大衆からはそっぽを向かれた。この人がすなわち魯迅氏だった〔…〕」と書いた。[*41]

当時、新文化運動のメッカであった雑誌『新青年』の事情も似たようなものだった。一九一八年、銭玄同の招請で『新青年』に合流した魯迅は「吶喊」の序文で、「彼らは『新青年』を作っていたが、当時は賛成する人がいなかったらしく、反対する人もいなかったようだし、寂しかったのではないかと思う」と述べた。文学評論家の許傑はその時代を次のように回想している。

『狂人日記』は一九一八年五月に出版された『新青年』誌に発表されたが、そのとき私はまだそれを見ておらず、私も内容を知らなかった。翌年の五月になってようやく私はいわゆる「五・四運動」があることを知り、〔…〕この年の夏休みに入った後、学校の先生が私たちに新たに出版された刊行物を買ってくれたのだが、そのなかにまさにこの『新青年』雑誌があった。しかし、そのときまでは、私はこの『狂人日記』の意味を理解できなかった。[*42]

五・四運動は、中国新文化と伝統的な封建旧文化の境界線であり、歴史の年表上でこそ新文化運動が起きているが、受容者の立場から見れば、新文学思想をもった受容集団が未形成だった一つの文化的断層期である。この断層期に、読者と文化界は中国儒教の伝統のもとで、柔軟で、整った文学様式を続けてきたのであり、例えば、当時流行した冰心の文学は淡々としてさわやかで温かい内容で有名である。魯迅の現代新文学作品における、ニーチェのあらゆる価値を再評価し反抗する思想、陰惨で孤独で絶望的な情緒は、一般大衆には受け容れられにくかった。一九二三年、茅盾が『狂人日記』を評して下した結論の一つが、『狂人日記』は「奇抜で気難しい」[43]ということである。当時、読者はこのような特別な様式の作品を十分に理解して鑑賞することができなかったし、作品に込められたニーチェの思想はなおさら理解できなかった。ニーチェ思想の伝播は実際のところ、留学から戻った少数の新文化運動の先駆者の間に限られていた。

『新青年』の寂しさは新文化の寂しさでもあり、魯迅とニーチェの寂しさでもある。この文化的断絶は『新青年』読者が増加し、『新青年』作家と読者層が形成され、特にニーチェに対する深みをもった伝播と、魯迅の古典化とによって縫合されてゆく。一九一九年の五・四運動以後、新文化運動の影響が大きくなるとともに、『新青年』の販売数は、贈呈を含めて一〇〇〇冊余りから約一万五〇〇〇～一万六〇〇〇冊に増えた[44]。新文学への社会的共感が高まり、新文学を受容する読者層が海外留学エリート、北京大学学生、地方学生、地方青年層にまで次第に広がっていった[45]。読者層が着実に厚くなるとともに魯迅の価値が発見されて、一九二三年に小説集『吶喊』が出版されたときには、魯迅の影響は以前とは様変わりしていた。彼の小説は供給が需要に追いつかないほど関心が高まった。これで魯迅は「無名期」を終えて、新文学運動のホットイシューにして古典的人物へと生まれ変わった。「雑誌に魯迅先生の文章を掲載するだけでも販路が保障される。魯迅先生の本が二冊あれば、書店を開いてもいくらでも商売になる」[*46]。魯迅の生涯の後半期には創作された作品が出版されるやいなや、刊行物が品切れになったほどだ[*47]ということからも、魯迅の人気がどれほどであったかがうかがい知れる。

魯迅の作品は中国にとどまらず、一九二〇年代にはすでに多くの言語に翻訳され、海外諸国に広がった[*48]。魯迅は国内外で新文化運動の代表的作家であり、古典的な作家となった。いくつかの新文学団体の発起にも参加して、互いに緊密な関係を維持していた。文学団体の出版・編集作業に参加して「新青年」たちを育て、「青年メンター」「思想界の権威」と呼ばれるほど有名になった。当時の青年の間での魯迅の地位については、一九二四年の週刊誌『語絲』の「『楊樹達』君来襲」という文からも魯迅の当時の影響力が確認できる。この時期もやはりニーチェの中国化がなされた時期であり、魯迅は一方では作品そのものが優れた芸術的創造性をもっていたが、一方では深奥なニーチェ思想をもつ新文化運動の核心人物であり、彼の作品のなかのニーチェ思想はこの時期に広範囲に広まった。「ニーチェ」の西欧文化アイコンとしてのイメージがより広く知られるようになり、中国本土でニーチェに対する理解が高まり、魯迅はこの時期、ニーチェの中国化を推進した中国本土での最も強力な実践者となった。

2 「ニーチェ・ブーム」と「中国のニーチェ、魯迅」認識の形成

ニーチェは新文化運動以前からすでに中国人に知られていたが、雨塵子・梁啓超の『新民叢報』での紹介と『河南』に掲載されたニーチェの文学・道徳・宗教的解釈は、いずれも日本の中国人留学生層に限定され、中国本土での影響力は微々たるものだった。このとき、中国本土の知識人としては初めてニ

ーチェの学説に接したのは、文学批評家で歴史学者の王国維だった。しかし、王国維はニーチェの紹介においては純粋な学術研究に専念して、新文化運動については認めなかった。[*49] このため、一般大衆に及ぼす影響は依然として微々たるものだった。実際にニーチェを中国でホットイシューにしたのは、『新青年』周辺を取り巻く新文化運動の支持者たちだった。新文化運動のトップランナーたちによる頻繁な引用と解釈により、新派知識人層においてはニーチェが少しずつ知られていった。しかし、新文化活動家たちのニーチェ紹介は実用性と功利性を目的とした場合が多く、依然として反伝統、反封建、西欧文化を代表する文化的アイコンとしての紹介に限られており、理解の深さが足りなかった。一九一八年の『狂人日記』の発表によって魯迅がニーチェの哲学思想と『ツァラトゥストラ』の人物を文学形象化したことで、標語化・スローガン化されたニーチェに血と肉と体が付与され、中国ニーチェ・ブームに火がつき始めた。魯迅の文学的解釈を通して、ようやくニーチェは中国にきちんと紹介され、人々の心に深く根づくようになったと言える。

ニーチェの思想をよりよく明らかにするために、魯迅は『狂人日記』を創作すると同時に、『ツァラトゥストラ』序文の前の三節を文言文〔古典中国語〕に翻訳した。この翻訳文は正式に刊行されなかったが、後に『魯迅全集補遺続編』が編纂され、『文芸復興叢書第二集』として出版される際にそれが収録された。同年一一月一五日、『新青年』五巻五号「通信」欄に掲載された「渡河与引路」という題名の手紙に魯迅のニーチェが再び登場する。「車がひっくり返りそうだ」という表現によって魯迅は、イエスとニーチェの異なる主張を比較して、断固として自分はニーチェにより共感する傾向があると述べた。[*50] 一九二〇年、魯迅は『ツァラトゥストラ』の「序文」を全訳したが、今回は白話文訳で『新潮』第二巻第五期（一九二〇年九月一日）に発表された。翻訳文の後に魯迅はさらに一編の「附記」を添付した。この「附記」は魯迅の一生において、彼がニーチェの学説を最も集中的に論じた長めの文章である。「附記」で魯迅はまず『ツァラトゥストラ』の特徴を簡単に紹介した後、段落全体を解釈して、この「序文」の思想的内容を一つ一つ帰納し、そのうちの一部の「意味の込められた名詞と意味の明確でない文章」について簡明に解釈し、弁別した。こうして見れば魯迅は、中国初の『ツァラトゥストラ』の翻訳書を出した人だと言える。

魯迅はこの期間にも、『新青年』に社会の事件や動向を直接的かつ迅速に反映できる短編的な小論文「雑文」を創作し、計四一編を集めた『熱風』を北京北新書局から一九二五年一一月に出版した。当時、学界では彼の『熱風』を最も「ニーチェ風」の雑感集だとして推薦し、徐志摩は公に魯迅を「中国のニーチェ」と呼んだ。[*51]一九三〇年頃、魯迅は『語絲』に文を載せていた一九二五年頃、自分の思想と執筆活動を回想しながら、「私の『彷徨』にはそれほど多くの時間は必要なく、そのときニーチェの『ツァラトゥストラ』を読んだ余波がもう少しあったので、私からひねり出すことができた。（文章をひねり出しただけだが）文章をひねり出して、私から「ダイナマイト」を作れるなら作り出して、そうしてずっと投稿を続けることにしたが〔…〕[*52]」と表明する。『彷徨』は魯迅の『吶喊』に続く二番目の小説集で、一九二四〜一九二五年に書かれた小説一一編が掲載された。「余波」とは、「ツァラトゥストラ」の「序文」を翻訳して受けた思想的影響のことで、執筆を「ダイナマイト」に例えたものであり、彼は「ダイナマイト」というニーチェの表現を借用したのである。魯迅が自分の思想のなかのニーチェ的要素と「中国のニーチェ」としてのイメージ認識に共感していたことが分かる。

「中国のニーチェ」としての魯迅のイメージを示すエピソードもある。一九二六年、魯迅は林語堂の招請によって厦門大学の教授に赴任したが、社会および学校の腐敗に憤然として、去ってしまった。魯迅の決然とした態度に対する称賛を示すために、一九二七年一月一日、林語堂は「魯迅が厦門大学を離れることを見送るために、ニーチェ「ただ通り過ぎることについて」を翻訳する」ことで魯迅の壮途を激励した。このことは、魯迅が「前」に進む途中でたんに小人輩に対する冷たい表情と影を残したというわけではなく、彼の友人たちがこのような拒絶の態度と「ニーチェ的精神」に対して表わした尊敬の念を反映している。[*53]

3　魯迅の「ニーチェ」影響拡散

魯迅が開拓した「ニーチェ」文学の表現様式は、魯迅の現代新文学分野での地位が上昇し続けるにつれ、現代中国文学においてある程度の手本となり、模倣の対象ともなった。現代文学で「ニーチェ的表現」が広まり、中国化したニーチェ理解も深まってくる。魯迅周辺の作家を見ると、向培良や林語堂など、みな「すべての価値の再評価」、封建道徳礼教反対、「末人」と「大多数」の批判などを提示している。魯迅の強力な信条の影響を受けた青年向培良の長編小説『我離開十字街頭（私は交差点を離れる）』からは「ニーチェ味」が漂う。小説のなかの主人公の北京城に対する批判は、ニーチェ『ツァラトゥストラ』の「ただ通り過ぎることについて」でツァラトゥストラが「大きな都市」を非難した部分を想起させる。そのため、魯迅も「ここでニーチェの声を聞いた」と述べた。[*54] 魯迅が厦門を去ったために、ニーチェの『ツァラトゥストラ』中の「ただ通り過ぎることについて」を訳した林語堂は、一九二五年にニーチェの「健全な作戦（闘争）精神」を鼓吹すべく、連作散文『薩天師語錄』を創作した。作品でツァラトゥストラは北京にやって来て、彼の見聞を通して北京城に対する批判と中国伝統文明の硬直性、病的浅薄さを告発する。林語堂の中国「文明」に対する見方は、ニーチェの「文明」観、そしてニーチェの古いヨーロッパ文明の本質に対する評価と合致する。

他にも白采、高長虹、郁達夫の超人キャラクターもいる。白采の詩「羸疾者的愛（惰弱者の愛）」と高長虹の「走到出版界（出版界へ行く）」の「時間の中の過客」は、魯迅の「過客」と同様に「ツァラトゥストラ」の「序文」の二節を再構成したもので、主人公たちは皆「孤独者」と「旅人」と「反逆者」という面を合わせもったキャラクターたちである。白采の詩で話者は「私は狂人哲学者の弟子にほかならない」と自らを評した。[*55] ここで「狂人哲学者」とはニーチェのことである。高長虹もまた魯迅の大々的な信条を継承した若者で、魯迅は「彼（高長虹）は文章を上手に扱い〔…〕ニーチェの作品の影響を受けた」と述べた。[*56] 文章はほとんどが簡単明瞭で清廉で簡潔な短句であり、こうした句式は魯迅によって「ニーチェ式短文」と呼ばれた。[*57] 高長虹の『狂飈之歌（嵐の歌）』も魯迅に続く中国の『ツァラトゥストラ』といえる。ニーチェの影響は、彼が構想したストーリーとキャラクターからも見て取れる。

郁達夫は魯迅より十五歳年下の親友であるが、『静的文芸作品』において、ニーチェはヨーロッパの物質を重視する文化的閉塞現象に対する反逆者だとして、魯迅と同様に評価した。[*58] 郁達夫は一九二一年の小説『沈倫』の主人公に、寂しさのなかで最大の慰めはニーチェだと語らせた。[*59] 小説のなかの封建礼教に対する批判、超人的な知識人の精神的苦境、孤独、悩みなどは魯迅に似ている。山奥で一人の農夫に出会う話も、ニーチェの『ツァラトゥストラ』の焼き直しである。

この他にも、一九二〇年代に魯迅が支持した文学団体である文学研究会の会員たちは、魯迅と数回にわたって会った。文学研究会の会員たちはその文学創作においてニーチェ的表現は多くなかったが、ニーチェ学説に対する研究にはかなり深みがあった。茅盾、鄭振鐸、李石岑、王統照らはいずれも魯迅と同様にニーチェを文学者として扱った。ここから分かるのは、ニーチェに対する魯迅の解釈と、魯迅が開拓したニーチェの文学的パターンが、当時の中国現代文学者たちの共通認識となったということである。

4　魯迅から沈従文まで——ニーチェ中国化の拡大

一九二〇年代後半、中国のまた一人の現代文学の大家、沈従文が登壇し、魯迅に続くもう一つの現代文学の古典となった。沈従文は魯迅と直接的な関連はないが、中国の第一次ニーチェ・ブームが退潮した時期に、辺境の人物として新たな見解でもってニーチェにアプローチし、現代文学で魯迅的「ニーチェ」の表現領域を広げ、中国文学に対するニーチェの影響を深化させた。

1　沈従文的「ニーチェ」の時代的「コンセンサス」

まず、文学者ニーチェ、沈従文とニーチェの関係についての学界研究は比較的少なく、研究が急がれる分野である。沈従文はニーチェの中国化に関する研究において非常に重要な存在である。魯迅の直接的な影響下に限られていた他の作家と比べて、沈従文はニーチェが中国化する過程で画期的な役割を果たした。魯迅より十五歳年下の沈従文は、魯迅が文学界のホットイシューとして浮上したときは無名だった。彼は魯迅と直接接触せず、二人の文学的スタイルも判然と異なっていたが、魯迅は鋭く冷厳であり、沈従文は詩的だった。一九五一年の『我的学習（私の勉強）』で、沈従文は「私は二十歳以前には〔…〕多様で個人的な感情と結びつきやすかった。私の思想は、条理の緻密な、人類社会のための新たな設計であるところのマルクス主義ではなく、個人中心で、ある断片的な印象や所感であるところのニーチェ思想と近い」と述べた。[*60] 一九二三年に北京大学に聴講に行った沈従文は、「文学をする友人が多い」ことを述べ、「これらの青年学生たちの関心がニーチェ、バイロン、ゲーテ、ルソー、ゴーゴリに集中している」としながら、「自分自身がニーチェだったり、他の誰か大詩人・大文学者本人になったりすることはありうるだろうか?」と述べた。[*61] ここで沈従文は、バイロン、ゲーテ、ルソー、ゴーゴリなどの詩人・小説家たちとともにニーチェに言及し、「大詩人・大文学者」と名ざすことで、ニーチェに対する最初の認識を文学者ニーチェという概念で言明している。これはニーチェを文学者とみなした一九二〇年代の中国の文学者の時代的「コンセンサス」に合致する。

第二に、「末人」と個人の主体精神。当時沈従文は、ニーチェのコンセンサス、例えばニーチェの超人説、すべての価値を再評価しなければならないという主張や、国民性を変化させなければならないという魯迅の主張をすべて認め、自らの文学で実践した。一九五一年一一月一四日付の上海の『大公報』で、沈従文は自身の初期創作について、「『柔弱な文章は、頑固だが堅固でない旧世界を揺るがし、若い世代に円満で合理的な新しい世界を作るよう奨励する』というニーチェ式過大孤立の原則を守ってきた」と言及した。[*62] 魯迅は人を殺す幻灯を見て医学を捨て、文学をすることを決心したが、小説では末人の精神世界を「見物人」の視点から解きほぐしている。沈従文も数編の小説で人を殺す場面を見せ、末人の愚昧さ、封建礼教の人を喰う本質を、見る者の視点から告発した。『新与旧（新と旧）』で下手人の楊金標は、処刑人という職業を失い、人生の目標を失ったものの、再び旧業に従事することになると有頂天になって偉そうに威張り始め、その奴隷的な病態が激しく投影されている。反面「県城・軍民・各界」の見物人たちは、革命家夫婦の首が斬られることに対して同情するよりは、むしろ処刑人の刀さばきが鮮やかで、将来有望だと思う。『巧秀和冬生（巧秀と冬生）』では、族長が姦通した巧秀を溺死させて処罰しようと提案すると、族人たちは悩みもせずにその提案を通した。彼らは彼女の服を全部脱がせ、「その新鮮な若い肉体を破廉恥に鑑賞しながら、女性に破廉恥な悪口を囃し立てた」。そして深い池に落ちて溺死する様子を見守った。被害者はこのような残酷な処罰を何の抵抗もせず甘受した。沈従文は『中国人的病（中国人の病）』で、「中国人の病は、封建的専制と封建文化の統治下で、自由な思索、自由な研究、自由な創造の主体的精神が欠如している」ことだとして、「中国人には迷信だけがあって知識はなく、君主様が神仏に賞を与えて生活している」と述べた。[*63] 中国人の主体的精神の不足に対する評価はニーチェの中国化に対する魯迅の説明と合致するもので、当時のニーチェ認識のコンセンサスだった。

第三に、孤独主義と「永遠の循環」。沈従文のニーチェ認識は、ニーチェの超人説が孤立主義や個人中心といった含意を有しているとみなす時代的共感を示している。一九五〇年、『我的分析兼検討（私の分析兼検討）』という文章で、彼はこのような孤立主義哲学と結合すればニーチェ哲学になると述べた。[*64] 言い換えれば、沈従文が見るに、ニーチェの哲学は孤立主義を掲げているということである。湘西に長く住んでいたが、一九二二年に北京に一人で来た後、都市生活に適応できなかった沈従文は自らを

「外郷人」と呼んだ。『柏子』のなかの孤独な船頭の柏子、『蕭蕭』で十二歳にして乳離れしたばかりの幼い「夫」に嫁いだ蕭蕭、『辺城』で茶峒の外に隔離された「翠翠」と祖父、「他郷の人」で結局服毒して命を絶った翠翠の父、翠翠を産んで自ら命を絶った母など「寂しい」雰囲気も漂う。沈従文の作品では、作家から小説のなかの人物までがほとんど孤独な人々である。

沈従文は精神的独立の観点から、孤独主義について肯定的な見解をもっていた。「私だけの人生そして考え方があるが、それは寂しさから来ていると言えます。私の教育も寂しさから出たものです」[*65]。知識人は、適当な寂しさを維持してこそ、独立した思考と深い認識を得ることができると考えたのである。これはニーチェと似ている。大学で十年間教授として勤めたことを除けば、ニーチェは一生を人間社会の体制の外で生きてきた。彼は『曙光』で「人々が飲む水タンクから水を飲まないために寂しさのなかに引退した。私が人々のなかで生きているとき、私は彼らの人生と同じで、私の考えが私の考えではないようで〔…〕」と述べた[*66]。

このような孤独なキャラクターたちは、絶えず循環する特徴ももっているが、『辺城』ではそれだけでなく人物の循環、人物の運命、表現法までを絶えず繰り返す。翠翠は外見から性格まで母親に似ており、老いた船頭は翠翠が母親に似ていく運命にあると感じた。母親と経験も似ており、愛も同様に悲劇的である。老いた船頭、楊馬兵、翠翠の父、順順はいずれも軍人出身であり、経験や運命も似ている。順順の二人の息子、兄の天保と弟の儺送の運命は、翠翠の母に向かった二人の男の運命を繰り返し、循環させる[*67]。

2　沈従文の新たな中国的ニーチェ解釈の開拓と推進

一方で沈従文の「ニーチェ」は中国文学界の「ニーチェ・コンセンサス」を有していたが、他方では中国の「ニーチェ・コンセンサス」を超えて、都市的「末人」、生命力のある超人、芸術と審美のさまざまな分野で中国的ニーチェの解釈をさらに開拓し、一歩を進めた。

まず、都市の「末人」と現代文明に対する批判の推進である。沈従文の小説中の背景は、都市から遠ざかった伝統の郷土・自然生活と、現代文明の下の都市生活との二種類に分けられる。中国現代郷土小説は魯迅の開拓と先導の下に形成された一つの文学様式であり、魯迅文学の典型的な啓蒙主義の特質を有しており、作品のなかに農業社会の国民の劣等性を改造するという使命感が強く現れ、一つの流派を形成した。沈従文の郷土小説は、国民の劣等性に対する批判とともに、現代文明に染まっていない自然美と人間美を表現する、伝統郷土小説を越えた新しい開拓と言えるが、この点については後述したい。

都市生活作品は現代文学の新しい地平を開き、現代文学表現の新しい領域を広げた。沈従文は現代の物欲の急流のなかで都市精神の荒廃、道徳的堕落、人間性喪失を都市生活の暗い断面から告発した。人生の意味を失った都市の人々は、愚昧で無感覚で立ち遅れた田舎の人々と同様に、中国の末人の特徴を示している。『某夫婦』（一九二八）では、ジェントルマンを自負する男が自分の妻を脅して売春させ、金を巻き上げる。『有学問的人（学識ある人）』（一九二九）では、物理学を教える紳士は学識ある人だが、個人の道徳性は極めて低い。彼は妻が外出する隙をついて、訪問してきた妻の同窓生を誘惑する。『紳士的太太（紳士の奥様）』（一九二九）では、紳士たちが属するいわゆる上流層は、表向きは平和で秩序ある家族関係を維持しながら、内面では夫婦間が各々男盗女娼の欲望を追求する。ニーチェもやはり、現代人たちが動物的生活に満足して自分の人生の意味に気づかないことに反感をもっていると沈従文は見ており、「むやみに狂的に生命をつかんでいるが、他に高い目的はないので、だからそれが動物的人生なのかもしれない」と述べた。[*68] 物欲あふれる社会的現実の下で、いわゆる上流層は精神的な空虚感と道徳的堕落に陥り、生命を無駄遣いして生きている動物と変わらないというのである。

沈従文は都市の「末人」の動物的生活に対する批判から一歩進んで、現代文明の代表である都市的弊害も提示した。彼は「都市で生き残った私の生命は、殻だけが残ったようだった」と述べ、「生命は「時間」、「人事」によってほとんど侵食された」と悲しく嘆いた。[*69] 魯迅の郷土小説において人を喰い、命を浪費するものは封建礼教と道徳であるが、沈従文の都市で人を殺すものは「人事」である。伝統的な道徳と礼教、制度だけでなく、都市の人々は金、権力、名分の奴隷に変じ、人間性は純真さを失う。これは現代文明の弊害を生命本能の萎縮とみなすニーチェの批判と一致する。ニーチェは『偶像の黄昏』で、「退廃を着々と問う。これが近代の「進歩」に対する私の定義だ」と述べた。[*70] その結果は、文明が発達するほど人類はよりいっそう衰弱し、自我を喪失して、人間の内面生活はさらに貧しくなるというものである。

第二に、原初的生命力である超人の推進である。都市文明社会の病を治癒するためには、原始自然に戻って原始自然のなかの生命力を発掘するしかないというのが沈従文の生命観である。自然生命力に対する礼賛のなかで、沈従文にとってのニーチェの「超人」認識は、魯迅の精神や封建伝統の反逆者などよりも一層発展した。沈従文は、都市から遠く離れた自然小説によって、原初的な生命力をもつ人間性を数多く描き出した。『七個野人和最後一個迎春節（七人の野人と迎える最後の春節）』のなかで、七人の野人たちは勇敢で、素手でイノシシを捕まえることができる。苗族の人々は自由を守るため、最後まで官庁に反抗することを誓った。これは「湘西」地域の強力で血気盛んで勇敢な男性の気品を見せてくれる。『雨後』の四狗と阿姐は山菜を採取していたところ、雨後の晴れ上がった好天のもとで男女の情が自然に生じ、自然性欲の自由で飾り気のない原初的生命の活力が強く現れる。『辺城』の翠翠は「風と自然のなかでよく育って〔…〕天真爛漫で潑溂として、まるで小さな獣のようだ」。自然の娘である翠翠には、純粋で俗世を越えたその生命力が自然のなかで自由自在に流れている。都市から遠く離れ、いまだ儒教に縛られず、現代文明の汚物に汚染されていない湘西の地に住む人々は、現代文明に抑圧されて生命力を失い病んだ末人とは対照的に、自然の生命力をもった沈従文の「超人」たちである。

沈従文のこうした自然力は、魯迅の作品中の「狂人」よりも、ニーチェが推仰する強力な意志と酒神(ディオニュソス)精神を有している。ニーチェは『悲劇の誕生』で、現代の不振なる文化の漠然とした姿がディオニュソスの魔力に触れるや、突然どう変わるかについて指摘している。*71 生命力を高めるニーチェのディオニュソス精神は、現代文明の堕落を救う道という点において沈従文と一致する。ディオニュソス精神の本質は生命を肯定することにあり、生命の本質は強力な意志であり、強力な意志とは実際のところ、ディオニュソス精神が改造された生命意志である。自然のうちなる生命の豊饒を強調するのは、世界が生きることを貪求《とんぐ》する否定的な過程ではなく、生命力を拡張する肯定的な過程だからである。沈従文の「超人」たちも無限に拡張される肯定的な生命力をもち、彼らの野性的な生命力の強さと、現代社会の秩序と観念に縛られない人間的自然と生命の自由を精一杯誇示し、現代社会が人間性を消滅させることに対する批判を伝える。

第三に、審美と芸術の推進である。魯迅の「狂人」、「気違い」は旧道徳に反抗する強力な意志を、沈従文の「超人」は原始の生命力を高揚させることに強力な意志を示す。このような原始的な生命力をもつ人物は皆、人間美の理想と基準の上にいる。沈従文が「私は田舎者なので、どこへ行っても定規一つ、秤一つ使っても普通の社会と合わない。私の運命のすべての事物には私だけのサイズと重さがあって、生命の価値と意義を証明する。私は君たちの名前が「社会」と制定したその物を使う必要はない。私は一般標準が嫌いだが、ある思想家が人間性を蝕むために決めた愚かなことが特にそうだ[*72]」。沈従文には人間本性についての彼なりの評価基準と物差しがあり、独自の判断がある。ニーチェは世俗の道徳と人間性に対しても「私が道徳を否定するのは、大前提を認めない」ためだと、彼なりの判断を示した[*73]。沈従文の『神巫之愛』では、社会道徳的に愛することができない巫女に男女の愛を禁忌なく満喫させる。『三個男人和一個女人（三人男と一人女）』で女が死ぬと、男は女の遺体を墓から掘り出して洞窟の中に置き、「裸で洞窟の中の石の寝台に寝かせると、体のあちこちに青い野菊が咲いた」という。沈従文の文筆の下に現れる物語や情景は、儒教思想の礼教と秩序、倫理から見たら想像もできないものである。しかし、生命力が強い人間的基準から見たら、ロマンチックな伝説を漂わせるだろう。

沈従文は生命力ある人間性を表現する以外に、多様で純真で極めて善良な人間像を作り出した。『辺城』には「悪人」を見つけることができない。彼らは互いに尊重し合い、助け合って、飲み屋の屠畜業者、乗客を乗せながら善行を施し、あちこちで独特の人間味を感じさせる[*74]。理想的な人間性をもつ「エデンの園」ですべての人物が神のような人間味をもつ至善至美は、芸術のなかでのみ存在する。これは芸術と美を生命の形式とみなして、文学、絵画、音楽など多様な芸術で生命の美しさを記録しようとする沈従文の芸術観および生命観と関連がある。「抽象的な叙情的感情」に曰く、「生命は発展中に変化するのが日常であり、矛盾が日常であり、破滅が日常である。ただ単に文字に置き替え、形状に、音符に、リズムに変換する。生命をある形式、ある状態に固めて、生命のまた別の存在へと延長せられんことを願う。長い時間を通して、はるかな空間を通して、また一時期よそで生き残った人々は、互いが互いに命をかけ、遮断なしに生きていけるようにしたのだ」と述べた。[*75] ニーチェも、審美と芸術は世界の存在様式であり、生命の延長線上にある様式だと考えた。また、「ただ審美現象としてのみ、生存と世界は永遠に十分である理由がある」[*76]。「芸術は救いの天女として世に降りてくる。彼女だけが、生存がとんでもなく恐ろしいという厭世思想を、人間を生かす表象に変えることができる」と述べた。[*77]

沈従文は芸術的表現を追求して狂い、暴れもした。「私は狂った。追想に狂った。私はいくつかの記号、一片のカケラ、一束の糸、一節の音もない音楽、文字のない詩を見た。生命の最も完全な形態を見る」と述べた。[*78] 彼の小説は音楽も絵もある総合的な芸術体である。美術の視点から見ると、『菜園』のなかの美しい菜園は、善良な主人と優雅で清浄な一幅の絵を成す。『柏子』では近い闇から遠くの赤い光、そして全景までの点々が船員の心を照らす。これは再び赤い光によって、光の変化を通じて一つの光の流れが描かれるカラフルなイメージの絵である。[*79] 夏志清は中国現代小説史において、沈従文を中国現代文学の最も偉大な印象主義者と称した。沈従文本人がまさに芸術家であり、衣装と美術の両方に造詣が高い。音楽の観点から見れば、沈従文は音楽そのものだけでも人生の純粋さを表現できると考えた。ニーチェも「音楽自体に完全な主権があるので、イメージと概念は必要ない」[*80]と述べた。『辺城』の長・短文句、重畳詞、平側対称詞や擬声語の使用は、小説に詩的な趣とリズム感を発生させるだけでなく、風の音、水の音まで聞こえるようにする大自然の交響楽でもある。沈従文は、中国の旧小説や、西欧化して叙事的になった同時代の魯迅などの新小説の文体形式を破って、小説に芸術的元素と表現機能をより多く付与した。こうして見れば、沈従文とニーチェは生命観と審美、芸術認識において、いずれも高い水準の一致を示している。

5 結論

これまで述べたように、一九二〇年代に魯迅から沈従文まで、中心から辺境までニーチェの思想が中国現代文学に導入され、解釈され、現地化され、伝播され、絶えず深まっていく一つの躍動的過程を検討した。ここで我々は次のように結論を下すことができる。

まず、ニーチェの中国化は文学の領域で行われ、その過程は中国文学の現代化、すなわち現代文学の発生、そして魯迅など現代文学作家の古典化過程と相互作用していた。

第二に、魯迅は初期のニーチェ紹介者の一人であり、一九二〇年代の現代新文学の中心人物である。魯迅は一九二〇年代前半、現代文学界の古典化、「中国的ニーチェ」イメージの幅広い認識とともにその文学的表現パターンを開拓し、重要な基礎を固め、第一次ニーチェ・ブームにおいてニーチェに対する理解を深化させもした。

第三に、沈従文は一九二〇年代後半、魯迅が建てた中国的ニーチェのパターンを受け継いで、時代的コンセンサスである救亡と啓蒙の功利的認識からニーチェを受容したが、さらに芸術的審美と生命観でニーチェを発展させ、ニーチェの中国化を推進した。また、中国的ニーチェの新しい文学パターンを確立した。

第四に、ニーチェ・ブームは一九二五年以後、中国から退潮したというのが学界の通説である。しかし、沈従文がニーチェの芸術と審美的な思想を受容したのを見れば、退潮というのは実際のところ、功利的に受容されたニーチェの文化アイコンが「芸術と審美のニーチェ」に向かった、一種の方向転換としなければならない。ニーチェの影響の「功利性」が弱まり、「芸術と審美のニーチェ」が中国で受け容れられ始めたものと見られる。すなわち、この時期にニーチェの中国に対する影響は、沈従文のような現代文学作家の作品につながったため、中国のニーチェは退潮するどころか、生命意識、文学芸術的審美思想として中国化の程度をさらに拡大し、深化させたのである。

もちろん、ニーチェと中国文学の関係は大きな課題であって、まだまだ研究する余地が大きい。この課題は数多くの作家作品と関連しているため、扱いが複雑で容易ではない。例えば、魯迅の創作の後期と前期のニーチェ思想との違いや変化の問題、または沈従文と同時期には戦国策派文人たちがいて、ニーチェの思想を積極的に前面に出したが、沈従文とはその仕方が異なっていた。一九二〇年代、辺境にいた沈従文は一九三〇年代に新しい文学的古典として浮上し[*81]、彼を取り巻く若者層が増え始めたが、ニーチェは彼らにどのような影響を及ぼしたのだろうか。そして古典的な現代文学作家としての彼らの思想は多重的で複雑なので、ニーチェの中国化の過程における、ニーチェ思想とは異なった現代思想の関係や役割はどうなっているのか?などの問題は、後続の残る課題として研究することにしたい。

第七章

一九一〇年代、植民地朝鮮におけるニーチェ思想の受容

——『学之光』を中心に

金正鉉《キムジョンヒョン》

1　植民地朝鮮の問題意識とニーチェ

一九世紀後半から二〇世紀初頭にかけて、北東アジアは文明の大激変のなかに置かれることになった。西欧近代化の波とともに西洋列強は産業化と資本主義化された近代物質文明の外套を着て東アジアを侵略し、門戸開放を要求したが、これに対応する過程で東アジアでは、近代化、物質文明の崇拝、伝統の解体、新しい人間関係の秩序と社会規範の確立、民族国家の形成、民権と個人の自由など多くの時代的変化と要求が生じた。一九世紀以降二〇世紀初頭まで東西文明の葛藤と衝突が生じ、アヘン戦争、甲申政変、東学農民革命、日清戦争、日露戦争、朝鮮の植民地化、第一次世界大戦などの社会的激変が起きたし、東北アジアでは「社会進化論」「美的生活論」「強力主義」や、日本の大正期（一九一二年七月—

一九二六年一二月）には「生命主義」「文化主義」「実力養成論」「民族主義理論」「新民説」「新青年」「生活論」などの多様な学問的言説がおこった。これらの議論は西洋近代性のモデルによる社会発展と進歩の追求、国家のアイデンティティ確立および国家主義的思惟の展開、民権に対する関心や、社会あるいは共同体のなかでの個人の自由、自我の表現および実現可能性、物質文明と精神文明の葛藤と解決など、多様な社会的イシューを盛り込んだものだった。

一九世紀の西洋では資本主義が発展して、社会の発展ならびに市民階級と労働者階層の間の政治・経済的葛藤の問題が浮き彫りになり、同時に、国家と個人が担うべき社会福祉の問題も生じた。生物学的進化論を自由放任的経済システムと結びつけて、社会問題への国家の関与を最小限に抑え、社会福祉の問題は個人の道徳的感情と能力（憐憫）によって解決されなければならないと考えるスペンサー（Herbert Spencer）の立場や、社会の進歩には倫理的要素が含まれていなければならないとみるハクスリー（Thomas Henry Huxley）の社会進化論的立場、人間の進歩過程には宗教的信念が大きな役割を果たすととらえるキッド（Benjamin Kidd）の立場、ハクスリーではなくスペンサーの立場から生存競争、適者生存に強者となる方法を模索する厳復、利己心と利他心の道徳問題から出発して、道徳と法律が進歩し発達する理由を探し求め、道徳法律と国家社会の安寧や幸福との関係を検討しながら、天皇制中心の帝国主義を擁護した加藤弘之の見解。これらは北東アジアにおいて伝統と現在、個人と社会あるいは国家との関係、国家主義的思考と個人の自由思想、物質的進歩と精神文明の価値などをあらためて検討するよう促し、時代の激変を推進する思想的動力として作用した。[*1] スペンサーやハクスリーなどが社会発展の過程を進化論と関連づけて説明した結果、当時新たに浮き彫りになった産業資本主義の矛盾や経済的な貧富の格差の問題を前に社会福祉の問題を解決すべく提起された道徳感情や利己主義と利他主義といった倫理学的論争は、西欧的近代化を追求した日本、西洋列国と日本に侵略された中国、大韓帝国と植民地朝鮮などの北東アジアでは適者生存・優勝劣敗という社会進化論の論理に変容され、国家と社会の問題を解決する理念的道具として活用されたのである。

特に、明治維新以後、西欧的モデルによって資本主義的近代化を推進し、対外膨張して日清戦争と日露戦争を遂行した日本では、戦争に勝利して自信をもった一方で、軍人たちの犠牲、重化学工業の発展に伴う公害の急増、肉体労働者の疲弊した経済生活と階級問題の台頭などの新しい社会的問題が浮き彫りになったことで、退廃的な生に対する根本的な問いかけが提起された。[*2] これは北東アジアで真っ先に近代化を推進し、北東アジアの戦争で勝利した一九一〇年代の日本が直面した新たな時代的・社会的問いかけであった。これに対して日本では、世界と宇宙の原理として「生命」(「宇宙大生命」あるいは「根源的生命」)を想定してこの問題を解決しようとする時代的言説が形成されたが、これを「大正生命主義」と呼ぶ。[*3] ここでは、ニーチェ、エマーソン (Ralph Waldo Emerson)、ベルクソン (Henri-Louis Bergson)、ジェームズ (William James)、オイケン (Rudolf Christoph Eucken) などのロマン主義や生の哲学、新カント学派の理想主義や文化哲学が議論の基盤となる。宇宙の生命エネルギー、あるいは人間活動としての生、創造の根源としての生命などを強調する生物学的見解や、人間の芸術的創造性と関連した文化的価値の実現などが主な関心事として浮上したのである。この時期に台頭した生命主義は、生命の創造的活動を肯定する文化主義の思想的軌道の上で動いた。

こうした時代の雰囲気は、日本だけでなく、日本で勉強した植民地時代の数多くの若い朝鮮人留学生にも大きな影響を及ぼした。ここでは植民地時代のニーチェに初めて言及した朝鮮の青年知識人たちのニーチェ議論の意味と、彼らの時代的問題意識をあわせて分析してみたい。一九〇九年、『西北学会月報』に筆者不明の二編の文章、「倫理叢話」・「倫理叢話（続）」が大韓帝国で初めて紹介されたが、[*4] これは浮田和民（1859~1946）の著書『倫理叢話』（一九〇九）の全十六章のうち、はじめの四つの章を翻訳したものである。韓国の知識人たちの議論でニーチェへの言及がなされたのは、在日本東京朝鮮留学生学友会が発行していた雑誌『学之光』における一九一四年の崔承九《チェスング》の試みが初めてであり、朱鍾建《チュジョンゴン》、玄相允《ヒョンサンユン》、李光洙《イグアンス》、田栄沢《チョンヨンテク》らがその後に続いた。本章では、韓国で最初にニーチェを論じた五人の議論を紹介して、一九一〇年代の日本精神史の流れのなかにあったこれらの議論の内容と、その知性史的意味を追跡する。第二節では植民地時代に日本で活動した朝鮮留学生の知性の素ともいえる『学之光』の活動を検討し、第三節では、一九一〇年代の日本知性史の地平のなかで、植民地朝鮮の若い知識人たちの植民地問題に対する見解と、ニーチェ受容の態度を合わせて議論する。これは社会進化論の脈絡と生命主義と文化主義の影響が重層的に絡まり合った植民地知識人の問題意識を示す契機になるだろう。ここで扱うのは、『学之光』を通して一九一四年から一九一七年までニーチェに言及している、崔承九、朱鍾建、玄相允、李光洙、田栄沢という五人の若い知識人についての議論である。第四節では、韓国におけるニーチェ受容史の最初の地点を占めている彼らの問題意識の意味と限界について議論したい。

2　『学之光』とニーチェ

韓国人がニーチェに初めて言及し、議論を開始したのは、在日本東京朝鮮留学生学友会の雑誌『学之光』においてであった。この雑誌は一九一四年四月二日に東京で創刊され、一九三〇年四月まで維持されて、通巻二九号で終刊となったが、詩、小説、翻訳文学をはじめ、学術、教育、社会、経済、文化など多様な分野の文章を掲載して、学術界や思想界に大きく寄与した。特に学問の光（lux scientiae）を通して伝統と現代、東洋と西洋、物質文明と精神文明などの時代のイシューや問題意識に光を当て、その時代的諸問題を分析して解決する役割を果たそうとした『学之光』は、一九一〇年代には主に西欧文明を紹介し、一九二〇年代以降は西洋の民族主義理論をはじめとしてマルクス主義（marxism）などを扱い、次第に時代の病理に公然と対応する知識共同体（communitas）の学術的役割を果たした。『学之光』には朝鮮植民地の状況下で、時代に共通の問題意識として社会進化論と大正生命主義・文化主義が共存し、影響を及ぼした。[*5]

『学之光』には依然として社会進化論を支持する立場もあれば、これを批判し弱肉強食と生存競争を越えて宇宙的普遍性と生命を追求する生命主義的立場もあり、多様な立場が混在したり、重畳したり、共存していた。西洋では社会進化論が近代産業資本主義、優生学的人種主義および帝国主義を合理化する立場を堅持して影響を及ぼしたとすれば、北東アジアでは、侵略的西洋に抵抗し、強者になるための実力養成と近代国家思想の普及の問題に影響を及ぼした。しかし、明治維新を推し進め、日清戦争と日露戦争を通した優勝劣敗ですでに強者の立場を確認した日本が、多くの社会的問題に直面してこれを解決し、社会進化論的議論を乗り越えようとしていたとすれば、中国や韓国において社会進化論は、西洋帝国主義および日本のアジア侵奪の現実に直面して、国際社会の力の政治を確認し、均等な伝統を越えて新しい社会秩序を構築して、新しい近代国家をつくるのに必要な強力主義の理論的道具となった。[*6]

『学之光』に参加した在日本朝鮮留学生たちは、社会進化論の立場だけでなく、一九一〇年代に日本で登場していた生命主義と文化主義言説からも多くの影響を受けた。一九一〇年代後半、『学之光』世代の文化言説は西田幾多郎（1870–1945）の生命主義とも緊密に接していた。[*7] 特にジェームズやベルクソンの影響を受けた西田の『善の研究』（一九一一）は、道徳、芸術、宗教と関連して生命思想を唱え、大正生命主義を開く上で重要な役割を果たした。[*8] 彼は人間の生と行為において、主客が統一され、一致あるいは合一が起きる瞬間の絶頂経験が、芸術家の創造行為が可能になる生命力回復の瞬間であり、宇宙の大精神と一つになる宗教的無限体験の瞬間であるため、このような生命の根源において、人間の「真の自己」を発見することができるととらえた。大正期に語られた「生命」という言葉は、魂と肉体、精神と物質の二分法的区分を越えて、その対立項の調和した統一を想定する言説であり、新しい文化創造の原理として作動しえた。[*9] 西田哲学の流行は、その前の時期の物質主義的思考、自然支配、社会進化論に基づいた適者生存と優勝劣敗の思考などが押しのけられて、自然の「生命性」と人間の「霊性」を擁護する精神的雰囲気を形成する文化的変動を代弁するものだった。これは国家主義的理由から脱して、「自我」、「個性」、「霊」、「生命」、「文化」といった問題を探究する文化的地層の変化を含んだものだった。[*10]「物質文明の進歩」に限定するのでなく、「精神物質両面における生命の創造的活動」を「文化」と理解する時代的雰囲気を反映していたのである。[*11]

この時期に日本の生命主義や文化主義に重要な影響を及ぼした哲学は、人間の精神的・人格的価値や文化的あり方を認める新カント学派の哲学であり、特に倫理的精神生活と人間の内面の創造的活動を強調するルドルフ・オイケン（1846~1926）の新理想主義は、日本思想界において文化主義が胎動する思想的基盤を提供した。[*12] 一九一〇年代以降、日本の生命主義と文化主義が胎動するもう一つの思想的動力の役割を果たしたのがニーチェ哲学だった。ニーチェを通じて国家主義的思考を乗り越え、個人の本能や幸福、美的生活、内面的自我の確立などの問題を提起した高山樗牛（1871~1902）の「美的生活論」が熱い学術的論点となって以来、日露戦争を経験した日本では、個人の自我意識確立と内的生命を強調する時代的雰囲気に乗って、夏目漱石や生田長江、和辻哲郎、阿部次郎らがニーチェを通して大正教養派の理想主義的ニーチェ、つまり生命と文化を強調する時代的問題を扱った。[*13] ドイツ留学後、ニーチェを体系的に紹介して、新カント学派の理論を研究した桑木厳翼も、大正文化主義の確立に一定部分の寄与をしたし、[*14] 和辻哲郎もニーチェの権力意志（力への意志 Der Wille zur Macht）哲学と生命主義の立場から価値の破壊と建設を唱えて、大正生命主義を開く上で重要な役割を果たした。[*15] 高山樗牛、夏目漱石、桑木厳翼、和辻哲郎だけでなく、彼らが論じ、彼らの思想に影響を及ぼしたニーチェ、ベルクソン、オイケンをはじめとする多様な西洋思想家たちも、当時の多くの知識人の注目を集めた。レオナルド・ダ・ヴィンチ、ルソー、ニーチェ、マックス・シュティルナー、トルストイ、ドストエフスキー、イプセン、ダーウィン、ゾラ、フローベール、ジェームズ、オイケン、ベルクソン、タゴール、ロマン・ロランといった十五人の思想を紹介している中沢臨泉・生田長江の共著『近代思想十六講』も、当時の日本と韓国の知識人に流行し、時代に影響を及ぼした重要な著書だった。[*16]

日本の東京に留学した植民地朝鮮の若き知識人たちは、このような日本の知性界から大きな影響をうけていた。しかし、彼らが植民地状況で直面していた問題は日本とは根本的に異なっていたため、社会進化論の受容や解釈の仕方も異なったし、生命主義や文化主義の受け入れ方にも違いがあらわれていた。日本では生命、自我、霊などの観念語が社会進化論的思考や国家主義的思考に対する批判のために活用されたとすれば、朝鮮知識人の場合は、これらの概念を進化論的倫理観と結びつけて、精神文明を構築するための強者への跳躍（強力主義）が夢見られた。[*17] 一九一〇年代、『学之光』で活動した崔承九、朱鍾建、玄相允、李光洙、田栄沢らは、ニーチェに言及しながら社会進化論的立場や生命主義や文化主義に傾倒した主張を繰り広げたが、これは時代の病理に対する解決策を模索する性格をもったものだった。わたしたちは本章では、『学之光』でニーチェにアプローチし、ニーチェを紹介した一九一〇年代の朝鮮植民地時代の知識人たちの解釈に注目して、彼らの議論を分析していきたい。

3　一九一〇年代のニーチェ解釈——社会進化論と生命主義、新青年の自覚

植民地朝鮮で初めてニーチェに言及したのは、画家・羅蕙錫の最初の恋人として知られていた崔承九だった。韓国でニーチェの名前が初めて登場し、紹介されたのは、一九〇九年の大韓帝国の時期に『西北学会月報』に二回掲載された記事「倫理叢話」「倫理叢話（続）」によってだが、これは早稲田大学で活動していた浮田和民の著書『倫理叢話』の一部を翻訳したものであり、韓国人としてニーチェに最初

に言及したのは、これまで確認したところでは、『学之光』に掲載された崔承九の記事「不満と要求」と推定される。『学之光』には同時期に朱鍾建、玄相允、李光洙、田栄沢などのニーチェについての記事が掲載された。東京に留学していた若い知識人だった彼らの記事は、自然と当時の日本の知性界から影響を受けて、これを通して西洋の学問的精神世界を間接的に受け入れたものらしい。これには日本的な問題意識と論点が含まれており、日本的に受容され変容された西洋思想の理解と同時に、国権回復や近代的国家形成、世界文明や力の国際政治的現実への認識、個人の自由や自己実現の空間確保など、植民地朝鮮が直面する時代意識として解決すべき問題などが混在していた。社会進化論や強力主義、生命主義、霊的元気の回復、人間の自己実現、新青年の自覚など、さまざまな時事的問題が彼らに浸潤して、彼らの精神世界を支配していたようである。

本章ではまず、彼ら五人がニーチェに言及しつつ議論する問題意識を、社会進化論的な強力主義の世界認識と個人の自我実現、新青年の自覚というテーマで議論する。彼らのニーチェをめぐる議論は、当時の大正生命主義と文化主義から影響を受けたものだったが、社会進化論的強力主義という植民地知識人たちの問題意識も同時に含んでいた。日本の知性界から影響を受けながらも、それとは違っていた植民地知識人たちの独自の問題意識を、議論を通して明らかにするだろう。

1　崔承求の自己実現と公共性回復

崔承九（1892〜1917、号は素月）は、韓国でニーチェに初めて言及した人と推定される。[*18] 彼は普成専門学校を経て一九一〇年頃日本に渡り、慶応大学予科課程を修了したが、学費難と肺結核のため帰国し、二六歳で夭折したことで知られている。彼は羅蕙錫の最初の恋人で、羅蕙錫の人生と思想、文筆に大きな影響を及ぼしただけでなく、崔南善《チェナムソン》から今後期待される優れた詩人と評価されており、たとえ短い人生を送ったとはいえ、彼の詩世界は韓国近代詩史の中心にあった。

崔承九が留学していた一九一〇年代、日本は「大正生命主義」が時代のキーワードとして膾炙していた時期だった。[*19] 民本主義思想が勃興していた大正期には、西洋思想の影響を受けて生命という語彙が時代のテーマとして流行したのであって、この時期の生命主義は、機械文明に対する反発と、原始的生命力を追求する傾向のなかで、個体の生存競争を越えて自我を人類や宇宙などの普遍主義へと発展させ、これによって文化を創造し、社会を改造しようとしていた。[*20] 大正生命主義は明治維新後、次第に国家主義に傾倒する日本の傾向に反発して、個人の本能と性欲、幸福と美的生活を強調し、ニーチェに個人主義的自己実現の可能性を見出した高山樗牛の「美的生活論」の磁場のなかにあるもので、その延長および拡張という性格をもっていた。

崔承九もニーチェの思想を受容して、原始的生命力としての人間の本能を求め、自己実現の可能性としての強力主義を主唱した。ニーチェに最初に言及した「不満と要求」という文章で、彼は「自我の実現」と「公共の道理」という二つの大きな哲学的問いを提起する。彼は儒教的伝統世界観から脱して、これまで抑圧されてきた人間本能をどうすれば発見することができ、自己実現する個体が公的空間としての社会共同体とどのように関係をもちうるかを求めて、「新しい」道徳の可能性について問いかける。崔承九がニーチェに言及するのは、個性の実現と公共の問題、新しい道徳形成の可能性という脈絡においてである。

近代に崛起したニーチェ（Nietzsche）の思想は、たとえ個性の収拾には適切だとしても、当事者として迫頭する公共の問題を抛棄して、絶対的個人主義ばかりを主張できるわけではないといえよう。[*21]

崔承九は続けて、ニーチェは個人主義者と呼ぶよりは「行為の宣伝者」と呼ぶことができると述べて、ニーチェの個人主義的立場には社会との関連も少なくないとみる。彼の立場は、ニーチェを「極端的個人主義」、「絶対的個人主義」とみなしたケーベル（Raphael von Koeber）的見解を問題視して、ニーチェの思想には個人が社会と関連している内容があるというものだった。彼はニーチェの「権力意志」をゲルマン民族の表徴として描写し、これは自我の敵にだけではなく、親類の敵にも向かうものと解釈する。彼は、人間としての個人には理性よりも強い本能的な力があるが、これが公共と関連するように仕向け、公共に参加するよう帮助するのだと述べる。彼はここで、カササギの巣を襲撃してその雛を食べようとする大きなヘビ（大蟒）に母親カササギが襲いかかって雛を守ろうとすることは、自分の能力や自分の生命を考える理性ではなく、襲いかかる力であり、生命力としての本能であると述べて、これが社会生活の価値や公共の問題と関連しているととらえた。これは理性よりも大きな範疇として設定されたニーチェの「身体」概念や「身体的自我」が、個体的次元を越えて人間と人間の関係および社会的関係に拡張されていくことを念頭に置いたものとみられる。[*22] この比喩は、植民地朝鮮の現実のなかで、大きなヘビのように侵略する日本に襲いかかって自己防衛することは自然の生命力の如きものによるのであって、そのような生命力が、個人を土台にしながら社会へと拡張していかなければならないという強い抵抗意識を暗示している。

利己主義と利他主義、自我と公共、個人と社会、個体と国家の関係問題は十九世紀後半以降、日本、中国、大韓帝国と植民地朝鮮など、北東アジアの共同の話題だった。大韓帝国が危機に瀕し、国家有機体の立場が強かった状況のなかで個人主義的価値が発展できる空間は狭かったが、[*23] 一九一〇年代以降、個人の問題には義務責任が伴うようになり、人類、国家、社会、民族に献身する不可分の関係として設定された。崔承九はニーチェを媒介にして、このような時代的問いかけを投げたのである。これとほぼ同じ時期に、張徳秀《チャンドクス》も個人至上主義と社会至上主義の両者を批判して、個人と社会の関係を問題視した。彼は『学之光』で、「社会と個人は本末・前後を区別できないものであると同時に、両者が相互関係に即してこそ互いに支え合い、調和協力するものだ。すなわち換言すれば、社会内に個人を見、個人内に社会を見ることが理想だと論じたのである」[*24] と発言した経緯がある。すなわち個人は社会に、社会は個人に、という相互関係によって互いに依頼し、調和・協力するととらえ、社会のうちに個人の空間を求めたのである。張徳秀の立場が個人と社会の相互関係のなかで個人の空間を求めることだったとすれば、崔承九の立場は、個人の自己実現の空間が社会に拡張されなければならないというものだった。

崔承九の議論は、社会や自分のために善良な仕事をして、よりいっそう高尚で豊かで善良な生活をしなければならず、人生の価値はすなわち「生活改良」にあり、これがさらに拡張されて、社会を改良するところまで進まなければならないというものだった。社会を改良するには、外部にあるものを受け入れて自分のものと比較すれば自分の強弱長短を知ることができ、新しいものを知ってこそ何が古くなったのかも分かって、社会を改良することができると彼はとらえた。[*25] 社会が改良されて進歩する問題は、彼にとっては社会的生命の問題として、社会的生命と活力を取り戻す問題に直接につながっている。それ以前に、東洋哲学が過度に私たちの日常生活を蔑視して、儒教的理念（唯心主義）に陥っていたと批判しながら、ニーチェのような西洋思想に社会発展を模索しうる重要な座標を見出した。

崔承九がニーチェを参照して自我の革命可能性を模索したもう一つの文章は、『学之光』第五号（一九一五年五月）に掲載された「汝を革命せよ」という文章である。

我々は如何なる革命を要求するのか。――私の革命を要求するところ、これすなわち個人の革命――Revolution of Individuality ――を要求するのである。[*26]

崔承九は、植民地状況のなかに置かれている今、我々は眠る時ではないのだから、「目覚め（てい）よ」、生命が現れる「光線を受けよ」、世界思想の潮流を含んでいる新しい「風向に当たれ」、「自己を破れ」、「十倍の速度を加えよ」と絶叫するように叫んでいる。彼が認識しているのは、明らかに植民地朝鮮の暗い現実であり、国家が失われ、民族が奴隷のようになった植民地の克服だった。彼は我々〔朝鮮人〕が「被征服者」になり、「奴隷役」になったがために苦痛を受け、自由を感じられず、恥辱を受けているととらえた。[*27] ここで崔承九は、ニーチェのツァラトゥストラに出てくる「自己」概念に注目する。

ニーチェ曰く「わが友よ、汝の感情と汝の思想の背後には、相反する力の強い主人――見えざる哲人――が居る。その名は自我という。それは汝の身体に住み、このいわゆる自我―― fulbft-self〔ママ〕 ――は、感情や思想を配する権力意志を意味するものだった。我らは各々、我々の自我――ownself-yourself――の力を借りねばならないのだ。直接に戦闘線へ放たなければならないのだ。[*28]

崔承九はニーチェの重要な哲学概念である「自我（Ich）」と「自己（Selbst）」の概念的差異を繊細に区分できずにいるが、ニーチェの権力意志（力への意志）を、個人の生が実現できる強い力である生命主義と連続させる。彼は抜け殻（空殻）としての我々ではなく内容の充実した我々、部分の我々ではなく全体の我々たらねばならず、「肉と感情と、良心と本能を統一せねばならず」[*29]、強い生活の道に進まなければならないと説く。彼が植民地の現実の問題を解決するために追求したものは、まず日常的な生活を極めて尊重する姿勢であり、理想よりも行為を尊重する態度であり、一生をだらだらと過ごそうとしたり、生命を維持することだけに満足したりするのではなく、生から死まで豊饒な生活に努める実行力だった。[*30] 彼がニーチェを媒介にして求めたものは、まさに生命力を有して動く社会的個人であり、人格のない奴隷状態に陥った植民地の現実のなかで、日常の生活力や実践力に基づいた個人の自我革命を遂げることだった。人生の最前線で権力意志としての生への意志や生命力を充溢させて生きて動くとき、すなわち、目覚めている自我革命を遂げて強くなるとき、自ら人生の主人になり、公共的領域の社会的生命力を見出すことができるととらえたのである。

2　朱鍾建の朝鮮滅亡と世界文明の認識

ニーチェへの言及が初めて出版された形であらわれたのは、『学之光』第四号（一九一五年二月）に掲載された朱鍾建（1895～?）の「新年にあたって留学生諸君に呈す」という文章で、これは彼が二〇歳のときに書いたものである。崔承九の文章「汝を革命せよ」は一九一五年五月『学之光』第五号に掲載されたので、この文章は崔承九のより三ヵ月早く世に出たわけである。朱鍾建は一九一七年に東京帝国農科大学を卒業し、一九二一年には朝鮮青年総同盟中央建設委員、一九二五年には朝鮮共産党中央執行委員などを歴任した社会主義運動家として知られているが、それ以後ロシアでの彼の活動や行跡については詳しく知られていない。彼のニーチェへの言及は、世界文明への認識と関連していた。彼は、世界文明が日進月歩するなかで、半島の状況は生存競争する世界に対して遜色がないと言えるかと問いかけ、世界文明と半島の文明的状況を比較する。彼が問うているのは、まさにその当時一九一四年の第一次世界大戦が起きていた世界史的事件と、生存競争している現代世界文明の流れである。

朱鍾建は、半島には清新な思潮があるか、生命ある芸術があるか、産業が興起し学問が進歩しているか、と問いかけて、そのようなものはないと答える。一九一四年にヨーロッパ大陸で世界大戦が起きたが、半島の同胞のうち、その原因が何なのか、その由来を考究できる人がいるか、それがどんな影響を及ぼすか知っている者が果たしているのか、と問うて、現在半島に充ち満ちているのは死だけだと診断する。すなわち、産業が死んでおり、生活が死んでおり、精神が死んでおり、半島自身が死んでいる、ということである。彼が問題視したのは「死の半島を生の半島へと（変）化させること」だと述べて、「産業の発展と教育の普及を企図」することによって最も急がれる救済策をたてるべく邁進し、奮発することだった。[*31]

朱鍾建が当時留学生たちに新年の文章で伝えようとしたのは、世界文明の流れをきちんと知らなければばならないということであり、また同時に、我々が生きている国家を作るためには、旧習にとらわれず、不良な習慣を打破し、建設の努力と破壊の勇気をもたなければならないということだった。植民地朝鮮の亡国の歴史と世界文明の流れを関連させながら、彼は次のようにニーチェについて初めて言及する。

朝鮮民族が世界に貢献したところは、ただ退歩の記録と滅亡の歴史であり、無為な二千万民族が広闊な三千里の江山を占有起居して、天然の富源として利用せず、他人の活動の障害物となるのみ。ニーチェをして評せしめれば、此の如き民族は全く滅亡することが超人出現に必要だと断言するであろう。しかし自我発現上、個体本位で宇宙を観測せんとする吾人は、吾人の種族が滅亡することを傍観することはない。此は即ち個体生存の安危が種族勢力の盛衰に至大な関係が有るからそうするのである。[*32]

彼は、三千里江山に与えられた天然資源もろくに利用できず、朝鮮民族が退歩と滅亡の歴史のなかにある状況を指摘し、このように滅亡してゆく植民地状況にこそ、ニーチェ的超人の出現が必要だととらえた。自分の種族が滅亡するのを傍観していられない状況で、彼は個体の自我発現には種族の盛衰と関係があるとみなした。この文章での朱鍾建の問題意識は、依然として朝鮮の亡国的歴史は世界文明の流れを読めない無知と無能のうちにあるということであり、彼は、それを克服する方法の一つとしてニーチェ的意味での個体の自己実現を求めているのである。亡国の歴史にニーチェ的意味での超人の登場をという彼の願いは、すなわち当時日本に新たに登場していた、個体中心的自己実現の生命主義と同じ軌道で動くことだった。これは個体が普遍的全体に、個人の自己実現がまさに宇宙大生命の発現につながるという、日本の大正生命主義の立場を反映したものとみられる。しかし、亡国の植民地朝鮮において時代の問題を解決するためには世界文明の流れを読まなければならず、種族の盛衰とも密接に関連している個体の自我実現を模索しなければならないというのは明らかに朱鍾建の問題意識だった。ニーチェに言及する朱鍾建の文章には、歴史の進歩を模索する社会進化論の立場と、大正生命主義の言説、そして彼の問題意識が重層化されている。

3　玄相允の強力主義の要請

幾堂玄相允（1893〜?）[*33]のニーチェへの言及は、『学之光』第六号（一九一五年七月二三日）に掲載された、「強力主義と朝鮮青年」という文章でなされている。[*34]この文章は世界文明に対する認識の必要性を強調し、朝鮮の革新のために強力主義を要請する内容を含んでいるが、ニーチェはこうした時代認識と関連して、朝鮮の問題を克服する強力な力を提供する哲学の提供者として言及される。玄相允による強力主義の主唱は、朝鮮が新たに生まれかわる問題と密接に関連していた。彼は「いかにすれば我々は蘇り、いかにすれば朝鮮は再び新しくなるか?」と問いかけ、朝鮮の革新は世界文明の理解から始まり、西欧文明の列強と肩を並べられるためには「ただ強力主義あるのみ」だと答える。[*35]彼は世の中で弱者であることほど悲しいことはないと述べつつ、強い力こそ、膨張や抵抗だけでなく、中心をつかみ、外部から来る敵を防御する力でありうると述べる。玄相允にとって「世界文明の共通した絶叫は（…）弱い奴になるな」[*36]というものであり、生存競争と弱肉強食が乱舞する世界で暗鬱な状況に置かれた植民地朝鮮が生き残る道は、ただ強者になることだった。暗黒や苦痛が弱いことから生じるように、半島の現実も、我々が弱くて力強くなれないところから生じるという彼の認識は、植民地朝鮮の状況を国際的な力の関係から見たものだった。玄相允がニーチェとモンテスキューを尊奉したのは、この二人の思想家が、日常的な現実から力（権力）の哲学を説き、哲学と政治的領域において権力分立を整理したためだった。

悲しき哉。我々にはただ強き力あるのみ、ただ大なるmotive power（原動力）あるのみだ。事前に我々が生活権を世界に求めた後にこそ我々が光ある歴史を永久に保伝するのも、すべてみな強い力、大なる原動力に在るのではないか。涙と恨めしさも強き力でこそ駆除でき、笑いと踊りも強い力でこそ来らしめられる。それゆえにニーチェはこの点から権力万能を主張し、モンテスキューはこの点から強権の絶対価値を唱道したのであるから、世界の議論がいかに紛紜《ふんうん》しようとも、私はこの二人の言葉をどこに行っても遵奉し、確信する。[*37]

しかし玄相允は、強力というものを、植民地朝鮮がその時代的悲劇を克服し、世界文明にきちんと立つために得るべき現実的・政治的権力という脈絡のなかだけで理解するのではなく、人間が自分の天賦の能力を発揮することのできる人間的能力として解釈する。「強力とは人間天賦の生活を最も独立的に、最も幸福に、十分完全に享受する権能の総量[*38]」であり、これを要求したり維持したりするためには、物質文明と精神文明で最善の努力と奮闘がなければならないと述べる。救おうとする意志と奮闘の努力がないところでは強い力が生じず、この強力がないところには、完全な生活などやって来ないということである。

強力の生のために玄相允が要請したのは、一次的には西欧的近代文明の受容だった。彼は西欧文明の核心として「資本主義」、「科学知識」、「産業革命」に注目し、朝鮮半島がこれを重視する必要があると力説する。彼は印刷技術の改良や新大陸の発見、蒸気や電気の発明、大砲・軍艦の発達や飛行機・潜水艇の製作などが西洋文明を強力な科学技術文明にし、その結果生活が豊かになり、豊富な物質的資本が蓄積される物質文明が形成されたととらえて、朝鮮半島にもこのような強力が必要だと主張する。朝鮮半島に必要な強い力として、玄相允は「武勇の精神」、「(自然)科学の普及と教育」、「産業革命」を挙げて、これが実現すれば朝鮮半島は生活の貧困から脱することができ、強い力を通じて我々は「どうすべきか」の問題を解決することができるというのである。彼にとって強力主義とは、朝鮮が貧困と苦痛から脱し、植民地から脱することができる道であり、強い力の獲得によって生きる方向を定め、推進できる能力だった。とりわけ朝鮮青年に強力の必要性を説き、強力主義の宣言を宣布する玄相允の立場は、以前にあった自強主義の提唱を超えて、より徹底的に生の能力を獲得し、我々自身が自分自身の人生を導いていける実践的能力の回復だった。

明治期の高山樗牛の本能満足としての人間の幸福や、登張竹風の「威力の意志の満足」は個人主義を前提に成立するもので、大正期の日本において最先端の流行語となった「強力」も、やはり徹底的に個人主義的なものであった。[*39] 玄相允が朝鮮の問題を解決するために必要とみなした強力は、このような日本知性界の雰囲気を受容し反映するものだったが、これは単なる個人の生の強力であるだけでなく、文明の強力であり、民族の強力へと変容され、拡張されたものだった。玄相允がニーチェの言語を借りて強力主義を要請したのは、物質文明と精神文明の統合的発展に最善を尽くすときに得られる人間生活の能力であり、自己実現だった。一九一〇年代の強力主義には「力を要請し、民族の実力養成を目標とするものの、その出発点には「個人」の「自我実現」という価値[*40]」があることを強調していたが、玄相允の強力主義は、このような時代に弱い者は自我を実現できないということを意味するものだった。こうした彼の見解には、社会進化論と強力主義を混在させたままで植民地朝鮮の問題を解決しようとする問題意識が含まれている。玄相允のニーチェについての言及は力（権力）の関係からなされたものだったが、玄相允が強い力の必要性（強力主義）を強調したことは、世界文明のなかで植民地朝鮮の現実を診断し、それを克服しうる一つの現実的代案の模索だった。彼は朝鮮が植民地状況から脱するためには、西欧的近代化がなされ、強い力をもたなければならないと考えて、個人が自らの人生を導いていく強い力を具備するに至ったとき、民族の強力を見出すことができると考えたのである。玄相允は三・一運動以後も西洋思想を学び、自我の発見、すなわち個人主義が定着し、資本主義が実現しうる近代的個人観の確立を模索しつづけた[*41]。

4　李光洙の社会進化論と青年の霊的元気の回復

春園李光洙（1892~1950）がニーチェに言及するのは、『学之光』第十一号（一九一七年一月一日）に掲載された「まず先に獣となり、然る後に人になれ」という文章だった。これは生物学的進化論と社会進化論、青年の霊的元気の回復を強調するものであった。しかし、この文章と同じ問題意識の軌道で動いている「生きろ」（『学之光』第八号、一九一六年三月）という彼の文章があるが、これは「生きること」の生命主義と社会進化論的観点から青年の新たな精神革新を強調するものだった。この二編の文章が書かれた一九一六年に彼は日本の早稲田大学哲学科に入学し、一九一七年には韓国初の近代小説にして恋愛小説、ロマンチックな愛と自由恋愛を擁護した長編『無情』を『毎日新報』に連載した。この時期、彼は既存の倫理道徳、つまり儒教の虚礼虚飾と権威主義的文化を批判し、人間平等、男女平等、人間の尊厳を強調する西洋の近代的価値観と世界観に学ばなければならないと考えていたし、進化論にも関心をもっていた。彼は、早稲田大学に留学する以前から社会進化論的な思惟を堅持していたものとみられる。李光洙の自叙伝的な告白によると、一九〇五年頃、孫秉熙《ソンビョンヒ》の『三戦論』を通して世界が優勝劣敗と弱肉強食の原則によって運営されていることを知り、柳瑾《ユグン》、張志淵《チャンジヨン》、朴殷植《パクウンシク》などの論説を現代の聖書のごとく愛読した。[*42] しかし、社会進化論とともに当時の彼が興味をもったのは、トルストイの無抵抗主義だった。李光洙は一回目の日本留学時代（一九〇五年八月—一九一〇年三月）にキリスト教とトルストイを受容したが、これは謙遜と親切、平等の精神、民族主義などの東学精神に基づいたものだった。[*43] しかし、二回目の日本留学時代（一九一五年九月—一九一八年九月）には強い文明に憧れて弱肉強食の社会進化論を受容しており、この頃に彼が興味をもったのは、主にエルンスト・ヘッケル（Ernst Haeckel）が主張した強力な国家主義的社会進化論だった。[*44]

一九三六年一二月一二日から一九三七年五月一日まで李光洙は『朝鮮日報』に自叙伝形式の小説『彼の自叙伝』を連載して、ここに日本の東京での自分の大学生活を描いている。彼は哲学科を選択してカント、スピノザ、ヴィンデルバント（Wilhelm Windelband）、パウルゼン（Friedrich Paulsen）、ロッツェ（Rudolf Hermann Lotze）などを読んだが満足できなかったようだ。そして、ダーウィンの進化論が聖書にとって代わると考えて、ヘッケルの『宇宙の謎（Die Welträthsel）』（1895~1899）を読んだとき、真理に接したように喜んだと告白している。李光洙は当時の日本の学界を風靡したドイツ思想の影響を受けて「生存競争（Struggle for life）」、「適者生存（Survival of the best）」、「力は正義なり（Might is Right）」などの進化論の文句と力の道徳に引き込まれていき、こうした脈絡からニーチェの考え方はよいと思って、学校でニーチェを講義しないことに不平不満をもっていたという。[*45] ニーチェは『悲劇の誕生（Die Geburt der Tragödie）』や『人間的な、あまりにも人間的なⅠ（Menschliches Allzumenschliches I）』、『悦ばしき知識（Die fröhliche Wissenschaft）』をはじめ、遺稿などで宇宙の本性と人間の生の意味に関連して、たびたび「世界の秘密（Welträthsel）」という語彙を使用したが、後日ヘッケルが、これを宇宙の本性と人間の思惟の本性を問う二重の問いの形でもたらして、物質とエネルギーはつながることができ、物理的宇宙の法則のなかで人間の行動や感情も説明できる、という神経生理学的説明を行うことになる。ここで李光洙が見たのは、人生の強者（主人）とならねばならないというニーチェの言明ではなく、生存競争や適者生存を自然法則ととらえるヘッケルの見解であり、人間社会もこのような法則によって支配されているという、日本のいわゆる俗流社会進化論的立場だった。

この当時、李光洙は弱者が強者の支配を受けることは当然だと考えており、仏典や聖書は弱い者の汚らわしい本であり、鎖で縛られながら無抵抗で放り込まれたときのトルストイ、タゴールも同類だと思った。彼がこのとき考えていたのはトルストイ式の無抵抗主義ではなく、進化論的立場から見た強者の論理だった。「自由、それはただ強者だけがもつものである。自由は強者の特権である」。[*46] このような進化論的強者の論理は李光洙だけでなく、『学之光』の若い知識人が受容した日本の知性界の影響を反映している。『学之光』の執筆陣は、当時の日本の知性界を支配していた浮田和民や大山郁夫の影響下にあった。大山郁夫はドイツの文化概念を流布するのに寄与し、大正デモクラシー運動を主導して、一九二〇年代の雑誌『開闢』の文化運動に理論的に影響を与えた。浮田和民は、『学之光』の執筆陣のうち、特に李人稙、李光洙、玄相允などに直接・間接的な影響力を行使したものとみられる。[*47] 李光洙はヘッケルからさらに進んで自然的進化と教育・革命に言及し、人間社会の進化あるいは発展に、宗教や道徳といった倫理的要素が重要な役割をするととらえた浮田和民の影響力のもとで、「人為的進化」の立場を継承・発展させた。[*48] 李光洙は「自身の努力で自己を意識しながら進化」することを「人為的進化」と呼び、[*49] 教育を通した自強と社会改良の方法を探し求めた。

李光洙がニーチェに言及するのは「まず先に獣となり、然る後に人になれ」という文章からだが、ここで彼は、青年の精神が自覚され、目覚めなければならないということを、社会進化論と「生きている哲学」つまり生命主義の立場から主張する。彼は生物学的進化のなかで優者、すなわち「力ある者」、「自己の本来の機能を遺憾なく発揮する者」が現れたと述べて、[*50] 社会進化論的観点から力の問題を提起しつつ、個人と民族の力および成長の問題を提起する。彼にとって問題になったのは、すなわち青年の問題だった。青年の「霊的元気」が生きて動くことは、個人と民族、歴史の運命とつながる問題だった。民族と歴史の運命が苦痛と悲劇のなかに陥ったのは、個人と民族が道徳礼儀ばかりを崇め尊んできた伝統儒教思想によるものとみなして、彼はこれを厳しく批判する。[*51] 青年が目覚めなければならず、元気が回復されなければならないという彼の新青年論が、ニーチェとトルストイの議論につながる。これはロシアのグロットによって最初に提起されたニーチェ＝トルストイ論争、この両者を調合しようとした日本の小西増太郎の立場、その後浮田和民によって展開された利己主義・利他主義論争、そして『西北学会月報』に紹介された愛己・愛他議論などに伴奏されながら、また同時に自身の立場からこれを変奏しているものである。李光洙が注目したのは、トルストイをヒューマニズムの思想家ととらえ、ニーチェを極端な利己主義の代弁者とみなす既存の議論をひっくり返すことだった。李光洙の文章には北東アジアのトルストイ＝ニーチェ論争が反映されているが、その内容は転覆的なもので、彼はニーチェから一つの可能性を打診している。

トルストイは老衰の思想家であり、劣敗の思想家である。トルストイの教訓に従う民族もなく、あったとしても此等はすでに競争場裡に出て活劇を演ずる資格を失い、山間林中に晻晻と歎息など保存して勝利者の嘲笑のタネとなろう。いかんせんニーチェは少壮の思想家であり、勝利の思想家であって、此くの如き思想を信条とする人々であってこそ、初めて勝利者、強者の栄光を得るであろう。*52

李光洙にとってトルストイが老衰の思想家、劣敗の思想家だとすれば、ニーチェは少壮の思想家、勝利の思想家に見えた。彼はニーチェに勝利者・強者の栄誉を得られる可能性を発見する。彼は、植民地朝鮮が再び蘇る可能性を青年の霊的元気の回復に求める。青年が自ら卑下すれば、権力も、財産も、名誉も、事業もないデカダンス状態に陥って死んだ青年（死亡青年）になり、進攻的・積極的・専制的・権力的・精力的になれば生きた青年（活青年）になると説き、*53 生きた青年の霊的元気を回復しなければならないと主張する。なぜなら彼にとって「生きるための奮闘は人類の最も神聖な職務」*54であるからだ。

この「生きろ」という絶叫、強烈な意志と欲望の動きを生む生命の意志に対する要請は、一年前の

『学之光』に掲載された李光洙のもう一つの文章「生きろ」にもそのまま現れる。彼は過去の旧道徳が空漠たる人道的天理のなかで動いていたと批判して、現代文明人の道徳は、現世を肯定し、生きることを賛美する精神に基づくととらえた。彼にとっての善悪の標準は「生きろ、広がれ」という命題で表現できるが、これがすなわち新しい精神、「生きること」の精神だった。彼が言う生きることとは、死なないで単に肉体だけが生きている生存の延長ではなく、欲望と意志と活動をあらしめる強烈な生命力だった。李光洙には「生きることの内容の複雑さと要求の強烈さが万善の本」[*55]だった。彼にとって最も急を要することは、青年を生きる精神によって動かすことだった。「我が青年に最も欠乏しているのは、強烈な生きることの欲望であり、最も緊急なのもまた、強烈な生だといえます」[*56]。彼から見てニーチェは、青年の生きること、新しく生まれ変わろうとする意志を推し動かす生命主義の提供者であり、青年の目覚めている精神によって植民地朝鮮を革新しうる強力主義の思想的提供者だった。帝国主義の侵略から脱するためには、何よりも青年の霊的元気を回復することが必要だという李光洙の主張は、ニーチェの影響を受けながらも、中国の未来が青年精神を回復することにあるととらえた魯迅の「立人思想」や陳独秀の「新青年運動」と軌を一にするものだった。

5　田栄沢の新道徳建設と戦績生活論

ヌルボム田栄沢（1894~1968）〔ヌルボムは号〕は、日本の青山学院文学部と神学部を経て、アメリカのカリフォルニア州パシフィック神学校で勉強した小説家・牧師で、一九一七年に李光洙とともに『学之光』の編集者として参加し、一九一八年には、金東仁、朱耀翰らと共に韓国初の文芸同人雑誌『創造』

を創刊した。田栄沢がニーチェに言及したのは『学之光』第十二号（一九一七年四月一九日）に掲載された「全的生活論」という文章で、この時期における彼の問題意識は、儒教的伝統の旧習の破壊や新たな道徳の建設とともに、生命の価値を実現する生活の実践にあった。

一九一七年七月に田栄沢は「旧習の破壊と新道徳の建設」という文章を発表するが、これは伝統儒教の思想を破壊して、新しい道徳と秩序を創立する内容を含んでいる。彼は「建設と破壊は自然界の大法則であると同時に、また人の天性」、「建設と破壊は我々の世界の生命」[*57]と述べながら、「偉大な原動力をもった破壊」、「根拠ある理想がある破壊」[*58]のように、我々には空前絶後の破壊が必要だととらえた。「大鉄槌」によって、累々と積もり重なっている古いものを破壊しようとする彼の作業[*59]は、ニーチェがハンマーで既存のあらゆる道徳秩序を破壊して、新しい価値に転換させる作業と似ている。田栄沢が破壊の対象として例に挙げたのは「養育しておいて報酬を取って返済を要求する親孝行」や、「男尊女卑思想」、「老人の圧制」、「階級制度」などであり、植民地朝鮮のさまざまな社会領域において、これらを破壊する詩人や文士、思想家、教育者、婦人がたくさんいなければならないと考えた。しかし、破壊の作業には偉大な原動力と理想と同時に、自信と銅鉄のような意志がなければならないと強調する。

田栄沢は当時、西洋文明を造成し建設するうえでオイケンとベルクソンの人格主義的理想主義の哲学が重要な役割を果たしたとみなして[*60]、この哲学を参照しながら力強く豊かな個性を建設しようとした。「徹底して」「自分」を「建設」し、「完全な人格を建設」すること、すなわち「自分」の建設は幾百幾万の行動の本源[*61]であり、「次は理想的で神聖な家庭を建設」し、その次には実業家と経済人が国民の血脈となる「銀行を建てて工場と農場を建設」して、「教育者と学者は世界的な大学を建て、万巻の書籍で一杯の図書館を建てて世界の学界に貢献し、人類の幸福を増進することのできる学術を建設[*62]」しなければならないと述べる。田栄沢の破壊作業は、時代に合わない孝を要求し、男尊女卑のように女性を抑圧する旧態依然の慣習、両班《ヤンバン》と小作人《モスム》を区分して身分的位階秩序を前面に掲げた儒教的旧習に向けられ、彼の建設作業は人格を具備した自己を建設することであり、これを土台にして家庭と社会、経済と政治を新たに形成することだった。

これより七カ月ほど前、『学之光』第十二号（一九一七年四月一九日）に発表したもう一つの文章「全的生活論」で田栄沢はニーチェに言及する。彼はフランスの画家ミレーの「晩鐘（L'Angelus）」（一八五七～五九に創作）を紹介しながら、敬虔な態度で黙禱している場面を描いたこの一幅の絵に、まさに人生が内包されていると語る。ここには人生の全的な生活の三つの要素である「労働」、「愛」、「宗教」が表されているというのである。畑や広い土地、手押し車は労働を、夫婦・男女の間の空間は愛を、頭を下げて合掌しているのは宗教を象徴するもので、彼は労働と愛と宗教、この三角形の価値が具備された生が完全な生であるという。そして、植民地朝鮮の人々は労働の神聖さを学ばなければならず、兄弟愛を実践しなければならず、儒教と仏教はその役割をろくに果たせなかったけれども、宗教があってこそ社会的生命があると強調する。もちろん、彼がここで念頭に置いていた宗教は、宗教改革を通して生命の価値を示したキリスト教だった。田栄沢が完全な生活の典型とした生命の実現とは、霊性的な生活を意味するものであり、また生命とは霊性を意味するものだった。

彼がニーチェに言及するのは、人間の完全な生活を運営する人生の価値問題、現代人の生活問題、青年の前途に関してであった。ニーチェが神の死を宣言し、キリスト教批判を通して近代西洋文明を問題視したにもかかわらず、彼にはそんなニーチェ哲学に対する分析や哲学的内容に対する具体的な言及はない。

現代の人は、どう生活するかが大きな問題だ。どう生きてこそよく生きたことになるのか。どんな生活が最も正しい生活なのか。これが現代人の頭を悩ませている問題だ。曰くトルストイの人道主義者、曰くニーチェの超人主義、曰くシュティルナーの個人主義、曰くゾラの自然主義、曰くオイケンの新理想というように思想がそれぞれ異なり、主義も多くなって、たくさんの現代の青年はなすすべもなく煩悶させられる。[*63]

田栄沢がここで言及している思想家は中沢臨川・生田長江が『近代思想十六講』で紹介している十五人の思想家のうちの五人である。これは一九一〇年代当時、日本と朝鮮の知識人に広く膾炙していた本であり、のちに『開闢』で世界思想の流れを紹介するために活用した資料である。[*64]本書の内容は、彼にとっては現代人がどう生きるべきか、その人生の方向と価値設定を決める重要な参照の手引きになったようである。現代扱われている数多くの思想家や思潮・思想の前で、田栄沢のような『学之光』の若い知識人たちや、未来と人生の方向を設定しなければならない青年たちは時代的な混乱と苦悩を感じたようだ。田栄沢のニーチェ紹介は本書で取り上げられたニーチェの「超人主義」についての簡単な言及で終わっているが、彼は生命、霊（性）、内面の価値、自己実現を強調する大正期の知的雰囲気を内面化して、帰国後も個性、生命、人道主義を創作の主要理念としながら、持続的に大正文化主義に追従したものとみられる。[*65]

4　植民地朝鮮におけるニーチェ受容の意味

韓国で最初のニーチェについての言及は、一九一四年四月に崔承九が書いた「不満と要求」（一九一五年七月二三日に出版）にみえ、彼はここで自我革命と個人主義を強調し、生活改良と社会改良の問題を扱っている。朱鍾建は朝鮮の滅亡の原因を扱いながら、我々に世界文明を認識できる力がなければならないと強調し、滅亡した朝鮮にニーチェの超人がいたらという願いを表明する。彼がニーチェに見たものは、宇宙生命を含んでいる個体が種族の生存につながる、普遍的自己実現の可能性だった。玄相允も、朝鮮は革新されなければならず、世界文明の流れを認識しなければならないとみなしており、ニーチェを通して個人が自分の能力を発揮できる（自我実現の）強い力（強力主義）を見出した。李光洙は社会進化論を受容して、植民地朝鮮の問題を解決するためには青年が新しく生まれ変わらなければならず、青年の霊的元気の回復が必要だと強調した。田栄沢は、伝統と旧習を破壊して新たな道徳を建設しなければならず、労働と愛と宗教が一体になる全的生活論を主張した。一九一〇年代に在日本朝鮮留学生学友会誌の『学之光』で紹介された韓国におけるニーチェに関する議論は、先に見たように崔承九、朱鍾建、玄相允、李光洙、田栄沢の五人の文章に表れている。韓国でのニーチェは一九一四年から一七年の似通った時期に日本の東京に留学した留学生グループによって扱われたが、これは一種の集団的・学的言説の性格をもっているものとみられる。

これらのニーチェ論の性格は次のいくつかの事項にまとめることができるだろう。

まず、一九一〇年代の植民地朝鮮の若い知識人による集団的なニーチェへの言及は、東京の留学生グループによって行われ、『学之光』という彼らの学友会的性格の雑誌に掲載され、紹介された。いまだ彼らの議論が体系的でなかったことは、彼らが使用したニーチェの名前の表記が「ニッジェ（닛-제）」、「ニージエ（니-지에）」（崔承九）、「ニイチヱ（니이체）」（朱鍾建）、「ニイチェ（니이체）」（玄相允、田栄沢）、「ニッチェ（닛체）」（李光洙）であるなど、さまざまな点で統一性がみられないという事実にもよく表れている。しかし、彼らの作業はそれぞれ叙述方式や問題意識は異なるものの、大きく見れば当時の植民地朝鮮の問題を解決しようとする集団的性格を示している。

第二に、『学之光』の朝鮮知識人青年たちのニーチェに対する言及や議論は、一九一〇年代の大正期の生命主義と文化主義の影響を受けていた。「生命」、「霊」、「自我」などの語彙を通して植民地朝鮮の問題を解決しようとした彼らの試みは、当時の日本の知性界の影響の下で行われた。

第三に、『学之光』に参加していた朝鮮知識人青年たちは当時の日本の知性界の影響を受けていたが、世界文明の認識、朝鮮滅亡の原因、朝鮮革新、自我革命や自我実現、生活改良と社会改良、青年の自覚などの問題意識は、明らかに植民地朝鮮の問題とつながっていた。彼らが当時の北東アジアに影響を及ぼした西洋思想を受容しながらも特にニーチェに言及したのは、単なる知的好奇心以上の意味をもつものだった。これは国を失った暗澹たる現実に直面して、個人と社会、日常生活を革新しうる方法をめぐる苦悩が込められたものだった。

第四に、崔承九、李光洙、田栄沢などに見られるように、彼らは伝統的な儒家的思惟の限界を批判して、新しい道徳を模索しようとした。彼らは儒教の虚礼虚飾、権威主義文化などの旧習を批判し、人間平等、男女平等、人間尊重の思想を西洋思想からもたらそうとした。彼らにとってニーチェの個人主義や強力主義は、個人の能力と自己実現の道を模索する上で、思想的な呼び水として作用したのである。

第五に、彼らは当時支配的だった大正生命主義という日本の知性界の影響を受けたものの、解決策はそれとは異なる独自の道を模索した。玄相允がニーチェに見出した強力主義は、個人主義を単なる個体次元の自己実現と理解したのではなく、民族と国家へとつながるものであり、李光洙の生きること（生命）と霊的元気の回復は、植民地朝鮮の青年は目覚めていなければならないという精神的自覚のメッセージを込めたものだった。崔承九と田栄沢は、ニーチェの超人を通して自我革命の可能性を模索し、旧習に浸って活気を失った生活（生）と社会を革新しうる可能性を求めたのである。

第六に、『学之光』に参加した青年知識人の現実認識はしかし、惨憺たる植民地朝鮮の現実を徹底的に反映できなかったものとみられる。一九一〇年代、植民地朝鮮の現実は非常に厳しいものだった。この頃は、日帝が同化政策を展開しながら朝鮮の土地調査事業を行って植民地搾取を始め、荒廃した生活条件や物質的欠乏で人々は満洲に移住するような状況だった。これらの青年知識人の問題意識は、日露戦争で勝利し、朝鮮を植民地化し、帝国主義に成長する日本の知性界の影響を受けて出たものであり、彼らは植民地朝鮮に対して多様な問題意識をもって自分の時代問題を解決しようと試みたが、独立のために多様な闘争路線を展開するといった現実的な方法を模索したり、悩んだりした形跡を直接表明するのは難しかっただろう。生活論や自我革命、自我実現などの問題は、自分たちに必要な、自分たちが解決すべき時事的な問題ではあったが、多かれ少なかれロマンチックで知的にしか接近できない学的言説の形態を帯びていたとみられる。

韓国における初期のニーチェ受容は、主に日本を通じて行われた。ニーチェ思想が日本から植民地朝鮮に転移する第一歩には日本の知性史の多様な議論が刻印されているが、同時に植民地朝鮮の問題を解決しようとする朝鮮青年たちの苦悩と問題意識もともに込められていた。一九一〇年代の植民地朝鮮におけるニーチェ受容には、転移・受容・変容・再形成・社会と文化に対する影響など、いくつもの足跡が同時に出ている。ここにはヨーロッパからロシアへ、そしてロシアから日本へ転移して形成された多様な学的言説の軌跡や社会問題を解く論点が、一緒に知性史的指紋のように埋め込まれている。植民地朝鮮におけるニーチェ受容は、北東アジアの政治的・社会的動力を反映する問題意識を含んでおり、たとえ東京に留学した青年知識人らによって行われたとはいえ、植民地朝鮮が直面している現実問題を解決しようとする問題意識と解決策に対する苦悩を内包したものであった。

ニーチェが「世界の秘密（Welträtsel）」と表現したように、二重または多重に接合され、重層化され、多様な時代的指紋が埋め込まれている北東アジアの知性史には、いまだ明らかになっていない影響史（Wirkungsgeschichte）的課題が数多くあって、そのなかでも重要な議論がニーチェ思想と関連している。ニーチェに関する議論は、果てしなく北東アジアの知性史的地平の上に広がっており、いまや韓国におけるニーチェ研究は、その地平を越えるトランスナショナルな横断的・解釈学的見解をもつ必要がある。そうするとき、韓国でニーチェを研究する理由と、その精神史的ルーツを確認することができ、一九一〇年代の朝鮮植民地の青年たちが時代の問題意識をもってニーチェを読み込んだように、今日の韓国におけるニーチェ研究が、北東アジアを越えて人類の問題をめぐって世界に発信できる、意味のあるメッセージを盛り込むことができるだろう。

柳芝娥（ユ ジア）

中央大学校（韓国）を卒業して立教大学で日本史を専攻し，現在は圓光大学校教授。アジア・太平洋戦争と敗戦後の日本の戦後処理過程などを中心に研究を進めている。著書に『韓日歴史問題の現在（2000–2022）』（共著），『争点韓国史——現代編』（共著）など，訳書に笠原英彦『象徴天皇制と皇位継承』などがある。

金賢珠（キム ヒョンジュ）

韓国・成均館大学校政治外交学科，東アジア学術院東アジア学科で政治学を専攻し，中国・清華大学哲学科で「先秦政治思想に対する梁啓超の現代的解釈」というテーマで哲学博士学位を取得。現在は圓光大学校 HK＋東北アジア人文社会研究所教授として在職中。著書に『春秋戦国時代の悩み』，訳書に『万国公法』など。

高建惠（カオ チアンフイ）

韓国・慶北大学校で中国語文学を専攻して博士号を取得。中国・天津外国語大学で中国語中国文学科教授として在職し，慶北大学校中国語中国文学科招聘教授を経て，韓国・水原大学校中国語中国文学科教授として在職中。

［訳　者］

柳生真（やぎゅう まこと）

韓国・江原大学校哲学科大学院卒業。日本で京都フォーラム公共哲学共働研究所特任研究員，中国で西安外国語大学，延安大学の外語専家を歴任。現在は韓国で圓光大学校研究教授。著書に『韓国と日本，哲学でつなぐ』『崔漢綺気学研究』など，訳書に篠原雅武『人類世の哲学』（共訳），李光来『韓国の西洋思想受容史』（共訳）など。

[編著者]

金正鉉（キム ジョンヒョン）

韓国・高麗大学校哲学科大学院で哲学を専攻し，ドイツ・ヴュルツブルク大学で哲学・社会学・宗教学を学んで哲学博士号を取得。世界標準版ニーチェ全集韓国語版編集委員および韓国ニーチェ学会・汎韓哲学会会長を歴任。現韓国・圓光大学校哲学科教授，韓中関係研究院院長，HK＋東北アジア人文社会研究所所長。著書に *Nietzsches Sozialphilosophie*,『ニーチェ，生命と治癒の哲学』など，訳書にニーチェ『善悪の彼岸・道徳の系譜』など多数。

[著　者]

文俊一（ムン ジュンイル）

韓国外国語大学校露語科および同大学院を卒業し，ロシア・モスクワ国立大学で革命期ロシア文学を研究，文学博士号を取得。帰国後は韓露関係に学問的接点を見出すことに努め，初期韓露関係史に対する人文学的アプローチ，シベリア少数民族の神話，サハリン・ディアスポラなどに関心を持っている。現圓光大学校北東アジア人文社会研究所教授。

趙晟桓（チョ ソンファン）

韓国・西江大学校で数学と哲学を，早稲田大学で中国哲学を学んだ後，西江大学校哲学科で博士学位を取得。西江大学校講師，圓光大学校で宗教問題研究所専任研究員，圓佛教思想研究院責任研究院を歴任。現圓光大学校韓中関係研究院・HK＋東北アジア人文社会研究所教授。著書に『韓国近代の誕生』『天を描く人々』など。訳書に小倉紀蔵『韓国は一つの哲学である』，篠原雅武『人類世の哲学』（共訳）などがある。

岩脇リーベル豊美（いわわき リーベル とよみ）

ドイツ・ヴュルツブルグ大学哲学科にて博士号取得。現ヴュルツブルグ・シュヴァインフルト技術大学（THWS）講師。哲学・日本学に従事。著書に *Nietzsches Philosophie des Wanderers. Interkulturelles Verstehen mit der Interpretation des Leibes*, *Sprache – Übersetzung – Welt(en). Das Japanische im globalen Zeitalter*（編著），論文に“Yosano Akiko’s Philosophy and Poetry – Modernization of Japan and Women’s Liberation”など。

This work was supported by
the Ministry of Education of the Republic of Korea and
the National Research Foundation of Korea
(NRF-2017S1A6A3A02079082)

北東アジア、ニーチェと出会う

19 世紀末〜20 世紀初頭の精神史的地平

2024 年 7 月 30 日　初版第 1 刷発行

金正鉉 編著
文俊一／趙晟桓／岩脇リーベル豊美／
柳芝娥／金賢珠／高建恵 著
柳生真 訳

発行所　一般財団法人　法政大学出版局
〒102-0071 東京都千代田区富士見 2-17-1
電話 03(5214)5540 振替 00160-6-95814
組版：HUP　印刷：三和印刷　製本：積信堂

Printed in Japan

ISBN978-4-588-13041-0

人名索引

や 行

ら 行

わ 行

著作・雑誌名索引

あ 行

か 行

さ 行

た 行

な 行

は 行

ま 行

や 行

ら 行

わ 行

事項索引

た 行

な 行

は 行

ま 行

や 行

ら 行

わ 行

注・参考文献

出版にあたって

＊1　ロシアのニーチェ受容史についての議論は次を参照のこと。Bernice Glatzer Rosenthal (ed.), *Nietzsche in Russia*, Princeton University Press, 1986; Bernice G. Rosenthal (ed.), *Nietzsche and Soviet Culture*, Cambridge University Press, 1994; Bernice G. Rosenthal, *New Myth, New World: from Nietzsche to Stalinism*, Pennsylvania State University, 2002; Edith W. Clowes, *The Revolution of Moral Consciousness: Nietzsche in Russian Literature 1890–1914*, Northern Illinois University Press, 1988; Nel Grillaert, *What God-seekers found in Nietzsche*, Rodopi, 2008; Ю.В. Синеокая, Е.А. Полякова (сост.), Фридрих Ницше: наследие и проект, Издательский Дом ЯСК: Языки славянской культуры, 2017.

日本のニーチェ受容史には，Hans-Joachim Becker, *Die Fruhe Nietzsche-Rezeption in Japan (1893–1903): Ein Beitrag zur Individualismusproblematik im Modernisierungsprozeß*, Otto Harrassowiz, 1983 がある。

ロシアから日本にニーチェが受容された過程を追跡した著書としては，Konishi Sho, *Anarchist Modernity: Cooperation and Japanese-Russian Intellectual Relations in Modern Japan*, Harvard University Asia Center, 2013 がある。中国のニーチェ受容史は，アメリカのバッファローにあるニューヨーク州立大学のシャオ・リーシン（Shao Lixin）の博士学位論文（1995）をあらためて本として出版するかたちで紹介された（Shao Lixin, *Nietzsche in China*, Peter Lang, 1999; 黃懷軍『中國現代作家與尼采』四川大學博士論文, 2007）。

＊2　韓国のニーチェ受容史に関しては次の論文がある。Dong-Ho Choung, 'Nietzsche in Korea', *Nietzsche-Studien* 25, 1996, p. 380–391; 金美岐「韓国ニーチェ哲学研究の発展と受容――ニーチェ研究の成果と世界標準版ニーチェ全集の完訳」，鄭東湖ほか『今日私たちはなぜニーチェを読むのか』チェクセサン，2003，p. 513–537; Kim, Jyung-Hyun, "Die Nietzsche-Rezeption in Korea. Ihre Bedeutung in der Geistesgeschichte Koreas",

Nietzsche-Studien 43, 2014, p. 217–228.

＊3 西北学会に掲載された論文に対する分析は，Jyung-Hyun Kim, "Nietzsche und die koreanische Geistesgeschichte am Anfang des 20. Jahrhunderts", *Nietzscheforschung* 23, 2016, p. 225–244 を参照のこと。

第一章

十九世紀末ロシアの思想地形図と
ニコライ・グロットのニーチェおよびトルストイ解釈

＊1 Юлия В. Синеокая, "Восприятие идей Ницше в России: основные этапы, тенденции, значение", Ф. Ницше и философия в России СПб, Русский Христианский гуманитарный институт, 1999, p. 7.

＊2 イ・ミョンヒョン「ベールイとブロックのニーチェ受容」『Acta Russiana』第1号，高麗大学ロシアCIS研究所，2009，p. 107.

＊3 金正鉉「ニーチェ，トルストイ，そして20世紀初頭の北東アジアの精神史」『ニーチェ研究』第37輯，韓国ニーチェ学会，2020，p. 164–165.

＊4 ソ・ヨンヒョン「知の近代的転換――トルストイ受容による「近代知」の編成と流通」『東方学誌』第154号，延世大学国学研究院，2011，p. 184–186.

＊5 金正鉉，前掲論文，p. 150.

＊6 Юлия В. Синеокая，前掲論文，p. 11.

＊7 ポベドノスチェフはアレクサンドル三世の在位期間中，聖務会院（聖シノド，Holy Synod）院長であり，徹底した保守主義者であった。当時の国家政策に決定的な影響力を行使した。ロシアを革命的動揺と混乱から救うことができるのは専制政治・ロシア正教・民族性であるという原則を闡明した。

＊8 Nel Grillaert, *What the God-seekers found in Nietzsche: The Reception of Nietzsche's Übermensch by the Philosophers of the Russian Religious Renaissance*, Rodopi B.V., 2008, p. 20.

＊9 Юлия В. Синеокая，前掲論文，p. 11.

＊10 Nel Grillaert，前掲論文，p. 21.

＊11 Bernice Rosenthal, *New Myth, New World: from Nietzsche to Stalinism*, Pennsylvania State University, 2002, p. 27.

＊12 Юлия В. Синеокая，前掲論文，p. 11.

＊13 同上論文，p. 15.

＊14　同上論文，p. 10.

＊15　同上論文，p. 17.

＊16　George L. Kline, "Foreword", Bernice Rosenthal (ed.), *Nietzsche in Russia*, Princeton University Press, 1986, p. 11.

＊17　А.В. Цветков, "Рецепция ницшеанских идей в России на рубеже XIX–XX вв.", Ярославский педагогический вестник No. 4 ТомI, Ярославский государственный педагогический университет им. К. Д. Ушинского, 2012, p. 289.

＊18　Юлия В. Синеокая，前掲論文，p. 17–18.

＊19　同上論文，p. 23–24.

＊20　同上論文，p. 26–28.

＊21　同上論文，p. 28.

＊22　同上論文，p. 29.

＊23　同上論文，p. 30–31.

＊24　Nel Grillaert，前掲論文，p. 19–20.

＊25　Юлия В. Синеокая，前掲論文，p. 12.

＊26　同上論文，p. 13.

＊27　イ・ヒョンスク「ロシア象徴主義とニーチェ――価値の再評価と未来の文化創造」『露語露文学』第22巻4号，韓国露語露文学会，2010，p. 340.

＊28　Bernice Rosenthal, "Introduction", Bernice Rosenthal (ed.), *Nietzsche in Russia*, (Princeton University Press, 1986), p. 8.

＊29　Лапшин И.Е., "Этическое восприятие идей Ницше в русской философии рубежа XIX–XX вв.", История, политика и философия в эпоху глобализации, Российский ун-т дружбы народов, 2016, p. 52–53.

＊30　Юлия В. Синеокая，前掲論文，p. 32.

＊31　Edith W. Clowes, *The Revolution of Moral Consciousness: Nietzsche in Russian Literature, 1890–1914*, Northern Illinois University Press, 1988, p. 15.

＊32　デカブリストの乱は1825年12月，サンクトペテルブルクで農奴制廃止と立憲君主制を要求してロシアの青年将校たちが起こした反乱である。彼らの大部分は1812年のナポレオン戦争時に西欧の自由思想に接した貴族出身の青年将校だった。12月を意味するロシア語「デカーブリ（дека́брь）」に由来し，12月に蜂起した彼らは「デカブリスト」，すなわち「十二月党員」と名付けられた。彼らの反乱は組織力と準備の不足によって失敗した。これがロシア初の革命運動である。

＊33　「余計者」は19世紀のロシア文学に登場する人物類型である。大半が

貴族出身で，教養と能力を身につけてはいるが，社会的領域で自分の才能を発揮できない。周囲の環境に対して冷笑的で傍観的な態度を取る。この用語はツルゲーネフの『余計者の日記（Дневник лишнего человека）』という作品に由来する。

＊34　Edith W. Clowes，前掲論文，p. 29–31.

＊35　Юлия В. Синеокая，前掲論文，p. 8.

＊36　同上論文，p. 19.

＊37　Nel Grillaert，前掲論文，p. 24. モスクワ心理学会はトロイツキー M. M. Troitsky の提案で 1885 年 1 月 24 日に創立され，トロイツキーを会長に選出した。3 年後の 1888 年にニコライ・グロットが会長になり，1899 年の彼の死去まで会長職を歴任した。1889 年グロットの主導で『哲学と心理学の諸問題』を発刊したが，このジャーナルは当時ロシアで最も多くの部数を発刊する，最も影響力のある哲学出版物となった。

＊38　Ann M. Lane, “Nietzsche Come to Russia: Popularization and Protest in the 1890s”, Bernice Rosenthal (ed.), *Nietzsche in Russia*, Princeton University Press, 1986, p. 52.

＊39　Юлия В. Синеокая，前掲論文，p. 15.

＊40　Юлия В. Синеокая кро́ме, Ницше*: pro et contra:* Антология, СПб, Издательство Русского Христианского Гуманитарного Института, 2001, p. 1029.

＊41　Nel Grillaert，前掲論文，p. 25.

＊42　Ann M. Lane，前掲論文，p. 51–52.

＊43　Nel Grillaert，前掲論文，p. 25.

＊44　В.П. Преображенский, “Фридрих Ницше, Критика морали альтруизма”, Ницше: pro et contra: Антология СПб, Издательство Русского Христианского Гуманитарного Института, 2001, p. 31.

＊45　Nel Grillaert，前掲論文，p. 25.

＊46　Ann M. Lane，前掲論文，p. 53.

＊47　Nel Grillaert，前掲論文，p. 26.

＊48　同上書，p. 27–28.

＊49　L. ロパーチン「痛い真実――プレオブラジェンスキーの論文『フリードリヒ・ニーチェ　利他主義道徳批判』に関する短評（Bol ‘naia iskrennost’: Zametka po povody stat’i V. Preobrazhenskogo “Fridrikh Nitsshe. Kritika morali al’truizma”）」『哲学と心理学の諸問題（Вопросы философии и психологии）』No. 16, 1893, p. 109–114; N. グロット「われらの時代の道徳的諸理想――フリードリヒ・ニーチェとレフ・トルストイ（Nravst-

vennye idealy nashego vremeni: Fridrikh Nitsshe i Lev Tolstoi)」, 前掲書, p. 129–154; P. アスタフィエフ「退廃主義の道徳的理想の起源 Genezis nravstvennogo ideala dekadenta」, 前掲書, p. 56–75.

＊50　トルストイとグロットは1885年に知り合った。グロットはトルストイをモスクワ心理学会に加入させ, トルストイは学会機関誌である『哲学と心理学の諸問題』に, 自身の論文2編を発表した。「意志の自由に関する問題について（K voprosyo svobode voli）」（21号, 1894),「芸術とは何か？（Chto takoe iskusstvo）」（40・41号, 1898）である。彼らの交流はグロットが1899年に亡くなるまで続く。トルストイは1910年にグロットについての回想記を書いた。トルストイは秘書のチェルトコフに宛てた手紙にこう書いた。「私は, ここで哲学者のグロットと知り合いになった。彼がとても気に入っているが, それは彼が私と意見を共にするという理由だけではないと思いたい」。

＊51　Ю.В. Синеокая, Е.А. Полякова（сост.), Фридрих Ницше: наследие и проект, Издательский Дом ЯСК: Языки славянской культуры, 2017, p. 19.

＊52　Н.Я. Грот, "Нравственные идеалы нашего времени. Фридрих Ницше и Лев Толстой", Ницше: pro et contra: Антология СПб, 2001, p. 74.

＊53　同上論文, p. 75.

＊54　同上論文, p. 75–78.

＊55　同上論文, p. 79.

＊56　同上論文, p. 81.

＊57　同上論文, p. 81–83.

＊58　同上論文, p. 83.

＊59　同上論文, p. 85–86.

＊60　同上論文, p. 89.

＊61　大石紀一郎ほか編『ニーチェ辞典』イ・シンチョル訳, 図書出版b, 2016, p. 149.

＊62　金正鉉, 前掲論文, p. 159. 小西増太郎はグロットと交流し, またトルストイとも親交を深めた最初の日本人だった。キエフ神学校を卒業した小西増太郎は, その後モスクワを訪れて, モスクワ国立大学で聴講生として心理学を学んだ。そのときにモスクワ大学教授だったグロットと出会ってモスクワ心理学会会員として活動し,『哲学と心理学の諸問題』に東洋思想に関する論文を寄稿した。グロットの紹介で1892年トルストイと出会って, 一緒に『道徳経』をロシア語訳した。小西増太郎が日本にニーチェ思想を紹介する過程は, 金正鉉論文で詳細に明らかにされている。

参考文献

김정현「니체, 톨스토이, 그리고 20 세기 초 동북아시아의 정신사」『니체연구』 제 37 집, 2020, p. 137–170.

소영현「知의 근대적 전환 : 톨스토이 수용을 통해 본 '근대지' 의 편성과 유통」『동방학지』 제 154 호, 연세대학교 국학연구원, 2011, p. 173–218.

오이시 기이치로 외 엮음, 이신철 옮김『니체사전』도서출판 b, 2016.

이명현「벨르이와 블록의 니체 수용」『Acta Russiana』 제 1 호, 고려대학교 러시아 CIS 연구소, 2009, p. 107–125.

이현숙「러시아 상징주의와 니체 : 가치의 재평가와 미래의 문화 창조」『노어노문학』 제 22 권 4 호, 한국노어노문학회, 2010, p. 339–356.

Clowes, Edith W., *The Revolution of Moral Consciousness: Nietzsche in Russian Literature, 1890–1914*, Northern Illinois University Press, 1988.

Grillaert, Nel, *What the God-seekers found in Nietzsche. The Reception of Nietzsche's Übermensch by the Philosophers of the Russian Religious Renaissance*, Rodopi B.V., 2008.

George L. Kline, "Foreword", Bernice Rosenthal (ed.), *Nietzsche in Russia*, Princeton University Press, 1986, pp. 11–16.

Lane, Ann M., "Nietzsche Come to Russia: Popularization and Protest in the 1890s", Rosenthal, Bernice (ed.), *Nietzsche in Russia, New Jersey*: Princeton University Press, 1986, p. 51–68.

Rosenthal, Bernice, "Introduction", Bernice Rosenthal (ed.), *Nietzsche in Russia*, Princeton University Press, 1986, p. 3–48.

Rosenthal, Bernice, *New Myth, New World: from Nietzsche to Stalinism*, Pennsylvania State University, 2002.

Грот, Н.Я., "Нравственные идеалы нашего времени. Фридрих Ницше и Лев Толстой", Ницше*: pro et contra:* Антология СПб, 2001, p. 70–90.

И.Е., Лапшин, "Этическое восприятие идей Ницше в русской философии рубежа XIX–XX вв.", История, политика и философия в эпоху глобализации, Российский ун-т дружбы народов, 2016, p. 52–61.

Синеокая, Юлия В. крóме, Ницше*: pro et contra:* Антология СПб, Издательство Русского Христианского Гуманитарного Института, 2001.

В.П., Преображенский, “Фридрих Ницше, Критика морали альтруизма”, Ницше: *pro et contra*: Антология СПб, Издательство Русского Христианского Гуманитарного Института, 2001, p. 30–64.

Синеокая, Ю.В., Полякова Е.А.（сост.）, Фридрих Ницше: наследие и проект, Издательский Дом ЯСК: Языки славянской культуры, 2017.

Синеокая, Юлия В., “Восприятие идей Ницше в России: основные этапы, тенденции, значение”, Ф. Ницше и философия в России СПб, Русский Христианский гуманитарный институт, 1999, p. 7–37.

Цветков, А.В., “Рецепция ницшеанских идей в России на рубеже XIX–XX вв.”, Ярославский педагогический вестник No. 4, 2012, p. 288–290.

第二章

小西増太郎のニーチェとトルストイ受容と日本精神史的意味

＊1　『中国現代文学』23 号，韓国中国現代文学学会，2002，p. 15–38.

＊2　イ・サンオク「ニーチェと近代中国の思想――王国維と魯迅に及ぼした影響を中心に」『ニーチェ研究』第 15 輯，2009，p. 249–282. これ以外にも次の研究を参照のこと。「ニーチェ哲学と文化，神話――ニーチェ中国受容の二重性――現代中国思想の表象を中心に」『ニーチェ研究』第 18 輯，2010，p. 153–184;「中国現代イデオロギーとニーチェ――第 3 次ニーチェ熱の内容と含意」『ニーチェ研究』第 21 輯，2012，p. 135–160;「現代性，そして虚無――現代中国のニーチェに関する二つの主題」『東洋文化研究』14 号，2013，p. 119–141;「現代性の二重性――梁啓超と王国維のニーチェ受容を中心に」『ニーチェ研究』第 26 輯，2014，p. 339–366;「現代中国におけるニーチェ理解の三つの方法」『ニーチェ研究』第 28 輯，2015，p. 253–275;「王国維とニーチェ――現代中国美学体系の形成」『ニーチェ研究』第 30 輯，2016，p. 119–142;「魯迅とニーチェ――魯迅前期の思想に及ぼしたニーチェの影響を中心に」『ニーチェ研究』第 32 輯，2017，p. 317–347;「ニーチェと現代中国文学――魯迅後期文学に及ぼしたニーチェの影響」『ニーチェ研究』第 33 輯，2018，p. 293–320;「意志文学とニーチェ――1940 年代の中国戦国策派のニーチェの影響」『ニーチェ研究』第 34 輯，2018，p. 245–269;「中国思想とニーチェ――1980 年代ニーチェの中国思想への影響」『ニーチェ研究』第 36 輯，2019，p. 105–136.

＊3　『人文科学研究』第 22 輯，2009，p. 357–382.

＊4　『比較文化研究』第 33 輯，2013，p. 241–262.

＊5　『梨花語文論集』第 31 輯，2013，p. 47–62.

＊6　『ニーチェ研究』第 37 輯，2020，p. 171–212．副題の「発生に」は「発生を」の誤植とみられる。

＊7　『ニーチェ研究』第 3 輯，1997，p. 156–176.

＊8　金正鉉の「ニーチェ，トルストイ，そして 20 世紀初北東アジアの精神史」『ニーチェ研究』第 37 輯，2020 によれば『南北学会月報』ではなく『西北学会月報』が正しい。

＊9　小春と妙香山人は 1920 年代の天道教思想家「金起田《キムギジョン》」のペンネームである。

＊10　『開新語文研究』第 31 輯，2010，p. 207–230.

＊11　『開新語文研究』第 36 輯，2012，p. 133–152.

＊12　『ニーチェ研究』第 12 輯，2007，p. 33–69.

＊13　『ニーチェ研究』第 14 輯，2008，p. 245–280.

＊14　『ニーチェ研究』第 26 輯，2014，p. 305–337.

＊15　『ニーチェ研究』第 39 輯，2021，p. 245–276.

＊16　『ニーチェ研究』第 37 輯，2020，p. 137–170.

＊17　『ニーチェ研究』第 161 輯 제집，2022，p. 129–153.

＊18　『ニーチェ研究』第 20 輯，2011，p. 39–62.

＊19　『ニーチェ研究』第 20 輯，2011，p. 63–95.

＊20　『中国現代文学』第 95 輯，2020，p. 175–210.

＊21　『韓国文芸批評研究』第 65 輯，2020，p. 67–88.

＊22　『ニーチェ研究』第 34 輯，2018，p. 215–244．以下は「丁洛林（2018）」として引用。

＊23　『ニーチェ研究』第 37 輯，2020，p. 137–170．以下は「金正鉉（2020）」として引用。

＊24　丁洛林（2018），p. 217.

＊25　丁洛林（2018），p. 237.

＊26　『心海』は当時，日本のニコライ男子神学校の機関誌であった（柳富子「明治期のトルストイ受容（中）」『文学』第 47 集 4 号，1979，p. 103）。ニコライ神学校はロシア正教会に属しており，小西増太郎がロシア留学する前に通っていた神学校である。ちなみに，柳富子はこの論文の他にも上編と下編を書いており，同年の『文学』第 47 集 3 号と第 47 集 10 号にそれぞれ掲載されている。以下，この三編の論文を引用する際には「柳富子（1979 上）」「柳富子（1979 中）」「柳富子（1979 下）」と表記する。この三編の論文は，後の著者の単行本『トルストイと日本』早稲田大学出版部，1998，p. 3–67 に所収。

＊27　丁洛林（2018），p. 216．正式なタイトルは「歐洲に於ける徳義思想の二代表者フリデリヒ，ニツシュ氏とレオ，トルストイ伯との意見比較」である。

＊28　『ニーチェ研究』第12輯，2007，p. 39.

＊29　これについては金正鉉（2020），p. 138を参照のこと。

＊30　小西とトルストイの『道徳経』翻訳については，ニコラエヴィチ・トルストイ『トルストイが翻訳した老子道徳経』崔在穆訳，21世紀文化院，2021の「訳者解説」を参照のこと。

＊32　「協力と交流」はコニシ・ショー（Konishi Sho）の著 *Anarchist Modernity: Cooperation and Japanese-Russian Intellectual Relations in Modern Japan*, Cambridge and London: Harvard University Asia Center, 2013から借用した。以下 'Konishi Sho (2013)' と略称。

＊32　茅野良男「明治時代のニーチェ解釈――登張・高山・桑木を中心に30年代前半まで」『実存主義』63号6月，1973〔以下「茅野良男（1973）」と略称〕，p. 3.

＊33　「歐洲に於ける徳義思想の二代表者フリデリヒ，ニツシュ氏とレオ，トウストイ伯との意見比較」『心海』4号，1893と「ニツシュ氏とトウストイ伯徳義思想を評す」『心海』5号，1894．以上，金正鉉（2020），p. 158–159参照。

＊34　"Finally, in contrasting Nietzsche negatively with Tolstoy, the nature of the article appears quite consistent with Konishi's attempt to introduce Tolstoy as an important ethical thinker"（Konishi Sho (2013), p. 127）．金正鉉（2020），p. 151，p. 160を参照。

＊35　柳富子（1979上），p. 82.

＊36　柳富子（1979上），p. 78–79.

＊37　柳富子（1979上），p. 81.

＊38　柳富子（1979上），p. 82.

＊39　小西増太郎「露国思想界の近況（上・中・下）」『六合雑誌』1月・3月・4月，1894，柳富子（1979上），p. 85を参照。

＊40　柳富子（1979上），p. 85.

＊41　柳富子（1979上），p. 86.

＊42　Susanna Fessler, "Anesaki Masaharu's Reception of Leo Tolstoy and His Failed Attempt at Finding the Faith", *The Journal of Transcultural Studies, Issue* 1–2, 2018, p. 72.

＊43　幸徳秋水・堺枯川「トルストイの日露戦争論」『平民新聞』39，1904.

＊44　柳富子（1979中），p. 96.

＊45　柳富子（1979 中），p. 102.
＊46　柳富子（1979 中），p. 102–103.
＊47　柳富子（1979 中），p. 103–104.
＊48　茅野良男（1973），p. 6.
＊49　柳富子（1979 中），p. 105–106.
＊50　柳富子（1979 中），p. 106–107.
＊51　柳富子（1979 下），p. 39.
＊52　金正鉉（2020），p. 152–153.
＊53　ここで，「1–56」とは，「1893 年 12 月に出た『心海』4 号掲載の小西論文の p. 56」を意味する。同様に「2–56」は 1894 年 1 月に出版された『心海』5 号に掲載の小西論文の p. 56」を表す。
＊54　「ニーチェは，自然的欲望を発達させて人間以上の人間を作り上げようとする」（1–60）。
＊55　「（トルストイは）私利私欲をほしいままに放っておくのではなく，それを完全に抑圧して，献身・迫害・同情を盛大にして自ら献身・忍耐をもって悪と敵対するところにあるととらえる」（1–59）。
＊56　「彼（＝ニーチェ）は言う――宗教は徳義を破壊するが故に，宜しくその敗徳の原因である宗教を撲滅しなければならぬ」（1–59）。
＊57　「或る人は人類を宗教徳義の束縛から脱して，自然に放任させることで人物を養成しなければならないと主張する反面で，別の人は宗教の力を借りて自然の情欲を節制することで，徳義を革新しなければならないと主張する。前者の学説を主張する者は今日のヨーロッパで著名な倫理学者フリードリヒ・ニーチェ氏であり，後者の学説を代表する者はロシアの著名な作家レオ・トルストイ伯爵である」（1–56）。
＊58　近代日本の「改造論」についてはパク・チウン「文明の転換と世界の改造――一次大戦直後『改造』の文明論」『東方学志』第 173 号，2016, p. 135–159 を参照した。
＊59　生田長江・本間久雄『社会改造の八大思想家』東京堂書店，1920.
＊60　これについては山中芳和「土田杏村の教育観と修身教科書批判 (2)――『道徳改造論』を中心に」『岡山大学大学院教育学研究科紀要集録』158, 2015, p. 11–22 を参照した。
＊61　東学から円仏教へと続く「開闢」概念の大綱については趙晟桓「革命から開闢へ――東学における道徳の転換を中心に」（カン・ウォンドン他「近代思想の受容と変容 II」報告社，2021 所収）を参照のこと。
＊62　「ニーチェのように，動物的人間を改良し，動物以上の人間たらしめること」（1–59），「ニーチェは，人間は弱い動物であり，動物の中で最も弱い

ととらえる」(1–61)。

＊63 「ニーチェは，優勝劣敗は天理だと信じるが」(2–30)「弱者が強者の餌となることは自然の理だと考える」(1–61)。

＊64 金正鉉 (2020)，p. 155.

＊65 『国民之友』は1887年創刊，1898年に廃刊された。

＊66 2007年に出版された太田健一の小西研究書に付録として載っている年表によると，小西は1887年5月1日に横浜港を出発し，6月30日にロシアのサンクトペテルブルクに到着した。そして1893年9月24日にロシアのオデッサを出発して，10月29日に日本に帰国した（太田健一『小西増太郎・トルストイ・野崎武吉郎――交情の軌跡』吉備人出版，2007, p. 263–264).

＊67 松本三之介『「利己」と他者のはざまで――近代日本における社会進化思想』以文社，2017 (以下「松本三之介 (2017)」と略称)，p. 159.

＊68 松本三之介 (2017)，p. 174.

＊69 松本三之介 (2017)，p. 176.

＊70 これについては松本三之介の次の発言を参考にした。「日本に進化論が紹介されたのは1877年（明治10年）のことだが，日本でも進化論が社会思想に及ぼした影響は極めて広範囲だった」(松本三之介，2017，p. 3)。1877年は小西増太郎（1862–1940）が16歳のときで，ロシア留学の10年前にあたる (1887年にロシア留学)。

＊71 丁洛林 (2018)，p. 223; 金正鉉 (2020)，p. 160–161.

＊72 桑木厳翼『ニーチェ氏倫理説一斑』弘文堂，1902（以下「桑木厳翼 (1902)」と略称)，p. 1.

＊73 桑木厳翼 (1902)，p. 10.

＊74 茅野良男 (1973)，p. 7.

＊75 林正子「明治中後期から大正期にかけての評論におけるドイツ思想・文化受容の系譜 (概論)」『岐阜大学国語国文学』32，2005，p. 25.

＊76 和辻哲郎『ニイチェ研究』筑摩書房，1942 (改訂3版)，p. 4.

＊77 朴奎泰「日本人の生命観――系譜的一考察」『圓仏教新聞』2010. 4. 23.〔http://www.wonnews.co.kr/news/articleView.html?idxno=97531〕

＊78 姉崎正治は1910年から1911年にかけてショーペンハウアーの『意志と表象としての世界』を全三巻で翻訳した。

＊79 茅野良男 (1973)，p. 4.

参考文献

1. 単行本

桑木厳翼『ニーチェ氏倫理説一斑』弘文堂, 1902.

生田長江・本間久雄『社会改造の八大思想家』東京堂書店, 1920.

和辻哲郎『ニイチェ研究（改訂 3 版）』筑摩書房, 1942.

柳富子『トルストイと日本』早稲田大学出版部, 1998.

太田健一『小西増太郎・トルストイ・野崎武吉郎——交情の軌跡』吉備人出版, 2007.

松本三之介『'利己' と他者のはざまで——近代日本における社会進化思想』以文社, 2017.

Konishi Sho, *Anarchist Modernity: Cooperation and Japanese-Russian Intellectual Relations in Modern Japan*, Cambridge and London : Harvard University Asia Center, 2013.

니콜라예비치 톨스토이 저 , 최재목 역,『톨스토이가 번역한 노자 도덕경』, 21 세기문화원, 2021.

2. 論文

박노균「니이체와 한국문학」『니체연구』제 3 집, 1997, p. 156–176.

정낙림「일본의 초기 니체 수용사——1890–1910 년까지」『니체연구』제 34 집, 2018, p. 215–244.

김정현「니체, 톨스토이, 그리고 20 세기 초 동북아시아의 정신사」『니체연구』제 37 집, 2020, p. 137–170.

조성환「혁명에서 개벽으로——동학에서의 도덕의 전환을 중심으로」, 강원돈 외『근대 사상의 수용과 변용 II』보고사, 2021, p. 91–114.

小西増太郎「歐洲に於ける徳義思想の二代表者——フリデリヒ, ニツシュ氏とレオ, トウストイ佰との意見比較」『心海』4, 1893. 12., p. 56–61.

小西増太郎「ニツシュ氏とトルストイ佰徳義思想を評す」『心海』5, 1894. 1, p. 30–33.

茅野良男「明治時代のニーチェ解釈——登張・高山・桑木を中心に三十年代前半まで」『実存主義』63, 1973. 6., p. 2–16.

柳富子「明治期のトルストイ受容（上）」『文学』47–3, 1979, p. 78–88.

柳富子「明治期のトルストイ受容（中）」『文学』47–4, 1979, p. 96–108.

柳富子「明治期のトルストイ受容（下）」『文学』47–10, 1979, p. 38–52.

林正子「明治中後期から大正期にかけての評論におけるドイツ思想・文化受容の系譜（概論）」『岐阜大学国語国文学』32, 2005. 12., p. 13–47.

山中芳和「土田杏村の教育観と修身教科書批判 (2)——『道徳改造論』を中心に」『岡山大学大学院教育学研究科紀要集録』158, 2015, p. 11–22.

Susanna Fessler, “Anesaki Masaharu’s Reception of Leo Tolstoy and His Failed Attempt at Finding the Faith”, *The Journal of Transcultural Studies*, Issue 1–2, 2018, p. 72–94.

3. その他

박규태「일본인의 생명관——계보적 일고찰」『원불교신문』2010. 4. 23.〔http://www.wonnews.co.kr/news/articleView.html?idxno=97531〕.

조성환「아시아로 들어온 톨스토이——《도덕경》에서 발견한 생명 평화의 길」, 원광대학교 동북아시아인문사회연구소 발행,『동북아로』5 권, 2021. 8., p. 26–29.

第三章

高山樗牛「美的生活を論ず」とニーチェ思想

＊1　高山樗牛「美的生活を論ず」『現代日本文学全集 59　高山樗牛・島村抱月・片上伸・生田長江』1958, 87–91 頁。

＊2　高山樗牛「姉崎嘲風に与ふる書（六）」『現代日本文学全集 59　高山樗牛・島村抱月・片上伸・生田長江』1958, p. 76.

＊3　高山林次郎『樗牛全集（全 5 巻）』斎藤信策・姉崎正治共編, 博文堂, 1906; 高山林次郎『樗牛全集 註釈 改訂（全 7 巻）』姉崎正治・笹川種郎共編, 博文館, 1925–1926.

＊4　Hans Joachim Becker: *Die Frühe Nietzsche-Rezeption in Japan (1893–1903)*, p. 97 以下, および杉田弘子『漱石の『猫』とニーチェ』白水社, 2010, p. 57 参照。

＊5　「高山君の『美的生活論』は明かにニーチェの説にその根拠を有す。さればニーチェが学説の一斑に通ずるものに非ずんば到底その本意を解しがたし．況んやその妙味をや」(登張竹風「美的生活論とニイチエ」『近代浪漫派文庫 14　登張竹風・生田長江』新学社, 2006.

＊6　高山樗牛, 前掲「姉崎嘲風に与ふる書」, p. 78–79.

＊7　高山樗牛「文明批評家としての文学者」『現代日本文学全集 59　高山樗牛・島村抱月・片上伸・生田長江』1958, p. 62.

＊8　高山樗牛, 同上, p. 62 参照 ; Theobald Ziegler: *Die geistigen und sozialen Strömungen des neunzehnten Jahrhunderts*. Georg Bondi, 1911（*1899）, p.

588.

＊9　Friedrich Nietzsche, David Strauss der Bekenner und der Schriftsteller §2. KSA I. p. 165 以下; 'Nutzen und Nachteil der Historie für das Leben', Unzeitgemäße Betrachtungen II §10. KSA 1, p. 326.

＊10　高山樗牛，前掲「文明批評家としての文学者」, p. 62; Theobald Ziegler, *Die geistigen und sozialen Strömungen des neunzehnten Jahrhunderts*. Georg Bondi, 1911 (*1899), p. 588 以下。

＊11　Theobald Ziegler，同上，p. 605.

＊12　高山樗牛，前掲「文明批評家としての文学者」，p. 63.

＊13　高山樗牛，同上，p. 67.

＊14　高山樗牛，前掲「美的生活を論ず」，p. 87.

＊15　谷沢永一『文豪たちの大喧嘩――鷗外・逍遥・樗牛』新潮社，2003，p. 215–225 など。

＊16　杉田弘子『漱石の『猫』とニーチェ』白水社，2010，p. 37.

＊17　岡崎義恵「高山樗牛論」『現代日本文学全集 59　高山樗牛・島村抱月・片上伸・生田長江』1958，p. 366.

＊18　Theobald Ziegler，前掲書，p. 588.

＊19　Friedrich Nietzsche, "*Von den Verächtern des Leibes*", *Also sprach Zarathustra* I. KSA 4, p. 38 以下。

＊20　Friedrich Nietzsche, *Jenseits von Gut und Böse* §260, KSA 5, p. 208 以下。

＊21　Theobald Ziegler: 前掲書，p. 595.

＊22　Theobald Ziegler: 同上，p. 596.

＊23　登張竹風，前掲「美的生活論とニイチエ」。

＊24　同上，p. 593.

＊25　Friedrich Nietzsche, *Die fröhliche Wissenschaft* §341, KSA 3, p. 570 および Theobald Ziegler, 前掲書，p. 593.

＊26　Theobald Ziegler, 前掲書，p. 593 以下。

＊27　Theobald Ziegler，同上，p. 595 以下。

＊28　高山樗牛「日蓮上人とは如何なる人ぞ」『現代日本文学全集 59　高山樗牛・島村抱月・片上伸・生田長江』1958, p. 98.

参考文献

高山樗牛「文明批評家としての文学者」『高山樗牛・島村抱月・片上伸・生田長江　現代日本文学全集 39』筑摩書房，1958，p. 62–67.

高山樗牛「姉崎嘲風に与ふる書」『現代日本文学全集 59　高山樗牛・島村抱

月・片上伸・生田長江』筑摩書房 1958, p. 72–81.
高山樗牛「美的生活を論ず」『現代日本文学全集 59　高山樗牛・島村抱月・片上伸・生田長江』筑摩書房，1958，p. 87–91.
高山樗牛「日蓮上人とは如何なる人ぞ」『現代日本文学全集 59　高山樗牛・島村抱月・片上伸・生田長江』筑摩書房，1958，p. 91–98.
登張竹風「美的生活論とニイチエ」『近代浪漫派文庫 14　登張竹風 生田長江』新学社，2006.　https://www.aozora.gr.jp/cards/001455/files/50635_37256.html（11. 01. 2022）
高山林次郎『樗牛全集　全五巻』斎藤信策・姉崎正治編，博文堂 1906–1907.
高山林次郎『樗牛全集　註釈 改訂　全 7 巻』姉崎正治・笹川種郎編，博文館，1925–1926. In: 国立国会図書館デジタルコレクション .
https://dl.ndl.go.jp/api/openurl?rft.title=%E6%A8%97%E7%89%9B%E5%85%A8%E9%9B%86（30. 01. 2022）.
Friedrich Nietzsche: David Strauss der Bekenner und der Schriftsteller（DS）. In: *Unzeitgemäße Betrachtungen* I. *KSA* 1. In: Giorgio Colli und Massimo Montinari（Hrsg.）: *Friedrich Nietzsche: Sämtliche Werke Kritische Studienausgabe*.（*KSA*）. Deutsche Taschenbuch Verlag & Walter de Gruyter, Berlin/ New York 1967–77 und 1988.
Friedrich Nietzsche: Nutzen und Nachteil der Historie für das Leben（*HL*）. In: *Unzeitgemässe Betrachtungen* I. *KSA* 1.
Friedrich Nietzsche: *Die fröhliche Wissenschaft*（*FW*）. In: *KSA* 3.
Friedrich Nietzsche: Von den Verächtern des Leibes. In: *Also sprach Zarathustra*（Za）I. *KSA* 4.
Friedrich Nietzsche: Jenseits von Gut und Böse（*JGB*）. In: *KSA* 5.
Theobald Ziegler: *Die geistigen und sozialen Strömungen des neunzehnten Jahrhunderts*. Berlin: Georg Bondi 1911（*1899）.
Hans Joachim Becker: *Die Frühe Nietzsche-Rezeption in Japan (1893–1903) Ein Beitrag zur Individualismusproblematik im Modernisierungsprozeß*. Wiesbaden: Otto Harrassowiz 1983.
岡崎義恵「高山樗牛論」『現代日本文学全集 59　高山樗牛・島村抱月・片上伸・生田長江』筑摩書房，1958，p. 365–371.
杉田弘子『漱石の『猫』とニーチェ――稀代の哲学者に震撼した近代日本の知性たち』白水社，2010.
杉田弘子「ニーチェ移入をめぐる資料的研究――日本文献と外国文献の関係」，東京大学国語国文学会編『国語と国文学』昭和 41（1966）年 5 月.
谷沢永一『文豪たちの大喧嘩――鷗外・逍遥・樗牛』新潮社，2003.

第四章

浮田和民の愛己／愛他解釈と倫理的帝国主義論

＊1　日露戦争特別展「第 1 回帝国議会・衆議院議事録：1890（明治 23）. 11. 29. ～ 1891（明治 24）. 3. 7.」, Ref. A07050000300, 2022. 1. 4〔https://www.jacar.go.jp/nichiro2/sensoushi/seiji03_outline.html〕.

アジア歴史資料センターの日露戦争特別展衆議院第一回通常会議速記録の 1890 年 12 月 7 日付の記録を見ると，山県有朋総理大臣が首相施政方針演説において日本の主権線と利益線を守る旨の「外交政略論」を説明しながら使用したことで，「主権線」と「利益線」という用語が定着した。

＊2　加藤陽子『それでも日本人は「戦争」を選んだ――日清戦争から太平洋戦争まで』尹賢明，イ・スンヒョク訳，ソヘ文集，2018，p. 6.

＊3　林正子「日清・日露戦役間の日本におけるドイツ思想・文化受容の一面――総合雑誌『太陽』掲載の樗牛・嘲風・鷗外の言説を中心に」『日本研究』第 15 集，1996; 林正子「明治中後期から大正期にかけての評論におけるドイツ思想・文化受容の系譜「概論」」『岐阜大学国語国文学』32, 2005.

＊4　石神豊「歴史の中の個人主義――日本におけるニーチェ受容にみる（その 1）」『創価大学人文論集』22，2010; 石神豊「歴史の中の個人主義――日本におけるニーチェ受容にみる（その 2）」『創価大学人文論集』23, 2011.

＊5　丁洛林「日本の初期ニーチェ受容史――1890–1910 まで」『ニーチェ研究』第 34 輯，2018，p. 215–244.　この論文では，日本がどのように自らの文化と歴史・社会的条件に合わせてニーチェを解釈しているかが分析されている。

＊6　本名は林次郎（1871–1902）であり，明治期の文芸評論家・思想家で明治 30 年代の言論を先導した人物である。

＊7　「美的生活を論ず」（『太陽』1901. 8.）にニーチェに対する言及はまったくないが，ニーチェの美の概念を比較・検討して美学的影響について分析した内容として知られ，ニーチェ哲学論争の発端となった。

＊8　日本知識人の道徳に対する関心を扱った代表的な論文としては，クォン・ソクヨンの「日本の初期帝国主義論と道徳談論――国家的道徳と世界的道徳，または国民的立場と人類的立場」（『史林』第 45 号，2013）がある。

＊9　代表的な論文としてはパク・ヤンシン「19・20世紀転換期の日本における「帝国主義」論の諸相――西洋思想との関連から」『日本歴史研究』第9集，1999，p. 131–157; 石井知章「浮田和民と「倫理的帝国主義」論」『アジア太平洋討究』19，2013などがある。

＊10　齋藤毅『明治のことば』講談社，2005，p. 235.

＊11　石神豊「歴史の中の個人主義――日本におけるニーチェ受容にみる（その1）」『創価大学人文論集』22，2010，p. 74.

＊12　丁洛林，前掲論文，p. 223–224.

＊13　丁洛林，前掲論文，p. 225.

＊14　『公文書にみる日本のあゆみ』「五箇条の誓文」〔http://www.archives.go.jp/ayumi/kobetsu/m01_1868_02.html〕.

＊15　高松敏男・西尾幹二編『ニーチェ全集　別巻　日本人のニーチェ研究譜』白水社，1982，p. 200–202文献表参照。1900年にはニーチェについて樗牛が論じた二つの記事がすべてだったが，1901年には新聞・雑誌・紀要などを含めニーチェに関する記事が40本を超えた。

＊16　ヨミダス歴史館〔https://database.yomiuri.co.jp/about/rekishikan/〕.

＊17　高松敏男・西尾幹二編，前掲書，p. 326.

＊18　谷沢永一「近代文学論争譜（続）――坪内逍遙の発想の再検討」研究ノート〔https://www.kansai-u.ac.jp/Tozaiken/publication/asset/bulletin/22/83gaiyou.pdf〕.

＊19　丁洛林，前掲論文，p. 230.

＊20　19世紀，マサチューセッツ州の北西部ウィリアム大学の学生が，雷雨を避けて倉庫に入り，そこで海外伝道に従事することを決心して訓練を続け，1810年にマサチューセッツ会衆派教会牧師会でインド伝道を決議した。この決議に同調した牧師たちが同年6月にアメリカン・ボード（American Board of Commissioners for Foreign Missions）を設立した。これは北米初の海外伝道組織で，会衆派・長老派・オランダ改革派などが参与した無教派的な組織だったが，後には会衆派団体として整理された。

＊21　沖田行司『新編　同志社の思想家たち』上，晃洋書房，2018，p. 96.

＊22　尋常中学校は1886年，高等中学校とともに，実業に就職するか高等学校に進学する生徒たちに必須科目を教える場所として設置された。修業年限は5年で，1899年に中学校令が改正されて「中学校」と改称された。

＊23　日本初の倫理学研究会で，1897年に姉崎正治・大西祝・横井時雄・浮田和民・岸本能武太らが設立した丁酉懇話会を母体として1900年に発足した。主に保守的国家主義に対して人格主義を主張し，全部で535集に及ぶ講演集を発行した。1947年に解散したが，多くの会員が1950年に設立

された日本倫理学会で活動した（石毛忠ほか編『日本思想史事典』山川出版社，2009，p. 674）．

＊24　加藤弘之（1836–1916）は旧幕臣で，明治維新以降は新政府に仕えた。元老院議官，勅選貴族院議員などを経て東京帝国大学第2代総長を歴任し，1874年に『国体新論』（谷山楼版）を発表して天賦人権論を主張したが，後に進化論的立場から天賦人権論を否定する方向へと転向した。

＊25　加藤弘之『強者の権利の競争』哲学書院，1893，p. 171–183.

＊26　加藤弘之『道徳法律之進歩』敬業社，1894，p. 5–7.

＊27　浮田和民『倫理叢話』早稲田大学出版部，1909，p. 1.（原文に出版年度が表記されていないため出版時期が明確でなく，日本国会図書館資料センターでは1909年と推定している）

＊28　浮田和民，同上，p. 2.

＊29　浮田和民，同上，p. 3.

＊30　浮田和民，同上，p. 9–13.

＊31　浮田和民，同上，p. 11.

＊32　浮田和民，同上，p. 13.

＊33　柳芝娥「1910–1920年代日本の大正デモクラシーと帝国主義の変容」『韓日関係史研究』57，2017，p. 436–438.

＊34　柳芝娥，同上，p. 438.

＊35　姜克実『浮田和民の思想史的研究——倫理的帝国主義の形成』不二出版，2003，p. 394.

＊36　加藤弘之「吾人が人類たる資格と国民たる資格とにおける矛盾」『丁酉倫理会倫理講演集』13，1903，p. 2–7.

＊37　加藤弘之，同上，p. 17–20.

＊38　姜克実（『浮田和民の思想史的研究——倫理的帝国主義の形成』2003）は浮田の思想的背景を扱っているため，帝国主義論者としての評価は行っていない。パク・ヤンシン（「19・20世紀転換期の日本における『帝国主義』論の諸相——西洋思想との関連から」）は，浮田のみならず日本の帝国主義論を分析しているため，帝国主義論者とする立場から取り上げている。そして石井知章（「浮田和民と『倫理的帝国主義』論」）が満洲事変以後の浮田の思想的転換を扱っており，本章では石井と同じ立場から見ることにしたい。

＊39　浮田和民「日本の帝国主義」上，『国民新聞』3394号，国民新聞社（合併後：東京新聞），1901. 4. 7.

＊40　姜克実『浮田和民の思想史的研究——倫理的帝国主義の形成』不二出版，2003. p. 434.

＊41　浮田和民『帝国主義と教育』民友社，1901，p. 36.

＊42　浮田和民『倫理的帝国主義』隆文館，1909，p. 12–20.

＊43　浮田和民，同上，p. 885.

＊44　浮田和民，同上，p. 55.

＊45　この部分についてパク・ヤンシンは，浮田が『社会の進化（*Social Evolution*）』で有名なベンジャミン・キッド（Benjamin Kidd）の影響を受けたと主張する。その理由は，1890 年代にイギリスをはじめとする非スペンサー主義的社会進化論が帝国主義を正当化する理論として人気を集めており，その代表的な思想家がベンジャミン・キッドだからということである（パク・ヤンシン，前掲論文，p. 146–147）。

＊46　浮田和民『帝国主義と教育』民友社，1901，p. 52–53.

＊47　浮田和民『倫理的帝国主義』隆文館，1909，p. 498–499.

＊48　柳芝娥，前掲論文，p. 445–451.

＊49　「そのころ早稲田大学の浮田和民先生は毎号の『太陽』の巻頭に自由主義に立脚する長文の政論を寄せて天下の読書生の渇仰の中心となっていた。私もこれにはずいぶんとひきつけられた」（吉野作造「民本主義鼓吹時代の回顧」『社会科学』1928〔http://binder.gozaru.jp/yoshino/kaiko.htm〕）.

＊50　吉野作造「蘇峰先生著時務——家言を読む」『選集』3，p. 72–109. 1914 年 6・7・8，10 月に『新人』にも連載された。

＊51　浮田和民『満洲国独立と国際聯盟』早稲田大学出版部，1932，p. 12.

＊52　加藤陽子，前掲書，p. 286–287.

＊53　文部省『国体の本義』文部省，1937，p. 51.

参考文献

가토 요코 저, 윤현명・이승혁 역『그럼에도 일본은 전쟁을 선택했다 : 청일전쟁부터 태평양전쟁까지』서해문집, 2018.

권석영「일본의 초기 제국주의론과 도덕 담론 : 국가적 도덕과 세계적 도덕, 또는 국민적 입장과 인류적 입장」『사림』제 45 호, 2013, p. 1–29.

박양신「19・20 세기 전환기 일본에서의 '제국주의' 론의 諸相 : 서양사상과의 관련에서」『일본역사연구』제 9 집, 1999, p. 131–157.

유지아「1910–1920 년대 일본의 다이쇼 데모크라시와 제국주의의 변용」『한일관계사연구』57, 2017, p. 431–468.

정낙림「일본의 초기 니체 수용사 : 1890–1910 까지」『니체연구』제 34 집, 2018, p. 215–244.

加藤弘之『強者の権利の競争』哲学書院，1893.
加藤弘之『道徳法律之進歩』敬業社，1894.
加藤弘之「吾人が人類たる資格と国民たる資格とにおける矛盾」『丁酉倫理会倫理講演集』13，1903.
浮田和民『帝国主義と教育』民友社，1901.
浮田和民『倫理叢話』早稲田大学出版部，1909.
浮田和民『倫理的帝国主義』隆文館，1909.
浮田和民『満洲国独立と国際聯盟』早稲田大学出版部，1932.
文部省『国体の本義』文部省，1937.
高松敏男・西尾幹二編『ニーチェ全集別巻――日本人のニーチェ研究譜』白水社，1982.
姜克実『浮田和民の思想史的研究――倫理的帝国主義の形成』不二出版，2003.
石毛忠ほか編『日本思想史辞典』山川出版社，2009.
沖田行司『新編同志社の思想家たち』上，晃洋書房，2018.
吉野作造「蘇峰先生著時務：家言を讀む」『選集』3〔『新人』に1914年6–8，10月連載〕.
吉野作造「民本主義鼓吹時代の回顧」『社会科学』1928.
林正子「日清・日露戦役間の日本におけるドイツ思想・文化受容の一面――総合雑誌《太陽》掲載の樗牛・嘲風・鷗外の言説を中心に」『日本研究』第15集，1996.
林正子「明治中後期から大正期にかけての評論におけるドイツ思想・文化受容の系譜「概論」」『岐阜大学国語国文学』32，2005.
齋藤毅『明治のことば』講談社，2005.
石神豊「歴史の中の個人主義――日本におけるニーチェ受容にみる（その1）」『創価大学人文論集』22，2010.
石神豊〈歴史の中の個人主義――日本におけるニーチェ受容にみる（その2）」『創価大学人文論集』23，2011.
石井知章「浮田和民と「倫理的帝国主義」論」『アジア太平洋討究』19，2013.

第1回帝国議会・衆議院議事録「衆議院第一回通常会議事速記録」，1890（明治23）. 11. 29. ～1891（明治24）. 3. 7.
浮田和民「日本の帝国主義」上，『国民新聞』3394号，国民新聞社（合併後：東京新聞），1901. 4. 7.

第五章

梁啓超の社会進化論とニーチェ思想

＊1　梁啓超は，自分の名前で発表した「進化論革命者キッドの学説」(1902年10月）という文章でニーチェに言及し，それがニーチェを最初に中国に紹介したものとして知られているが，実は梁啓超は日本で創刊した『新民叢報』に雨塵子というペンネームで書いた「世界経済競争の大勢を論ず」(1902年7月）という文章でニーチェに最初に言及していた。梁啓超はニーチェのことを「極端な強権論者」,「天才優先論者」,「個人主義者」などとみなして批判的な態度を示したが，それがかえってニーチェに対する近代中国知識人の関心を引いた。

＊2　梁啓超『梁啓超全集』4，北京出版社，1999，p. 1038.

＊3　ニーチェはダーウィンとダーウィン主義を区別していたほどダーウィンをよく理解しており，初期には比較的ダーウィンやダーウィン主義に対して好意的であったという（丁洛林「ニーチェはダーウィン主義者か？——進化か，克服か？」『ニーチェ研究』第24輯，2013，p. 57–86)。

＊4　Nietzsche, F., *Beyond Good and Evil* (BGE 253), Walter Kaufmann (trans.), Vintage Books, 1966, p. 144.

＊5　ニーチェはまた,「反ダーウィン主義」というタイトルで文章を書いており（KSA13303, p. 315),「偶像の黄昏」では自ら反ダーウィン主義者だと主張もした（KSA6 p. 120–121)。

＊6　Nietzsche F., *The Gay Science* (GS 349), Walter Kaufmann (trans.), Vintage Books, 1974, p. 292.

＊7　Johnson, D., 'Nietzsche's Early Darwinism: The "David Strauss" Essay of 1873', *Nietzsche-Studien* 30–1, 2001, p. 62–79.

＊8　Tille, A., *Von Darwin bis Nietzsche: Ein Buch Entwicklungsethik*, Naumann, 1895.

＊9　Durant, W., *The Story of Philosophy: The Lives and Opinions of the Greater Philosophers*, Garden City publishing Co., 1926.

＊10　Richardson, J., *Nietzsche's New Darwinism*, Oxford University Press, 2004, p. 12.

＊11　Johnson, D., *Nietzsche's Anti-Darwinism*, Cambridge University Press, 2010.

＊12　Small, R., What Nietzsche Did During the Science Wars, Gregory Moore and Thomas H. Brobjer (eds.), *Nietzsche and Science*, Ashgate

Publishing, 2004.
＊13　Wilson, C., 'Darwin and Nietzsche: Selection, Evolution and Morality', *Journal of Nietzsche Studies* 44, No. 2, 2013, p. 361.
＊14　梁啓超，前掲書，p. 1037.
＊15　梁啓超『梁啓超全集』1，p. 93.
＊16　梁啓超，同上，p. 27.
＊17　梁啓超『梁啓超全集』2，p. 429.
＊18　梁啓超『梁啓超全集』4，p. 1099.
＊19　梁啓超『梁啓超全集』3，p. 740.
＊20　梁啓超，同上，p. 740.
＊21　梁啓超，同上，p. 740.
＊22　梁啓超，同上，p. 740.
＊23　梁啓超，同上，p. 740.
＊24　梁啓超『梁啓超全集』4，p. 1114.
＊25　梁啓超『梁啓超全集』16，p. 4807.
＊26　梁啓超『梁啓超全集』14，p. 4146.
＊27　梁啓超『梁啓超全集』3，p. 658.
＊28　梁啓超，同上，p. 655.
＊29　梁啓超『梁啓超全集』2，p. 364.
＊30　梁啓超，同上，p. 364.
＊31　梁啓超，同上，p. 383.
＊32　梁啓超，同上，p. 418.
＊33　梁啓超，同上，p. 268.
＊34　梁啓超『梁啓超全集』3，p. 679.
＊35　梁啓超『梁啓超全集』4，p. 1029.
＊36　單世聯「尼采的“超人”與中國反現代性思想」『廣東社會科學』第 5 期，2008，p. 103–110.
＊37　梁啓超『飲冰室文集』中華書局，1936，p. 7.
＊38　梁啓超，同上，p. 11.
＊39　梁啓超『梁啓超全集』2，p. 467.
＊40　梁啓超『梁啓超全集』3，p. 663.
＊41　梁啓超，同上，p. 683.
＊42　梁啓超，同上，p. 663.
＊43　梁啓超『梁啓超全集』10，p. 2843.
＊44　梁啓超『梁啓超全集』3，p. 660.
＊45　梁啓超，同上，p. 740.

＊46　“To will to preserve oneself is the expression of distress. [⋯] The struggle for existence is only an exception, a temporary restriction of the will to life. [⋯] The great and small struggle always turns upon superiority, upon growth and expansion, upon power in accordance with the will to power, which is just the will of life.”（GS 349）

＊47　梁啓超『梁啓超全集』3, p. 759.

＊48　梁啓超, 同上, p. 759.

＊49　梁啓超, 同上, p. 759.

＊50　梁啓超, 同上, p. 759.

＊51　梁啓超, 同上, p. 759.

＊52　梁啓超『梁啓超全集』14, p. 4276.

＊53　梁啓超, 同上, p. 4155.

＊54　梁啓超『梁啓超全集』3, p. 678.

＊55　梁啓超『梁啓超全集』3, p. 479.

＊56　梁啓超, 同上, p. 356.

＊57　金賢珠「中国現代文化概念の誕生——梁啓超の文化観を中心に」『中国と中国学』第 36 輯, 2019, p. 85–102.

＊58　單世聯「對進化論的反思梁啓超晩年的文化觀念」『中原文化研究』第 4 期, 2016, p. 47–54.

＊59　梁啓超, 葛懋春・蔣俊編『梁啓超哲學思想論文選』北京大學出版社, 1984, p. 392–397.

＊60　“life is not the adaptation of inner circumstances to outward power, but will to power, which, working from within, incorporate and subdues more and more of that which is ‘outside’.”（WP 681）

＊61　梁啓超『梁啓超全集』1, p. 11.

＊62　梁啓超『梁啓超全集』15, p. 4433.

＊63　梁啓超『梁啓超全集』1, p. 96.

＊64　梁啓超『梁啓超全集』1, p. 71–72.

＊65　孟子『孟子——滕文公下』.

＊66　梁啓超『梁啓超全集』1, p. 10.

＊67　梁啓超『梁啓超全集』1, p. 11.

＊68　梁啓超『梁啓超全集』14, p. 4088.

＊69　チェ・スンヨン「フリードリヒ・ニーチェの自由民主主義批判」『ニーチェ研究』第 22 輯, 2012, p. 187–214.

＊70　梁啓超『梁啓超全集』3, p. 657.

＊71　梁啓超, 同上, p. 660.

＊72　梁啓超『梁啓超全集』2, p. 429.

＊73　梁啓超『梁啓超全集』3, p. 662.

＊74　フリードリヒ・ニーチェ『善悪の彼岸・道徳の系譜』金正鉉訳, チェクセサン, 2002, p. 260.

＊75　フリードリヒ・ニーチェ『遺稿（1872 年夏― 1874 年末）』イ・サンヨプ訳, チェクセサン, 2002, 10p., 19［7］.

＊76　梁啓超「先秦政治思想史」『梁啓超全集』6, p. 3645.

参考文献

김현주「중국 현대 문화개념의 탄생 : 양계초의 문화관을 중심으로」『중국과 중국학』제 36 집, 2019, 85–102p.

프리드리히 니체 저, 김정현 역『선악의 저편・도덕의 계보』책세상, 2002.

프리드리히 니체 저, 이상엽 역『유고（1872 년 여름 –1874 년 말）』책세상, 2002.

정낙림「니체는 다윈주의자인가 ?: 진화인가, 극복인가 ?」『니체연구』제 24 집, 2013, p. 57–86.

최순영「프리드리히 니체의 자유민주주의 비판」『니체연구』제 22 집, 2012, p. 187–214.

Durant, W., *The Story of Philosophy: The Lives and Opinions of the Greater Philosophers*, Garden City publishing Co., 1926.

Johnson, D., 'Nietzsche's Early Darwinism: The "David Strauss" Essay of 1873' *Nietzsche-Studien* 30–1, 2001, p. 62–79.

Johnson, D., *Nietzsche's Anti-Darwinism*, Cambridge University Press, 2010.

Nietzsche, F., *Beyond Good and Evil*（*BGE*）, Walter Kaufmann（trans.）, Vintage Books, 1966.

Nietzsche F., *The Gay Science*（*GS*）, Walter Kaufmann（trans.）, Vintage Books, 1974.

Nietzsche F., *The Will to Power*（*WP*）, W. Kaufmann and R. J. Hollingdale（trans.）, W. Kaufmann（ed.）, Vintage Books, 1958.

Nietzsche F., *Human All Too Human*, J. M. Kennedy（trans.）, T. N. Foulis, 1910.

Richardson, J., *Nietzsche's New Darwinism*, Oxford University Press, 2004.

Small, R., "What Nietzsche Did During the Science Wars," Gregory Moore and Thomas H. Brobjer（eds.）, *Nietzsche and Science*, Ashgate Publishing,

2004.
Tille, A., *Von Darwin bis Nietzsche: Ein Buch Entwicklungsethik*, Naumann, 1895.
Wilson, C., "Darwin and Nietzsche: Selection, Evolution and Morality," *Journal of Nietzsche Studies* 44, No. 2, 2013.

孟子『孟子――滕文公下』.
梁啟超『飲冰室文集』中華書局，1936.
梁啟超，葛懋春・蔣俊編『梁啟超哲學思想論文選』北京大學出版社，1984.
梁啟超『梁啟超全集』北京出版社，1999.
單世聯「尼采的“超人”與中國反現代性思想」『廣東社會科學』第 5 期，2008, p. 103–110.

第六章

魯迅と沈従文のニーチェ解釈
――1920 年代の文学経典化とニーチェの中国化を中心に

＊1　周作人『魯迅的青年時代』河北教育出版社，2002，p. 72–73.
＊2　成芳『尼采在中國』南京出版社，1993，p. 15.
＊3　許壽裳『亡友魯迅印象記』人民文學出版社，1953，p. 4.
＊4　魯迅「俄文譯本“阿 Q 正傳”序及著者自叙傳略」『魯迅全集』7，2005, p. 85.
＊5　魯迅『魯迅全集』1，人民文學出版社，2005，p. 438.
＊6　葛海庭「20 世紀日本漢學家關於魯迅‘棄醫從文’的實證研究」『長江文藝評論』2017.
＊7　『摩羅詩力説』は 1907 年に書かれて，1908 年 2 月 3 日に『河南』第二号に初めて発表された。『文化偏至論』は 1907 年に書かれて，1908 年 8 月に『河南』第七号で初めて紹介された。『破悪声論』は 1908 年 12 月，『河南』第八号に初めて掲載された。
＊8　魯迅，前掲書，p. 438.
＊9　魯迅「文化偏至論」，前掲書，p. 54.
＊10　魯迅『魯迅全集』8，人民文學出版社，1982，p. 27.
＊11　郭沫若『魯迅與王國维』，劉柏青「魯迅的早期思想與日本」『吉林大學社會科學學報』3，1985 より再引用。
＊12　伊藤虎丸「魯迅早期的尼采觀與明治文學」徐江訳，『文學評論』1，1990,

p. 137–138.

＊13　魯迅，前掲書，p. 33.

＊14　張釗貽「早期魯迅的尼采考」，郜元寶編『尼采在中國』三聯書店，2001, p. 858.

＊15　伊藤虎丸「魯迅早期的尼采觀與明治文學」徐江訳，『文學評論』3, 1990, p. 137–138.

＊16　伊藤虎丸『魯迅，創造社與日本文學』孫猛訳，北京大學出版社，1995, p. 65.

＊17　魯迅「"中國新文學大系" 小說二集序」，閔抗生「"狂人日記" 中尼采的聲音」『魯迅研究動態』3, 1986, p. 11 より再引用。

＊18　尼采『朝霞』田立年訳，華東師大出版社，2007, p. 52.

＊19　魯迅『吶喊』人民文學出版社，2006, p. 5.

＊20　魯迅，同上，p. 14.

＊21　尼采『查拉圖斯特拉如是說』黃明嘉訳，漓江出版社，2000, p. 6.

＊22　魯迅「狂人日記」『魯迅全集』1, 人民文學出版社，2005, p. 429.

＊23　魯迅『吶喊』人民文學出版社，2006, p. 7.

＊24　魯迅，同上，p. 15–16.

＊25　尼采『查拉圖斯特拉如是說』黃明嘉訳，漓江出版社，2000, p. 256.

＊26　閔抗生「"狂人日記" 中尼采的聲音」『魯迅研究動態』1986, p. 12.

＊27　尼采『看哪這人——尼采自述』張念東・凌素心訳，中央編譯出版社，2005, p. 153.

＊28　王學謙「來自生命深處的吶喊——論 "狂人日記" 的生命意識」『吉林大學社會科學學報』2002, p. 50.

＊29　魯迅「文化偏至論」『魯迅全集』1, 人民文學出版社，2005, p. 185–186.

＊30　魯迅「隨感錄・四十一」，前掲書，p. 325.

＊31　魯迅は日本時代からずっと国民性の問題に関心をもってきた。考察によると，米国人宣教師アーサー・スミス（Arthur H. Smith）は 1872 年に中国に渡って『中国人の資質（*Chinese characteristics*）』を上海で出版し，1896 年に日本で翻訳本を出版するほど西側世界に大きな影響を及ぼした。魯迅は 1926 年 7 月 2 日，北京で日本人安岡秀夫の著書『小説に見る中国の民族性』を購入し，本書の内容について頭を悩ませた。この二冊の本はいずれも魯迅に影響を与えた（楊聯芬「晚清與五四文學的國民性焦慮（三）」『魯迅研究月刊』12, 2003）。

＊32　高建惠「中国現代文学におけるニーチェ受容研究——現代性と現代文学の誕生を中心に」『ニーチェ研究』第 37 輯，2020, p. 171–212.

＊33　張釗貽『魯迅——中國 "温和" 的尼采』北京大學出版社，2011, p. 89.

＊34　閔抗生「“墓碣文” 與 “Also Sprach Zarathustra”」『揚州師院學報』4, 1989.

＊35　尼采『查拉圖斯特拉如是說』黃明嘉訳, 漓江出版社, 2000, p. 121.

＊36　宋夜雨「‘後五四’ 的魯迅與 “野草” 的寫作緣起」『中國現代文學研究叢刊』7, 2021, p. 123.

＊37　君度「關於 “苏魯支語錄”」, 郜元寶編『尼采在中國』三聯書店, 2001, p. 232.

＊38　郜元寶「“末人” 時代忆 “超人”: “魯迅與尼采” 六題議」『同濟大學學報』1, 2015.; 萬軍「簡論尼采對魯迅的影響」『紹興文理學院學報』9, 1997; 錢碧湘「魯迅與尼采哲學」『中國社會科學』2, 1982.

＊39　張釗貽『魯迅——中國 “温和” 的尼采』北京大學出版社, 2011, p. 179.

＊40　魯迅「吶喊・自序」, 前掲書, p. 439.

＊41　周達摩「中國新文學演進之鳥瞰」『國文周報』1931. 1. 26.

＊42　許傑「重讀魯迅先生的 “狂人口記”」『學术研究』5, 1979; 張鈺『重回歷史現場——從接受视角重新認識 “狂人日記”』南京師範大學碩士論文, 2015, p. 9, 再引用 .

＊43　茅盾「讀 “吶喊”」『文學』周報, 1923. 10. 18.

＊44　李宗刚「“新青年” 編輯約稿與魯迅現代小說的誕生」『華中師範大學學報』2017, p. 86.

＊45　左鐵凡『作爲燃料的青春及其表達—— “新青年” 雜誌研究』復旦大學博士論文, 2014, p. 77–115.

＊46　許钦文「魯迅先生與新書業」『青年界』1936. 11.

＊47　李金龙・卢妙清「魯迅編輯實践之歷史評价與再認識」『汕頭大學學報』8, 2018, p. 91.

＊48　朴宰雨「韩國魯迅研究的歷史與現状」『魯迅研究月刊』4, 2005.; 丸山升「日本的魯迅研究」靳叢林訳,『魯迅研究月刊』11, 2000.; 張傑「美國的魯迅研究」『齐齐哈尔師範學院學報』4, 1986.; 范劲「魯迅研究在德國」『文藝研究』1, 2018.

＊49　周帥『王國维與新文化運動』復旦大學碩士論文, 2014.

＊50　李林榮「魯迅 “尼采” 的踪迹及意蕴——以魯迅雜文的歷時性細讀爲中心」『山東社會科學』8, 2013, p. 74.

＊51　“魯迅先生的作品…以及新近因爲有人尊他是中國的尼采他的《熱風』集裏的幾頁”(徐志摩「關於下面一束通信告讀者們们」『晨報副刊』1926. 1. 30.) 魯迅は「花のない薔薇」でもこの句を引用した。

＊52　魯迅「三閑集・我和 “語絲” 的始终」, 程致中「魯迅前期小說與尼采」『人文雜誌』5, 1989, p. 106 より引用。

＊53　閔抗生「‘過客’與“查拉圖斯特拉如是說”」『中國現代文學研究叢刊』1988, p. 124.
＊54　魯迅「導言」『中國新文學大系』2, 上海文藝出版社, 1980, p. 14–15.
＊55　白采「羸疾者的愛」, 朱自清編選『中國新文學大系　詩集』上海良友圖書印刷公司, 1935, p. 288.
＊56　魯迅「两地書・一七」『魯迅全集』11, 2005, p. 63.
＊57　魯迅「“寻開心”」『魯迅全集』6, 2005, p. 271.
＊58　郁達夫「靜的文藝作品」『郁達夫文集』6, 花城出版社, 1982, p. 209.
＊59　郁達夫『沉沦』『郁達夫文集』1, 花城出版社, 1982, p. 21.
＊60　沈從文「我的學習」『沈從文全集』12, 北岳文藝出版社, 2002, p. 362.
＊61　沈從文「無從畢業的學校」『沈從文全集』27, 北岳文藝出版社, 2002, p. 415.
＊62　沈從文「我的學習」『沈從文全集』12, 北岳文藝出版社, 2002, p. 366–367.
＊63　沈從文「中國人的病」『沈從文全秦』14, 北岳文藝出版社, 2002, p. 87–89.
＊64　沈從文「我的分析兼檢討」『沈從文全集』27, 北岳文藝出版社, 2002, p. 70.
＊65　沈從文「我的寫作與水的關系」『沈從文全集』13, 北岳文藝出版社, 2002, p. 206.
＊66　尼采『朝霞』田立年訳, 華東師大出版社, 2007, p. 363.
＊67　高建惠「“邊城”與“城堡”文本含混性對比研究」『中國語文學』70, 2016.
＊68　尼采『作爲教育家的叔本華』周國平訳, 北岳文藝出版社, 2004, p. 106.
＊69　沈從文「燭虛」『沈從文全集』12, 北岳文藝出版社, 2002, p. 23.
＊70　尼采『偶像的黄昏』周國平訳, 光明曰報出版社, 2000, p. 110.
＊71　尼采『尼采美學文選』周國平訳, 上海人民出版社, 2009, p. 167.
＊72　沈從文「水云」『沈從文文集』10, 花城出版社, 1984, p. 266.
＊73　尼采『朝霞』田立年訳, 華東師大出版社, 2007, p. 139.
＊74　高建惠「沈從文“邊城”中的“圣經”原型研究」『中國學論叢』45, 2014.
＊75　沈從文「抽象的抒情」『沈從文全集』16, 北岳文藝出版社, 2002, p. 527.
＊76　尼采『尼采美學文選』周國平訳, 上海人民出版社, 2009, p. 106.
＊77　尼采『悲剧的誕生』周國平訳, 譯林出版社, 2014, p. 48.
＊78　沈從文「生命」『沈從文文集』11, 花城出版社, 1984, p. 295.
＊79　高建惠「色彩詞的文學性研究——沈從文小說爲中心」『中語中文學』77,

2019, p. 17,20.
＊80　尼采『尼采美學文選』周國平訳，上海人民出版社，2009，p. 109.
＊81　費冬梅「沈從文——從邊緣到中心的位移」『海南師範大學學報』11, 2014.

参考文献

가오지안후이「중국현대문학에서의 니체 수용 연구——현대성과 현대문학의 탄생에 중심으로」『니체연구』제 37 집，2020，p. 171–212.
高建惠「色彩詞的文學性研究」『中語中文學』2019.
高建惠「‘邊城’與‘城堡’文本含混性對比研究」『中國語文學』2016.
尼采『查拉圖斯特拉如是說』黃明嘉訳，漓江出版社，2000.
尼采『尼采美學文選』周國平訳，上海人民出版社，2009.
費冬梅「沈從文——從邊緣到中心的位移」『海南師範大學學報』2014.
黃懷軍「化用與背離——沈從文對尼采的處置」『中國文學研究』2016.
黃懷軍『中國現代作家與尼采』四川大學博士論文，2007.
魯迅『魯迅全集』人民文學出版社，2005.
李林荣「魯迅‘尼采’的踪迹及意蘊」『山東社會科學』2013.
李宗刚「“新青年”編輯約稿與魯迅現代小說的誕生」『華中師範大學學報』2017.
閔抗生「“狂人日記”中尼采的聲音」『魯迅研究動態』1986.
閔抗生「“墓碣文”與“Also Sprach Zarathustra”」『揚州師院學報』4，1989.
沈從文『沈從文文集』花城出版社，1984.
楊聯芬「晚清與五四文學的國民性焦慮（三）」『魯迅研究月刊』12，2003.
伊藤虎丸「魯迅早期的尼采觀與明治文學」『文學評論』1990.
伊藤虎丸，孫猛 譯『魯迅，創造社與日本文學』北京大學出版社，1995.
張鈺『重回歷史現場——從接受視角重新認識“狂人日記”』南京師範大學碩士論文，2015.
左鐵凡『作爲燃料的青春及其表達——“新青年”雜誌研究』復旦大學博士論文，2014.
張釗貽『魯迅——中國“溫和”的尼采』北京大學出版社，2011.

第七章

1910年代，植民地朝鮮におけるニーチェ思想の受容 ——『学之光』を中心に

＊1　北東アジアで社会進化論が受容・展開される様相と転移，または変異しながら各地域国家に及ぼした影響は非常に複雑で至大である。これについての基礎的な資料は次を参照した。

ハーバート・スペンサー『進歩の法則と原因』イ・ジョンフン訳，チシグルマンドゥヌンチシク社，2014; ハーバート・スペンサー『個人対国家』イ・サンリュル訳，イチェク，2014; トーマス・ハクスリー『進化と倫理』李琮敏訳，サンジニ，2012; 厳復訳『天演論』ヤン・イルモ，李琮敏訳，ソミョン出版，2008; Kidd, Benjamin, Social Evolution, Macmillan and co., 1902; 加藤弘之『強者の権利の競争』哲学書院，1893; Kidd, Benjamin『道徳法律進化の理』博文館，1903; 松本三之介『「利己」と他者のはざまで——近代日本における社会進化思想』以文社，2017; Tikhonov, Vladimir, *Social Darwinism and Nationalism in Korea: the Beginnings* (1880s–1910s), Brill Academic Pub, 2010;

これに対する韓国国内学界の議論は，次の論文を参照した。キム・ビョンゴン「社会進化論の発生と展開」『歴史批評』1996, p. 305–312.; ウ・ナムスク「社会進化論の東アジア受容に関する研究——歴史的経路と理論的原型を中心に」『韓国東洋政治思想史研究』第10輯 (2), 2011, p. 117–141; 尹健次「日本の社会進化論とその影響」『歴史批評』1996, p. 313–324; 成周鉉「韓末社会進化論の受容と自強論の形成」『市民人文学』第39号, 2020, p. 131–163; チョン・ボクヒ「社会進化論の19世紀末から20世紀初までの韓国での機能」『韓国政治学会報』第27輯1号, 1993, p. 405–425; チョン・ボクヒ『社会進化論と国家思想』ハヌル，2007; 朴露子『優勝劣敗の神話』ハンギョレ新聞社，2005; パク・ソンジン『社会進化論と植民地社会思想』ソンイン，2003; パク・チャンスン「韓末・日帝時期社会進化論の性格と影響」『歴史批評』1996, p. 339–354.

＊2　大正期の生命への関心は，日露戦争後の結核や脚気病などの軍人の病死が社会問題として浮上し，重化学工業の急速な発展とそれに伴う環境汚染が人間をはじめとする生命体を脅かし，都市が拡大して神経症患者が増加するにつれ，国民の精神健康問題が重要な論点として浮上した時代的背景とも関連している（李喆昊「1920年代初期の同人誌文学に現れた生命意識——田栄沢の『生命の春』のための序説」『韓国文学研究』第31輯，

2006, p. 201; 鈴木貞美「大正生命主義研究のいま」『大正生命主義と現代』河出書房新社, 1995, p. 20–21)。日露戦争以降, 対内的には日本人の自由と人権を強調するが, 対外的にアジア覇権を掌握しようとする日本の両面性と「大正デモクラシー」については, 柳芝娥「1910〜20年代の日本の大正デモクラシーと帝国主義の変容」『韓日関係史研究』第57輯, 2017, p. 431–467参照。

＊3　大正生命主義は多様な思想的スペクトルをもっている。エマーソン的な「宇宙の大霊」を宇宙生命と見なし, 人間がこれを自分の内部で感じることができるとする北村透谷の「内部生命論」, 道家的宇宙生命原理を美と結びつける岡倉天心の「生命主義美学」, 霊性と肉欲を兼ね備えたものとしての人間の「半霊半獣」の利那的生に関心をもつ岩野泡鳴の「刹那主義的生命観」, 近代の不幸は知情意が失われたことにあるので, 人間の全体的な回復, すなわち人類と一つになるヒューマニズムが実現されなければならないと強調する西田幾多郎の「宗教的世界観」, 宇宙生命たる内なる生命を探求して, ニーチェに真の哲学の典型を求めた和辻哲郎の「哲学的生命主義」以外にも, 日本民族を代表する天皇に宇宙大生命を求めた筧克彦の「宗教的国家主義的生命観」など, 宇宙の生命から個人の生命を強調する傾向から, 歴史の生命, 国家の命を強調する傾向へとその内容が多様に変化し, 概念的変種が現れる（朴奎泰「日本人の生命観——系譜的一考察」『圓仏教思想と宗教文化』제 45 집, 2010, 100–109参照)。大正生命主義の定義, 西洋における生命主義の影響, 発現する社会的条件, 自我・芸術論・宗教・女性解放・性愛など発現する形態については, 鈴木貞美「「大正生命主義」とは何か」, 鈴木貞美編『大正生命主義と現代』河出書房新社, 1995, p. 2–15を参照のこと。

＊4　西北学会に掲載されたニーチェ議論とその社会哲学的意味については, Kim, Jyung-Hyun, “Nietzsche und die koreanische Geistesgeschichte am Anfang des 20. Jahrhunderts”, *Nietzscheforschung* 23, 2016, p. 225–244を参照のこと。

＊5　クォン・ボドレによれば, 植民地条件において大正民主主義と理想主義を全面的に受け入れがたい朝鮮人にとって, 社会進化論は依然差し迫った問題であり, 弱肉強食の論理と富国強兵を目標とする1900年代的な進化論の理念がそのまま維持されているわけではないにせよ, 強力主義が現れて自己表現と民族の繁栄という目標を折衷した視点が見える（クォン・ボドゥレ「進化論の更生, 人類の誕生——1910年代の認識論的転換と三・一運動」『大東文化研究』第66輯, 2009, p. 241; アン・ジョン「社会進化論に対する批判と「生命」認識の変化——『学之光』を中心に」『韓国

現代文学研究』第38輯, 2012, p. 86)。

＊6　チョン・ボクヒ, 同上書, 115; パク・ソンジン, 同上書, 34参照 ; 朝鮮に影響を及ぼした社会進化論の系譜には二通りがある。そのうち一つはイギリスのスペンサー, ハクスリー, ベンジャミン・キッドの影響を受けた厳復から梁啓超につながる系譜であり, もう一方は, スイス出身のドイツ国家主義者ブルンチュリ (Johann Casper Bluntschli), エルンスト・ヘッケル (Ernst Haeckel) から出発して加藤弘之を介した方向である。柳奉熙「東アジア社会進化論の受容とその系譜——新小説作家たちの社会進化論認識論についての序説」『韓国学研究』第32号, 2014, p. 179–180参照)。

＊7　李喆昊, 前掲論文, p. 221.

＊8　西田幾多郎『善の研究』ソ・ソクヨン訳, 汎友社, 1990参照。

＊9　李喆昊, 前掲論文, p. 206.

＊10　日本の大正文学形成に影響を及ぼした文化主義とその時代的雰囲気については李喆昊, 前掲論文, p. 207参照。

＊11　鈴木貞美『「大正生命主義」とは何か』, p. 20–21.

＊12　オイケンが日本の文化主義に与えた影響についてはチェ・ホヨン,「オイケン思想の受容と韓日知識人の「文化主義」展開の様相——大正期の日本思想界と『学之光』を中心に」『翰林日本学』第32輯, 2018, p. 151, 159参照。

＊13　杉田弘子は, この時期にニーチェを基盤にして活動したニーチェ研究者の活動を「大正教養派の理想主義的ニーチェ」と命名して, 彼らの思想的軌跡をまとめている (杉田弘子『漱石の『猫』とニーチェ——稀代の哲学者に震撼した近代日本の知性たち』白水社, 2010, p. 181–248)。

＊14　桑木厳翼の『ニーチェ氏倫理説一斑』は初期の日本のニーチェ研究を先導して道を切り開いたが, 本書の序文で彼は, 東京帝国大学でケーベルがニーチェ哲学を「極端なエゴイスト」として排斥すべきだと講義したという内容を紹介しながら, 初期の日本のニーチェ受容史を簡略に説明 (桑木厳翼『ニーチェ氏倫理説一斑』弘文堂, 1902, p. 1–7) した後, 本の内容でニーチェの伝記と著書を概観しながら倫理の内容を評価している。

＊15　和辻哲郎は, 日本におけるニーチェ研究のレベルを一段階上げる, 体系的で自らの見解が入った著書『ニイチェ研究』(1913) を出版するが, 本書で彼は, 初期の日本にニーチェが紹介された際, ニーチェが「浮薄な主我主義者」,「野卑な本能論者」として言及されたと述べて (同書, p. 3) 価値樹立の原理としてニーチェの権力意志に注目する。和辻はニーチェ哲学の核心的内容が価値の破壊と建設にあるととらえ, 彼の哲学は価値創

造の哲学だと強調する。しかし，後に出版された著書『人間の学としての倫理学』（1934）では西洋哲学の個人主義を批判し，ヘーゲル哲学の構図でもって人間の倫理を国家主義倫理につなげる国家主義的思想を見せた（韓国語訳は和辻哲郎『人間の学としての倫理学』チェ・ソンムク訳，以文出版社，1995）。

＊16　中澤臨川・生田長江『近代思想十六講』新潮社，1916.

＊17　イ・マニョン「初期近代小説と進化論——玄相允・梁建植・廉想渉の作品を中心に」『Comparative Korean Studies』24 巻 2 号，2017，p. 72.

＊18　ニーチェに言及する朱鍾建の文章「新年を迎えて留学生諸君に告ぐ」は『学之光』第四号（1915. 2. 27.）に掲載されており，崔承九の文章「汝を革命せよ」は『学之光』第五号（1915），「不満と要求」は『学之光』第六号（1915）に掲載された。出版の日付でみれば，朱鍾建の文章のほうが崔承九の文章より 3 カ月早い。しかし，H 兄に送る手紙という形式の六つの文章を集めた形式をとった崔承九の「不満と要求」は，最後の紙面でその文章が 1914 年 4 月 3 日から 6 日までに書かれたと表明しており，作成された日付で見れば崔承九の文章のほうがかなり先行するものである。本章では崔承九の言及に基づいて，崔承九を韓国初のニーチェ紹介者として位置づけることにする。

＊19　明恵英「民族的自我と『エラン・ヴィタール』——1910 年代の崔承九，朱耀翰の詩を中心に」『日語日文学研究』第 97 輯，2016，p. 154;『「生命」で読む日本近代——大正生命主義の誕生と展開』日本放送出版協会，1996，p. 100.

＊20　明恵英，同上，p. 155; 明恵英は，崔承九と朱耀翰の詩世界を，ベルクソンのエラン・ヴィタールの思想の中にある大正生命主義の影響下において把握する。この二人の詩人の生命観は「宇宙の生命」と「民族の生命」として整理でき，暗く醜悪な内部の自然としての性欲が活気あふれる生命力・宇宙の普遍性へと拡張されているとみたのである（明恵英，同上，p. 159）。これは性欲と美的生活の充足を唱えた高山樗牛の思想と類似した知的軌道の中にあるとみられる。

＊21　崔承九「不満と要求——鎌倉から」『学之光』第 6 号，1915，p. 76.

＊22　ニーチェの個人主義に，「極端な利己主義」ではなく，社会的関係を媒介する「社会的個人主義」の性格があることを扱った本として，Kim, Jyung-Hyun, *Nietzsches Sozialphilosophie*, K&N, 1995 参照。

＊23　パク・ソンジン，前掲書，p. 83.

＊24　雪山「社会と個人」『学之光』第 13 号，1916，p. 6.

＊25　崔承九，前掲文，p. 78.

＊26　崔承九「汝を革命せよ」『学之光』第 5 号，1915，p. 12.

＊27「我々の覚官は動かず，本能は発作せず，良心は残覚だけが残り，統一性は失われた。苦痛を感じることができず，自由の運動に背くことができず，恥辱を記憶することができなくなり，祖先や財産を主張できなくなった。人格の権威は地に墜ちて全く蹂躙され，救いようのない破滅が風前の燈のごとく臨迫した」(崔承九，前掲文，p. 15–16)。

＊28　崔承九，前掲文，p. 16．この文で‘fulbft’と表記されたのはドイツ語‘Selbst’のタイプミスである。

＊29　崔承九，同上，p. 16.

＊30　崔承九，同上，p. 16–17.

＊31　朱鍾建「新年に当り留学生諸君に呈す」『学之光』第 4 号，1915，p. 29.

＊32　朱鍾建，同上，p. 29–30.

＊33　玄相允は李光洙と同郷の平安北道定州の出身で彼の一つ年下の同級生であり，日本の早稲田大学史学・社会学科で学び，浮田和民からも直接授業を受けた（イ・マニョン，前掲論文，p. 76)。彼は三・一運動当時，民族代表 48 人の一人として検挙された。後日高麗大学校初代総長を歴任し，朝鮮戦争中に拉致されて死亡したことで知られている。

＊34　玄相允「強力主義と朝鮮青年」『学之光』第 6 号，1915，p. 43–49.

＊35　玄相允，前掲論文，p. 43.

＊36　玄相允，前掲論文 p. 45.

＊37　玄相允，前掲論文，p. 43–44.

＊38　玄相允，前掲論文，p. 45.

＊39　クォン・ボドゥレ，前掲論文，p. 245–246.

＊40　クォン・ボドゥレ，前掲論文，p. 243.

＊41　チェ・ソンウン「1910–1920 年代玄相允の資本主義近代文明論と改造」『歴史問題研究』第 21 号，2009，p. 11–44.

＊42　李光洙「私の告白」『李光洙全集 7』三中堂，1971，p. 221–222.

＊43　李光洙，同上，p. 226.

＊44　李光洙の日本留学活動と，伝統を否定した近代崇拝の道についての議論については，柳奉熙「東アジア社会進化論の受容とその系譜――新小説作家たちの社会進化論認識論についての序説」『韓国学研究』第 32 集，2014，p. 212–222 参照。

＊45　李光洙『彼の自叙伝』キム・ジョン監修，太学社，2021，p. 299–301.

＊46　李光洙，前掲書，p. 302.

＊47　イ・マニョン，前掲論文，p. 75.

＊48　浮田和民の進化論が李光洙に及ぼした影響についてはイ・マニョン，前

掲書，p. 76–80; パク・ソンジン，前掲書，p. 67，p. 129; 李在銑『李光洙文学の知的遍歴』西江大学校出版部，2010，p. 327–328 を参照のこと。
＊49　春園「新生活論」『毎日新報』1918. 9. 8，1 面.
＊50　春園「先に獣と為り，然る後に人となれ」『学之光』第 11 号，1917，p. 32.
＊51　「道徳だの礼儀だというのは，個人や民族が青年の元気時代を過ぎて老成期に入った後に生ずるものであるから，個人が道徳礼儀の下僕になれば，彼はすでに墓門の挽歌に近づいており，民族が道徳礼儀ばかりを崇尚するようになれば，それはすでに失敗と滅亡に向かっている」(李光洙，前掲論文，p. 34)。
＊52　李光洙，前掲論文，p. 34.
＊53　李光洙，前掲論文，p. 35.
＊54　李光洙，前掲論文，p. 35.
＊55　李光洙「生きろ（サララ）」『学之光』第 8 号，1916，p. 5.
＊56　李光洙，前掲論文，p. 6.
＊57　田栄沢「旧習の破壊と新道徳の建設」『学之光』第 13 号，1917，p. 51.
＊58　田栄沢，同上，p. 52.
＊59　田栄沢，同上，p. 53.
＊60　田栄沢，同上，p. 55.
＊61　田栄沢，同上，p. 56.
＊62　田栄沢，同上，p. 56.
＊63　田栄沢「全的生活論」『学之光』第 12 号，1917，p. 16.
＊64　中澤臨川・生田長江『近代思想十六講』新潮社，1916 参照。
＊65　李喆昊，前掲論文，p. 208.

参考文献

권보드래「진화론의 갱생, 인류의 탄생――1910 년대의 인식론적 전환과 3・1 운동」『대동문화연구』제 66 집，2009，p. 223–253.
김병곤「사회진화론의 발생과 전개」『역사비평』1996，p. 305–312.
니시다 기타로 저，서석연 역『善의 연구』범우사，1990.
명혜영「민족적 자아와 ‘엘랑비탈’――1910 년대의 최승구，주요한의 詩를 중심으로」『일어일문학연구』제 97 집，2016，p. 151–167.
박규태「일본인의 생명관――계보적 일고찰」『원불교사상과 종교문화』제 45 집，2010，p. 77–118.
박노자『우승열패의 신화』한겨레신문사，2005.

박성진 『사회진화론과 식민지사회사상』 선인, 2003.
박찬승 「한말・일제시기 사회진화론의 성격과 영향」『역사비평』 1996, p. 339-354.
안지영 「사회진화론에 대한 비판과 '생명' 인식의 변화——"학지광"을 중심으로」『한국현대문학연구』 제 38 집, 2012, p. 83-113.
옌푸 저, 양일모・이종민 역 『천연론』 소명출판, 2008.
와쓰지 데쓰로 저, 최성묵 역 『인간의 학으로서의 윤리학』 이문출판사, 1993.
우남숙 「사회진화론의 동아시아 수용에 관한 연구——역사적 경로와 이론적 원형을 중심으로」『한국동양정치사상사연구』 제 10 집 (2), 2011, p. 117-141.
윤건차 「일본의 사회진화론과 그 영향」『역사비평』 1996, p. 313-324.
유봉희 「동아시아 사회진화론의 수용과 그 계보——신소설 작가들의 사회진화론 인식론에 대한 序說」『한국학연구』 제 32 집, 2014, p. 177-207.
유봉희 「동아시아 전통사상과 진화론 수용의 계보를 통해 본 한국 근대소설①——애국계몽기 이해조・이인직과 1910 년대 양건식・이광수의 산문을 중심으로」『한국학연구』 제 51 집, 2018, p. 181-229.
유지아 「1910-1920 년대 일본의 다이쇼 데모크라시와 제국주의의 변용」『한일관계사연구』 제 57 집, 2017, p. 431-467.
이광수 「살아라」『학지광』 제 8 호, 1916, p. 3-6.
이광수 「나의 고백」『이광수 전집 7』 삼중당, 1971.
이광수, 김지영 감수 『그의 자서전』 태학사, 2021.
이만영 「초기 근대소설과 진화론——현상윤, 양건식, 염상섭의 작품을 중심으로」『Comparative Korean Studies』 24 권 2 호, 2017, p. 209-243.
이재선 『이광수 문학의 지적 편력』 서강대학교 출판부, 2010.
이철호 「1920 년대 초기 동인지 문학에 나타난 생명 의식——전영택의 "생명의 봄"을 위한 서설」『한국문학연구』 제 31 집, 2006, p. 193-224.
성주현 「한말 사회진화론의 수용과 자강론의 형성」『시민인문학』 제 39 호, 2020, p. 131-163.
雪山 「社會와 個人」『학지광』 제 13 호, 1916, p. 11-19.
전복희 「사회진화론의 19 세기말부터 20 세기초까지 한국에서의 기능」『한국정치학회보』 제 27 집 1 호, 1993, p. 405-425.
전복희 『사회진화론과 국가사상』 한울, 2007.
전영택 「全的 生活論」『학지광』 제 12 호, 1917, p. 15-20.
전영택 「舊習의 破壞와 新道德의 建設」『학지광』 제 13 호, 1917, p. 50-57.
주종건 「新年을 當하야 留學生 諸君에게 呈홈」『학지광』 제 4 호, 1915, p. 28-30.

춘원「爲先 獸가 되고 然後에 人이 되라」『학지광』제 11 호, 1917, p. 32–35.
춘원「신생활론」『매일신보』1918. 9. 8.
최선웅「1910–20 년대 현상윤의 자본주의 근대문명론과 개조」『역사문제연구』제 21 호, 2009, p. 11–44.
최승구「너를 혁명하라」『학지광』제 5 호, 1915, p. 12–18.
최승구「不滿과 要求――謙倉으로붓허」『학지광』제 6 호, 1915, p. 73–80.
최호영「오이켄 (R. Eucken) 사상 수용과 한일 지식인의 '문화주의' 전개 양상――다이쇼기 일본 사상계와 "학지광" 을 중심으로」『한림일본학』제 32 집, 2018, p. 150–178.
토마스 헉슬리 저, 이종민 역『진화와 윤리』산지니, 2012.
허버트 스펜서『진보의 법칙과 원인』이정훈 옮김, 지식을만드는지식, 2014.
허버트 스펜서, 이상률 역『개인 대 국가』이책, 2014.
현상윤「强力主義와 朝鮮青年」『학지광』제 6 호, 1915, p. 43–49.

加藤弘之『強者の権利の競争』哲學書院, 1893.
加藤弘之『道徳法律進化の理』博文館, 1903.
杉田弘子『漱石の『猫』とニーチェ――稀代の哲学者に震撼した近代日本の知性たち』白水社, 2010.
桑木厳翼『ニーチェ氏倫理説一斑』弘文堂, 1902.
石神豊「歴史の中の個人主義――日本におけるニーチェ受容にみる」『創価大学人文論集』22, 2010, p. 73–94.
松本三之介『'利己' と他者のはざまで――近代日本における社会進化思想』以文社, 2017.
鈴木貞美「'大正生命主義' とは何か」, 鈴木貞美編『大正生命主義と現代』河出書房新社, 1995, p. 2–15.
鈴木貞美『'生命' で読む日本近代――大正生命主義の誕生と展開』日本放送出版協会, 1996.
中澤臨川・生田長江『近代思想十六講』新潮社, 1916.
和辻哲郎『ニイチェ研究』筑摩書房, 1913.

Kidd, Benjamin, *Social Evolution*, Macmillan and co., 1902.
Kim, Jyung-Hyun, *Nietzsches Sozialphilosophie*, K&N, 1995.
――, "Nietzsche und die koreanische Geistesgeschichte am Anfang des 20. Jahrhunderts", *Nietzscheforschung* 23, 2016, p. 225–244.
Tikhonov, Vladimir, *Social Darwinism and Nationalism in Korea: the Beginnings (1880s–1910s)*, Brill Academic Pub, 2010.